보육학개론

이옥임 권덕수 노희연 이선영 공저

INTRODUCTION TO CHILD CARE STUDIES

양성원

머리말

여러분은 영유아를 생각하면 어떤 모습이 가장 먼저 떠오르시나요? 동글동글한 얼굴, 천진난만한 미소, 오동통한 손과 발, 귀여운 말투, 호기심에 가득 찬 진지한 표정! 영유아는 아프지 않는 이상 끊임없이 움직이며 도전하고, 탐색하고, 변화하며 하루가 다르게 성장해 나갑니다. 이러한 영유아의 모습에서 우리는 인간발달의 경이로움을 발견하고 감동하게 됩니다.

그렇다면 영유아를 위한 보호와 교육은 어떻게 발전해 왔을까요? 영유아 보육은 1921년 서울의 태화기독교사회관에서 빈곤가정의 자녀들을 위한 보육프로그램 운영으로 시작되었습니다. 이후 개념적, 법률적, 행정적, 재정적 측면 등에서 크게 변화하며 꾸준히 발전해 나가고 있습니다. 최근에는 영유아기에 인생을 통틀어 가장 역동적인 변화가 양적 · 질적으로 일어난다는 점에서 많은 주목을 받고 있으며, 앞으로 다가올 학습과 성장의 기틀을 마련하는 기초교육으로써 영유아 보육의 중요성이 나날이 높아지고 있습니다.

본 책은 이러한 현대 보육의 동향을 반영하여 모두 5부, 13장으로 구성하였습니다. Ⅰ부는 보육의 이론적 기초를 형성하기 위한 파트로써, 보육의 개념과 중요성, 보육경험과 영유아 발달, 보육제도와 정책의 3장으로 구성하였습니다. Ⅱ부는 영유아를 직접 보육하는 보육교직원의 역할 및 협력을 이해하기 위한 파트로써, 보육교직원의 자격, 보육교직원의 역할과 자질, 어린이집과 부모 및 지역사회와 협력의 3장으로 구성하였습니다. Ⅲ부는 영유아를 보육하기 위한 기본 설계도인 영유아 보육과정을 이해하기 위한 파트로써, 보육과정의 개념과 특성, 어린이집 표준보육과정, 국외 영유아 보육과정의 3장으로 구성하였습니다. Ⅳ부는 영유아에게 또 다른 교사의 역할을 하는 어린이집 환경구성과 운영원리를 이해하기 위한 파트로써, 어린이집의 환경구성, 어린이집의 운영관리의 2장으로 구성하였습니다. 마지막으로 Ⅴ부는 영유아의 행동변화가 어느 정도 이루어졌는지 판단하는데 필요한 보육평가를 이해하기 위한 파트로써, 보육평가의 목적과 방법, 어린이집 평가제의 2장으로 구성하였습니다.

모쪼록 이 책을 통해, 예비보육교사, 양육자, 보육교사, 그 밖에 영유아 보육에 관심을 가지고 있는 사람들이 영유아를 이해하고 보육하는데 도움이 되기를 바랍니다. 끝으로 본 책이 나오기까지 긴 시간을 기다려주시고 아낌없이 격려를 보내주신 양성원 관계자 여러분께 깊은 감사를 드립니다.

2023년 9월

저자 일동

차례

PART II 보육교직원의 역할 및 협력

PART Ⅲ 영유아 보육과정

PART IV 어린이집 환경구성과 운영원리

PART V 보육평가

PART I

보육의 기초

믿음반 권 교사는 어린이집 첫 출근을 앞두고 좋은 교사가 되기 위한 다짐을 한다. 좋은 보육환경과 프로그램이 영유아의 발달에 미치는 긍정적 영향에 대해 배웠던 것을 떠올려 보며, 영유아가 건강하게 성장하고 발달하기 위해서 필요한 적절한 교육과 보살핌에 대해 생각해 본다. 그리고 스스로에게 질문해 본다. 이 아이들이 어린이집에서 무엇을 경험하면 좋을까? 잘 자랄 권리를 보장해 주기 위해서 교사는 무엇을 준비해야 할까? 믿음반 교실을 어떻게 구성하면 좋을까? 아이들과 나누는 따뜻한 의사소통은 어떻게 하는 걸까? 아이들을 대할 때 어떤 태도를 가져야 할까? 권 교사는 이 질문들을 늘 생각하면서 질문에 대한 답을 실천하기 위해 노력할 것을 다짐한다.

삶의 기초가 형성되는 영유아기에 대한 공적 투자의 중요성이 점차 커지고 있다. 영유아기의 건강한 성장과 발달은 이후 삶의 질을 결정하는 데 큰 영향을 미친다. 보육 제도와 정책은 영유아가 아닌 성인에 의해 결정되므로, 관련 제도와 정책들은 사회적 요구를 수용하면서도 그 중심에는 영유아에게 최선의 이익이 돌아가도록 해야 할 것이다. 이에 Ⅰ부는 보육의 기초에 해당하는 내용으로서 보육의 개념과 중요성, 보육과 영유아 발달, 보육제도와 정책으로 구성하였다.

학습목표

- 보육의 개념과 필요성을 이해한다.
- 보육의 유형을 파악한다.
- 보육 패러다임의 변화를 이해한다.
- 보육경험이 영유아 발달에 미치는 영향을 설명한다.
- 우리나라 보육제도의 배경과 정책을 이해한다.
- 외국의 보육제도와 정책을 이해한다.

주요 용어

보육, 보육의 유형, 보육 패러다임, 보육경험, 발달에 적합한 보육, 보육제도, 보육정책, 전달체계, 영유아보육법

Chapter 01

보육의 개념과 중요성

보육의 개념은 사회적 변화에 따라 의미가 조금씩 달라져 왔다. 탁아사업에서 출발한 보육은 사회적 변화와 맞물려 생애 초기 시기에 대한 공적 투자와 국가책임을 강조하는 방향으로 변화하고 있다. 양질의 보육은 영유아 개개인의 삶을 풍요롭게 할 수 있을 뿐만 아니라, 저출산 고령화와 관련된 여러 사회적 현상에 대한 대응 방안이 될 수 있다. 여기에서는 보육의 개념과 중요성, 사회적 배경에 따른 보육의 필요성, 보육유형 및 현황, 보육 패러다임의 변화에 대해 살펴보기로 한다.

1. 보육의 이해

보육은 모든 영유아를 대상으로 건강한 성장과 발달을 지원하여 가족의 복지를 증진시키고자 하는 의미가 내포되어 있다. 보육을 통해 영유아는 기본적 권리와 잘 자랄 권리를 보장받을 수 있고, 국가는 인적자원을 관리할 수 있다.

1) 보육의 개념

일반적으로 보육은 어린이를 '보호하고 교육한다'는 의미로 사용되고 있다. 이 같은 보육의 개념은 부모가 없는 낮시간 동안 영유아를 돌보아 준다는 '탁아'의 개념에서 시작했는데, 탁아는 부모가 돌보기 어려운 상황에 있는 영유아들을 대상으로 타인이나 기관에 의해 제공되는 보호의 성격이 강했다.

탁아사업은 1921년 태화기독교 사회복지관에서 저소득층의 자녀를 돌보아 주는 사업에서 출발했다. 그래서 탁아의 개념에는 저소득층의 영유아를 대상으로 부모가 경제활동을 하는 동안 부모를 대신하여 쉼터와 음식을 제공하고 보호해 주는 구빈적인 의미가 포함되어 있다. 또한 자녀를 보호하는 것은 가정의 몫으로 인식되던 시기였으므로, 부모가 경제활동을 해야 하거나 질병이 있을 경우 탁아소에서 아동을 보호해 주었다.

1980년대 이후 급속한 산업화와 도시화로 인해 여성의 사회참여가 증가하였고, 가족 구조가 핵가족화됨에 따라 보육수요가 급격히 증가한 반면, 기존의 새마을 유아원의 미흡한 보육기능과 부족한 보육시설로 인해 취업여성의 자녀양육 문제가 사회문제로 등장하게 되었다.

1991년 「영유아보육법」 제정을 계기로 보육은 보호와 교육이라는 내용을 포괄하게 된다. 즉, 「영유아보육법」 제1조에서는 보육의 목적을 '보호자가 근로 또는 질병,

기타 사정으로 인하여 보호하기 어려운 영아 및 유아를 심신의 보호와 건전한 교육을 통하여 건강한 사회구성원으로 육성함과 아울러 보호자의 경제적 · 사회적 활동을 원활하게 하여 가정 복지 증진에 기여함'으로 기술하고 있다. 2011년 개정된 동법 제2조는 보육에 대하여 '영유아를 건강하고 안전하게 보호 양육하고 영유아의 발달특성에 맞는 교육을 제공하는 어린이집 및 가정양육 지원에 관한 사회복지서비스를 말한다'라고 규정하고 있다.

이러한 배경에 따라 보육은 단순한 탁아의 개념에서 벗어나 모든 영유아를 대상으로 제공되는 서비스로 인식되기 시작하였고 국가의 책임하에 영유아의 건강한 성장 · 발달을 도모해 나간다는 교육적 의미를 강하게 내포하게 되었다. 「영유아보육법」에서 제시하는 보육은 영유아를 포함한 그 가족을 위한 공적인 서비스로 볼 수 있으므로 보육은 어린이집뿐만 아니라 가정에서의 양육이 잘 이루어지도록 지원하는 의미도 담고 있는 것으로 볼 수 있다(박찬옥 외, 2013).

한편 양육은 어린아이를 보살펴서 성장하게 한다는 의미를 지니고 있다. 즉, 자녀를 보호하고 교육하며 자녀의 발달적 욕구를 충족시켜 주는 것이다. 과거의 양육은 개인이나 가정의 영역이었지만, 맞벌이 가구가 증가하고 여성의 경제활동이 확대되는 등의 사회적 변화로 인해 양육은 더 이상 개인이나 가정의 문제가 아닌 상황이 되어 버렸다. 양육이 부모의 역할을 대행하는 소극적 입장을 취하고 있다면, 보육은 아동의 건전한 발달을 도모하는 보다 적극적 입장을 취하고 있다.

이상의 내용을 종합해 볼 때 보육의 개념은 다음과 같이 정리할 수 있다. 보육은 모든 영유아를 대상으로 건강 · 영양 · 안전을 고려하여 이들이 건강하게 성장할 수 있도록 지원하여 가족의 복지를 증진할 수 있도록 하고, 양질의 교육활동을 통해 다양한 발달영역이 골고루 계발될 수 있는 교육의 기회를 제공하는 것이다.

2) 보육의 중요성

보육은 사회적 차원에서도 중요한 의미를 지니고 있을 뿐만 아니라, 영유아 개개인의 삶에도 직접적인 영향을 미치는 매우 중요한 요인이다. 사회적 차원에서 보육은 저출산 고령화, 가족기능 약화 같은 사회적 변화에 능동적으로 대처할 수 있는 방안이 될 수 있고, 영유아의 전인적 성장과 발달을 위해 영유아의 잘 자랄 권리를 보장해 주는 통로가 된다. 이러한 보육의 중요성에 대해 살펴보기로 한다.

(1) 기본권 보장을 통한 복지사회의 구현

영유아는 어떠한 사회적 · 문화적 특성을 지닌 가정에서 태어났는지와 관계없이 '좋은 교육을 받을 권리'를 보장받아야 한다. UN아동권리선언은 아동은 보호와 교육받을 권리를 지닌 주체로서 보호자가 누구인가에 상관없이 자신의 개성을 발달시키고 장차 자아실현을 할 수 있는 기반을 닦을 수 있도록 평등하게 보호받고 교육받을 기회를 누려야 한다고 명시하고 있다. 따라서 보육을 통해 영유아는 그들이 지닌 사회경제적 배경, 부모의 지위, 종교 등과 관계없이 자신들이 지닌 권리를 누릴 수 있어야 한다.

현대의 정보화 사회는 사회특성이 매우 복잡하고 다양하다. 자본주의의 역사가 오래될수록 빈부 격차가 커지고 사회계층 구분이 뚜렷해지면서 빈곤계층에 대한 사회문제가 증가하는 추세이다. 빈곤의 대물림은 한 개인과 그 가정, 그 가정이 속한 사회를 허약하게 하여 사회구성원의 행복을 위태롭게 한다.

이처럼 빈곤에서 비롯되는 문제들을 효과적으로 해결하는 방안의 하나로 취약계층을 위한 다양한 보육프로그램 운영을 들 수 있다. 예를 들면, 저소득층의 자녀에게 보육시설 우선 입소 자격을 부여하고, 보육료 감면 혜택을 제공하며, 농어촌 및 벽지에 국공립 보육시설을 확대하고 장애영유아통합 프로그램 운영을 지원하는 것이 그 예시이다.

(2) 사회적 변화에 대한 대처

대가족 제도에서는 모성 실조나 부성 실조 같은 상황이 발생하더라도 대리 양육이 가능하였고, 다양한 인간관계를 접할 수 있어서 바람직한 관계를 맺을 수 있는 사회적 기술을 쉽게 습득할 수 있었다. 그러나 현대의 지식 · 정보화 사회에서는 직업 이동이 빈번해지고 직업 주기가 짧아짐과 동시에 전문화되면서 핵가족 형태가 자리 잡게 되었다.

또한 우리나라가 직면하고 있는 저출산율 문제의 이면에는 출산 및 양육비용 부담, 출산장려제도의 미흡, 사교육비 부담, 영아전담 보육시설 부족, 육아를 여성의 문제로만 보는 시각 등이 자리 잡고 있다. 이로 인한 자녀 수의 감소는 자녀들이 다양한 가족관계에서 경험하는 친사회적 기술을 습득할 수 있는 기회와 경험을 부족하게 만들고, 사회생활 적응력을 떨어뜨리는 원인이 되기도 한다. 핵가족의 경우 부모들은 양육에 관한 정보나 대리 양육의 지원을 다른 가족에게 기대할 수 없기 때문에 영유아 교육기관에 의뢰하는 상황으로 바뀌게 되었다.

한편 가족해체 현상도 뚜렷해지고 있는데, 이혼이나 사망으로 인한 부성 실조나 모성 실조가 증가하고 재혼 가족이 늘어나면서 어린 자녀들이 겪는 사회 · 정서적 문제를 도와줄 수 있는 영유아 교육기관의 역할이 요구되고 있다. 뿐만 아니라 맞벌이 부부 증가라는 사회적 변화와 함께 여성의 취업률이 증가하게 되었다. 이처럼 양육과 보호를 주로 담당해 왔던 가정의 역할 비중이 축소되면서 이를 충족시켜줄 보육에 대한 관심과 요구가 높아지게 되었다. 또한 부모의 취업 형태가 다양해지면서 시간제 보육, 24시간 보육, 방과후 보육 같은 다양한 시간대를 아우르는 보육서비스가 등장하게 되었다.

이상의 내용을 종합해 보면, 보육의 필요성은 가족기능의 변화, 저출산 문제, 국가의 인적자원에 대한 돌봄 문제 같은 사회적 변화에 효과적으로 대처하기 위함이라 할 수 있다.

(3) 영유아의 잘 자랄 권리 보장

영유아기는 이후 발달의 기초가 되는 시기로서, 이 단계의 발달은 다음 발달에도 영향을 미친다. 따라서 이 시기에 제공되는 적합한 교육적 경험은 일생 동안 효과가 지속된다고 볼 수 있다. 이러한 맥락에서 저소득층의 문화 실조도 교육을 통해 보상받을 수 있으며 후기 학습에서 성공할 수 있는 가능성을 증대시킬 수 있다. 장애 유아의 경우에도 조기 판별과 함께 적절한 개입을 통해 잔존능력을 개발하고, 장애가 심화되는 것을 방지하며 치료 효과를 극대화할 수 있게 된다. 국가의 인적 자원에 대한 투자 효과를 교육시기별로 구분했을 때, 투자의 기회비용은 영유아기가 가장 큰 것으로 나타났다. 그림 1-1과 같이 연령이 증가할수록 인적투자의 효과는 줄어들므로 사회적 개입을 통해 영유아기에 대한 인적투자가 이루어져야 한다.

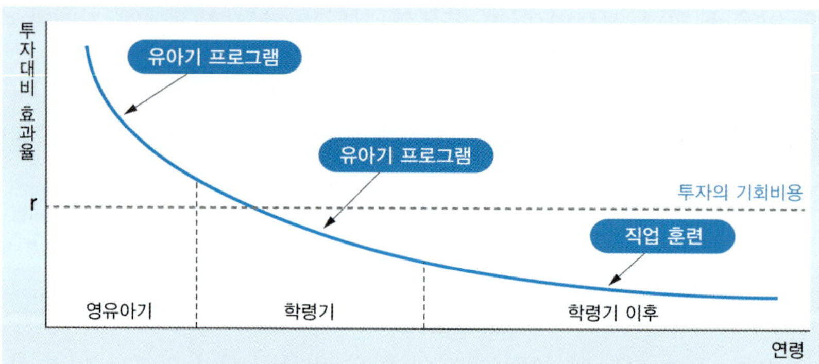

그림 1-1 **연령대별 투자대비 효과율**

출처: 이정림(2022).

그림 1-2와 같이 취약계층에 대한 투자대비 효과율 역시 유아기가 가장 높음을 알 수 있다. 예를 들면, 인내, 신뢰와 같은 사회정서기술의 향상은 인지기술의 원활한 습득으로 이어지고, 이 시너지 효과는 이후 시기에서 사회참여, 소득, 교육성취, 신체 건강, 정신 건강 등에서의 향상을 이끌어 낼 수 있다(이정림, 2022).

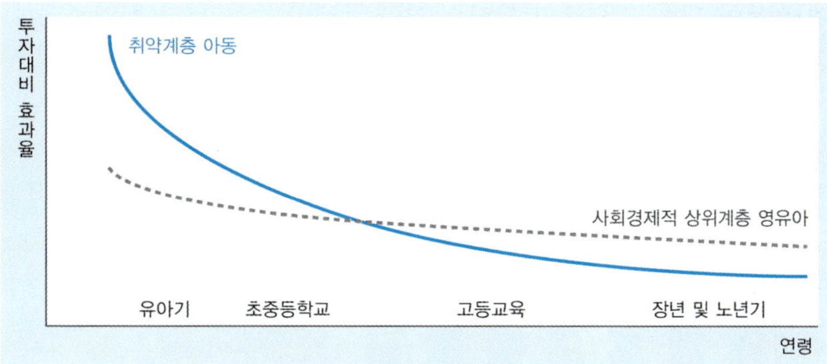

그림 1-2 **취약계층과 사회경제적 상위계층 영유아에 대한 투자대비 효과율**

출처: 이정림(2022).

2. 보육의 사회적 배경과 필요성

보육은 영유아의 기본적인 권리 보장이라는 측면에서 볼 때 매우 중요한 의미를 지닌다. 즉, 영아기에는 음식과 영양, 목욕과 배변, 위생 등의 건강과 안전에 대한 보살핌을 받아야 하며 자신들의 잠재력을 발전시킬 수 있는 환경에서 성장할 수 있어야 한다. 유아기에는 기본적인 양육을 포함하여 사회적 자극을 주고받는 상호작용을 통해 다양한 경험이 내재된 통합적 교육활동을 받을 수 있어야 한다. 이러한 보육의 필요성과 그 배경에 대해 살펴보기로 한다.

1) 저출산 극복 지원정책

우리나라는 세계에서 유래를 찾아보기 힘들 정도의 급격한 출산율 하락을 경험하고 있다. 이는 저출산 쇼크라고도 부를 수 있을 정도이다. 합계출산율이란 여성

1명이 평생 동안 낳을 것으로 예상되는 평균 출생아 수를 나타낸 지표로서 합계출산율이 높을수록 한 여성이 출생하는 자녀수가 많음을 의미한다.

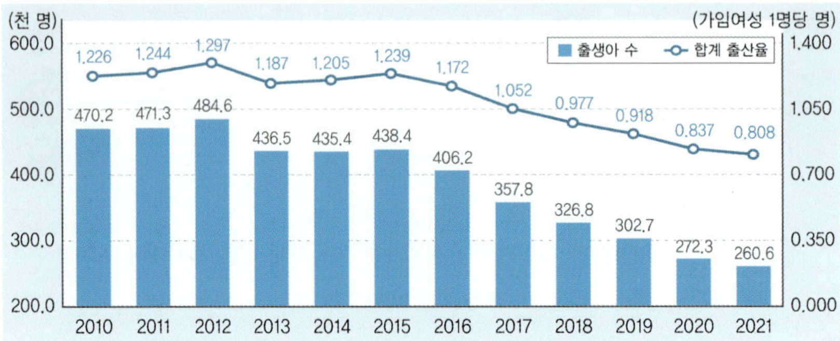

그림 1-3 출생아 수 및 합계출산율 추이

출처: e-나라지표(2023).

우리나라의 합계출산율은 2000년 이후 저출산현상이 가속화되면서 점차 감소하여 2022년 0.78로 계속 낮아지고 있다(e-나라지표, 2023). 이는 우리나라 여성이 평생 1명 이하의 아이를 낳는다는 의미로서, 인구유지를 위해 필요한 합계출산율 2.1명의 절반에도 미치지 못해 앞으로 인구감소 속도가 굉장히 빨라짐을 의미한다.

저출산의 원인은 복합적이다. 우선 20~30대 초반 인구 자체가 감소한데다 청년들의 혼인 연령이 갈수록 늦어지고 있다. 그 이유로는 취업하기가 쉽지 않고 안정된 일자리에 대한 요구가 충족되지 않으며 주거비 부담이 증가한 것 등을 들 수 있다. 또한 결혼을 해도 출산을 미루거나 아이를 낳지 않는 부부가 많아지고 있는 것도 주요 원인이다. 휴직하기가 쉽지 않고, 양육비 · 교육비 등 비용이 많이 들어가는 것이 부담을 주고 있다는 분석이 나온다. 즉, 사회 · 경제적으로 미래에 대한 걱정 없이 결혼하고 아이를 낳을 수 있는 환경이 조성되지 않았다고 볼 수 있다.

인구의 급감은 국가적 차원에서 대단한 손해이므로 정부는 다양한 정책으로 출산율을 높이려 하고 있고, 그 중심에는 보육 및 돌봄 강화에 대한 정책이 포함되어 있다. 우리나라의 저출산 대책은 2005년 '저출산고령사회 위원회'가 출범하면서 시작되었다. 저출산고령사회 위원회는 대통령직속 위원회로서 '일하며 아이 키우기 행복한 대한민국' 실현을 목표로 하여 국가차원의 저출산 대책을 추진해 나가고 있다. 특히 여성 고용률이 높을수록 출산율이 높음에 주목하여 일과 생활의 균형을 제도로 뒷받침해서 남녀가 함께 일하고, 함께 아이를 돌볼 수 있는 사회, 국가와 지역사회가 함께 아이를 돌보는 나라로 나아가는 것에 목표를 두고 있다(www.betterfuture.go.kr, 2023).

국가차원의 저출산 대책은 국가책임보육 실현, 임신·출산 지원 강화, 일·가정 양립제도 확충 등 출산·양육에 대한 국가·사회의 책임을 강화하기 위해 꾸준하게 추진되어 왔다. 특히 3차 계획에서는 저출산·고령사회 정책 범위를 출산장려에서 '전 생애 삶의 질을 제고하기 위한 종합적인 대응'으로 확장하였다. 즉, 저출산으로 이어진 사회구조적 원인에 집중하여 그 원인을 해소함으로써 전체적인 삶의 질을 제고하고자 하였다(대한민국정부, 2021). 이후 그림 1-4에 제시된 바와 같이 제4차 저출산·고령사회 기본계획은 '함께 일하고 함께 돌보는 사회 조성'을 추진 전략으로 하여 아동 돌봄에 대한 사회적 책임과 아동 기본권의 보편적 보장을 강화하는 내용을 포함하고 있다. 표 1-1은 제1차부터 제4차까지의 저출산 고령사회 기본계획 중 보육과 관련된 주요 내용을 정리한 것이다.

표 1-1 저출산·고령사회 기본계획의 주요 내용

구분	주요정책 방향 및 목표	특징
제1차 기본계획 (2006~2010)	• 영유아 보육·교육비지원 확대, 방과후 학교 확충, 양질의 육아 인프라 확충, 육아휴직 활성화 등 출산과 양육을 지원하는 방향, • 여성과 고령자의 경제활동 참여 촉진, 평생학습체계 구축 등의 저출산·고령사회의 성장동력을 확보하는 방향	• 저출산 극복을 국가적 의제로 설정 • 출산·양육에 대한 국가·사회의 책임 강화 –국가책임보육 실현 –임신·출산 지원 강화 –일·가정양립제도 확충 등
제2차 기본계획 (2011~2015)	• 저출산·고령사회에 성공적인 대응을 통한 활력 있는 선진국가 도약 • 점진적 출산율 회복 및 고령사회 대응체계 확립	• 인구구조 변동에 대응할 수 있는 경제사회제도 개선 –근로시간의 유연화 –보육·교육비 전액지원 확대

구분	주요정책 방향 및 목표	특징
제3차 기본계획 (2016-2020)	종전 기혼가구 보육 부담 경감에서 일자리, 주거 등 만혼·비혼 대책으로 전환하고 제도, 비용 지원 위주에서 실천, 사회인식 변화 중심으로 접근 방향을 개선	• 노동시장, 교육, 양성평등 육아 등 구조·문화 대책으로 범위 확장 • 청년 일자리·주거 등의 사회구조적 대책 강화
제4차 기본계획 (2021-2025)	함께 일하고 함께 돌보는 사회 조성 • 아동돌봄의 사회적 책임 강화 • 아동기본권의 보편적 보장	• 국공립 어린이집 확대, 공보육 이용률 2025년까지 50% 달성 • 교사 대 아동비율 적정화, 시간제 보육 확충 등을 통한 수요자 중심 서비스 확대·강화 • 2022년도 출생아부터 영아수당 도입

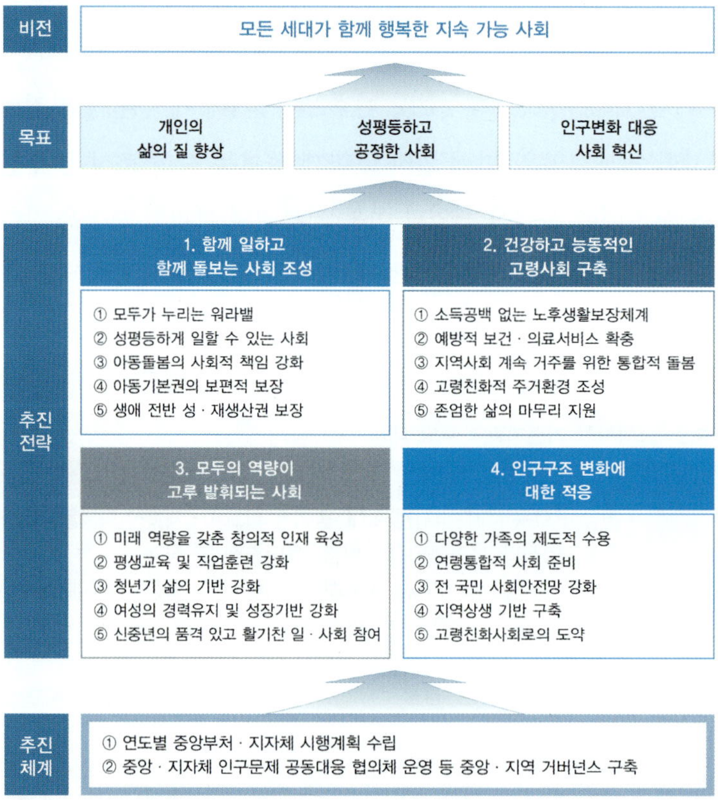

그림 1-4 제4차 저출산·고령사회 기본계획(2021~2025)

출처: 대한민국정부(2021).

2) 여성의 경제활동 지원

우리나라에서의 육아는 전통적으로 여성의 영역으로 여겨져 왔기 때문에 자녀양육문제는 여성의 경제활동에서 매우 큰 걸림돌로 작용해 왔다. 이에 양질의 다양한 보육서비스를 통해 여성들이 마음 놓고 자녀를 맡길 수 있도록 함으로써 여성의 경제활동을 지원할 수 있도록 하는 노력이 이루어지고 있다.

여성 경제활동 참가율은 만 15세 이상 전체 여성 인구 중 여성 경제활동 인구가 차지하는 비율을 의미한다. 한국의 여성 경제활동 참가율은 지난 10여 년간 50% 수준을 보이고 있으며 이 수치는 OECD 국가 중 하위권을 기록하고 있다(e-나라지표, 2023).

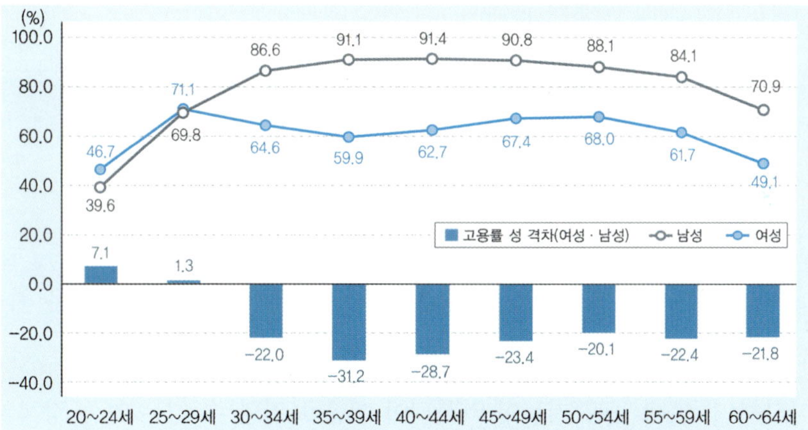

그림 1-5 **성별 · 연령별 고용률**

출처: 대한민국정부(2021).

그림 1-5와 같이 여성의 고용률은 25세 이후 감소하다가 35세 전후로 증가하는 양상을 보이는데, 이는 자녀 돌봄으로 인한 여성의 취업 감소로 볼 수 있다. 따라서 국가는 여성의 경력 단절을 예방하고 경제 활동 참여 및 경력 유지를 위해 보육 인프라를 강화하는 정책을 추진하고 있다.

3) 변화되고 있는 가족유형

우리나라는 핵가족화 및 저출산 현상의 지속으로 가족 규모가 축소되고 가족세대 구성이 단순화되는 방향으로 가족구조 및 형태가 변화하고 있다. 즉, 핵가족(부부, 부부와 미혼자녀, 한부모와 미혼자녀) 비율은 증가하는 추세이고, 직계가족(부부와 양친, 부부와 양친과 자녀)의 비율은 감소하는 추세이다.

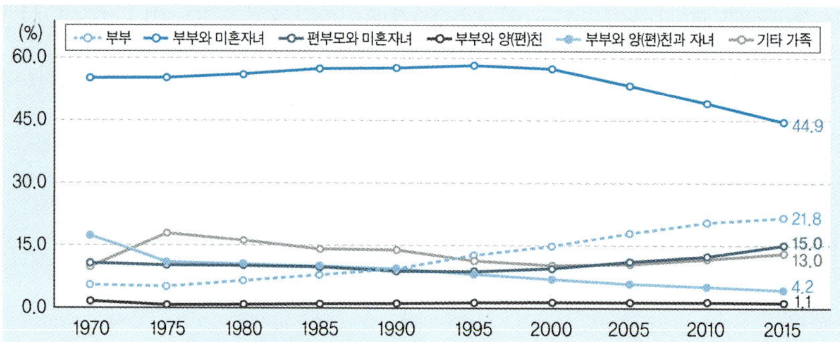

그림 1-6 **가족의 형태별 분포**

출처: e-나라지표(2023).

앞으로의 전망에서도 부부와 양친과 자녀로 구성된 직계가족의 비중은 지속적으로 감소가 예상되고 핵가족 중 부부가족의 비중은 계속 늘어날 것으로 전망되고 있다. 따라서 가족 내 돌봄 기능이 약화되어 이를 보완할 수 있는 가족 정책 마련과 다양한 형태의 가족을 지원하는 정책이 요구된다. 특히 보육에 대한 정책과 제도적 뒷받침이 필요하다.

4) 영유아의 권리 보장

영유아는 신체적, 정신적으로 발달하는 단계에 있기 때문에 어른이 될 때까지 잘 자랄 수 있도록 특별한 보호와 보살핌을 받을 권리를 가지고 있다. 이는 영유아가 건강하게 성장하고 발달하기 위해서는 적절한 교육과 보살핌을 필요로 함을 의미한다. 특히 UN아동권리협약은 이 세상의 어린이라면 누구나 마땅히 누려야 할 4대 권리가 있음을 명시하고 있다. 어린이들이 누려야 할 권리는 기본적인 삶의 요건을 누릴 수 있는 생존권, 교육을 받을 발달권, 안전한 보호와 돌봄을 받을 수 있는 보호권, 자신의 의사를 표현할 수 있는 참여권을 의미한다.

또한 UN아동권리협약은 성인이 아동의 양육과 발전에 공동으로 책임을 질 것과 아동에게 최선의 이익이 되도록 노력해야 함을 명시하고 있다. 우리나라도 1991년 협약을 비준함과 동시에 협약을 지킬 의무를 갖게 되었다. 이러한 사항은 「아동복지법」에 명문화되어 있다. 즉, 부모와 보호자는 아동의 성장 시기에 맞춰 건전하고 안전하게 양육해야 하며 신체적 고통이나 폭언 등의 정신적 고통을 가해서는 안되고, 아동의 인권과 안전을 존중하여 건강하게 양육해야 한다(국가법령정보센터, 2023). 국가 역시 영유아의 보호와 양육에 책임을 져야 하는데, 어떠한 종류의 차별도 받지 않도록 각종 시책을 강구하고 교육기회를 보장하면서 영유아의 성장과 발달을 지원해야 한다. 따라서 보육은 국가가 영유아의 권리를 보장해 줄 수 있는 방안이 될 수 있다. OECD교육위원회에 따르면 영유아에 대한 잘못된 서비스는 그들이 발달에 심각한 영향을 미친다. 양질의 서비스로 사회가 얻을 수 있는 이득이 현재 지원하는 보육 및 교육비보다 크다는 점을 감안한다면 영유아기 교육에 국가의 적극적 개입이 이루어져야 한다. 영유아기는 교육의 효과가 가장 높은 시기이므로(장명림, 2011) 영유아가 가진 잠재력을 최대한 계발하도록 지원하는 것이 필요하다.

3. 보육의 유형 및 현황

우리나라의 어린이집은 설립 주체, 보육서비스 대상, 보육장소, 보육시간 등의 기준에 따라 유형을 나눌 수 있다. 「영유아보육법」 제2장 10조에 어린이집의 종류에 대해 명시가 되어있다. 즉, 국가나 지방자치단체가 설치 · 운영하는 국공립 어린이집, 「사회복지사업법」에 따른 사회복지법인이 설치 · 운영하는 사회복지법인 어린이집, 각종 법인(사회복지법인을 제외한 비영리법인)이나 단체 등이 설치 · 운영하는 법인어린이집, 사업주가 사업장의 근로자를 위하여 설치 · 운영하는 직장 어린이집, 개인이 가정이나 그에 준하는 곳에 설치 · 운영하는 가정 어린이집, 보호자 또는 보호자와 보육교직원이 조합을 결성하여 설치 · 운영하는 협동어린이집, 그 외 민간 어린이집 등으로 분류할 수 있다.

표 1-2 어린이집 유형 분류

범주	내용		
설립주체	• 국공립 어린이집 • 민간 어린이집 • 협동 어린이집	• 사회복지법인 어린이집 • 직장 어린이집	• 법인 및 단체 어린이집 • 가정 어린이집
보육서비스 대상	• 영아전담어린이집 • 방과후 어린이집	• 장애아 전문 및 장애아 통합 어린이집	
보육시간	• 시간연장형 어린이집	• 24시간 어린이집	• 휴일 어린이집
서비스유형	• 시간제 보육	• 공공형 어린이집	• 열린 어린이집

1) 설립주체에 따른 어린이집

(1) 국공립 어린이집

국공립 어린이집은 국가나 지방자치단체가 설치 · 운영하거나 다양한 운영자나 위탁운영체에 위탁하여 운영하는 어린이집이다. 국공립 어린이집은 상시 영유아 11인 이상을 보육할 수 있어야 하고 어린이집 수급계획을 사전에 수립하여 지역별로 균형 있게 배치하는 것이 원칙이다. 특히 저소득층 밀집 지역, 농어촌지역 등의 취약지역과 일정 세대 이상의 공동주택단지, 산업단지 지역에 우선적으로 배치하여 보육수요를 충족시키고 있다.

(2) 사회복지법인 어린이집

사회복지법인 어린이집은 사회복지법인이 설치·운영하는 어린이집으로 상시 영유아 21인 이상을 보육할 수 있는 시설을 갖춘 곳이다. 지역의 보육수요와 어린이집의 공급현황 등을 감안하여 지역별로 균형 있게 배치한다.

(3) 법인 및 단체 등 어린이집

각종 법인(사회복지법인을 제외한 비영리법인)이나 단체 등이 설치·운영하는 어린이집으로 상시 영유아 21인 이상을 보육할 수 있는 시설을 갖춘 곳이다. 지역의 보육수요와 어린이집의 공급현황 등을 감안하여 지역별로 균형 있게 배치한다.

(4) 민간 어린이집

국공립·사회복지법인·법인단체 등·직장·가정·협동 어린이집이 아닌 어린이집으로 상시 영유아 21인 이상을 보육할 수 있는 시설을 갖춘 곳이다. 민간 어린이집은 지역의 보육수요와 어린이집의 공급현황 등을 감안하여 지역별로 균형 있게 배치한다.

(5) 직장 어린이집

직장 어린이집은 사업주가 사업장의 근로자를 위하여 설치·운영하는 어린이집으로 상시 영유아 5인 이상을 보육할 수 있는 곳이다. 사업장이 '상시 여성근로자

300명 이상 또는 근로자 500명 이상을 고용하고 있는 사업장'인 경우 사업주는 직장 어린이집을 의무적으로 설치해야 한다. 의무사업장의 사업주가 직장 어린이집을 단독으로 설치하기 어려운 경우에는 사업주 공동으로 직장 어린이집을 설치·운영하거나, 지역의 어린이집과 위탁계약을 체결하여 근로자 자녀의 보육을 지원해야 한다.

직장 어린이집 운영시간은 일반적인 어린이집 운영시간을 원칙으로 하지만, 사업장의 근무특성에 따라 탄력적으로 조정할 수도 있다.

기업의 입장에서는 유능하고 창의적인 여성 인력 활용에 대한 필요성이 높아지게 되었다. 그러나 우수한 여성인력이 결혼이나 육아에 대한 부담으로 인해 경력이 단절되는 경우가 많아 기업의 성과측면에서도 부정적 영향을 받기도 한다. 따라서 이를 해결하기 위한 방안으로 직장 내 일-가정의 양립문화 조성이 필요하며, 직장 어린이집은 이러한 일-가정 양립문화를 조성하기 위해 필요한 기본조건이라고 볼 수 있다.

(6) 가정 어린이집

개인이 가정 또는 그에 준하는 곳에 설치·운영하는 어린이집으로써 상시 영유아 5인 이상 20인 이하를 보육할 수 있는 어린이집을 의미한다. 가정 어린이집도 지역의 보육수요와 어린이집 공급 현황 등을 감안하여 지역별로 균형 있게 배치해야 한다.

(7) 협동 어린이집

협동 어린이집은 보호자 또는 보호자와 보육교직원 11인 이상이 비영리조합을 결성하여 설치·운영하는 어린이집을 의미하며, 상시 영유아 11인 이상을 보육할 수 있어야 한다. 협동 어린이집은 보육 아동을 둔 보호자와 보육교직원 11인 이상이 상호 출자하여 어린이집의 보육과정 및 의사결정과정에 참여하여 공동으로 운영한다.

표 1-3 **연도별 어린이집 설치현황**

어린이집 유형	2019	2020	2021
국공립	4,324	4,958	5,437
사회복지법인	1,343	1,316	1,285
법인·단체 등	707	671	640
민간	12,568	11,510	10,603
가정	17,117	15,529	13,891
협동	159	152	142
직장	1,153	1,216	1,248
합계	37,371	35,352	33,246

출처: e-나라지표(2023).

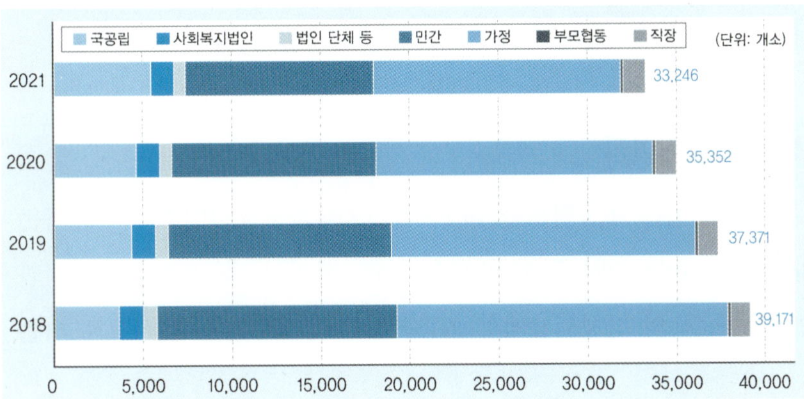

그림 1-7 **어린이집 시설수 및 아동수 현황**

출처: e-나라지표(2023).

2020년 말 기준으로 전체 어린이집 수는 35,352개소로 19년 대비 5.4%가 감소하였으며, 국공립 어린이집이 차지하는 비율은 4,958개소로 14.0%를 차지하고 있다. 또한 국공립 어린이집에서는 253,251명으로 20.3%를 보육하고 있으며 민간과 가정 어린이집에서 808,640명으로 65.0%를 보육하고 있다. 보육서비스의 질적 수준 향상을 위해서는 국공립 어린이집의 지속적 확충 및 우수 민간어린이집 지원 등의 다양한 정책이 이루어져야 한다.

2) 보육서비스 대상에 따른 어린이집

(1) 영아전담 어린이집

영아전담 어린이집은 만 3세 미만의 영아만을 20인 이상 보육하는 어린이집을 의미한다.

(2) 장애아 전문 및 장애아 통합 어린이집

장애아 전문 어린이집은 12명 이상의 장애영유아를 보육할 수 있는 시설을 갖춘 어린이집을 의미하며, 장애아 통합 어린이집은 미취학 장애아 3명 이상의 장애영유아를 보육하는 어린이집이다. 국공립 · 법인 등 정부지원 어린이집의 경우 우선적으로 장애아 통합반을 구성하여 운영하도록 하고 있다.

(3) 방과후 어린이집

방과후 어린이집은 초등학생을 대상으로 방과후 보육서비스를 제공하는 시설로서 방과후 보육서비스 제공은 19:30분까지 4시간 이상 제공해야 한다. 방과후 어린이집은 영유아보육의 경계선상에서 초등학생 저학년을 우선 대상으로 하는 것으로

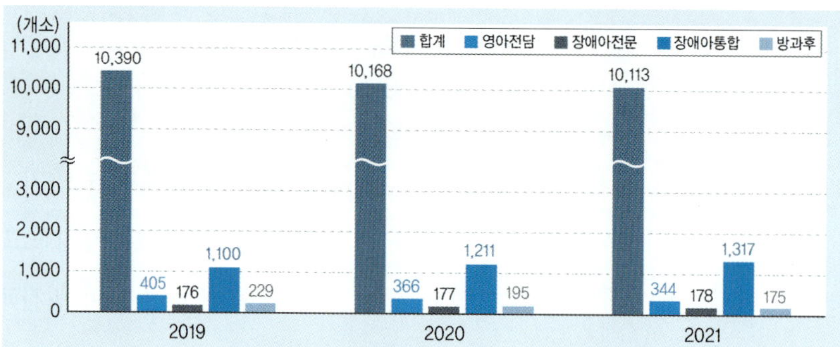

그림 1-8 **특수보육어린이집 현황**

출처: 국가통계포털(2023).

맞벌이 부부 등 아동을 맡길 곳이 없는 가정을 우선적으로 하여 시설정원 범위 내에서 20%까지 보육할 수 있다.

3) 보육시간에 따른 어린이집

(1) 시간연장형 어린이집

기준보육시간(07:30~19:30)을 경과하여 최대 24:00까지 시간을 연장하여 보육하는 시설로서 해당시설의 종일보육 아동을 연장하여 보육하는 것이 원칙이나 주간에 다른 어린이집 등을 이용한 경우에도 가능하다. 특히 국공립 및 정부지원 비영리법인 시설의 경우 부모의 취업 등으로 1명 이상이 보육시간 연장을 필요로 할 경우 시간연장 보육을 의무적으로 실시하도록 하고 있다.

(2) 24시간 어린이집

24시간 동안(07:30~익일 07:30) 보육서비스를 제공하는 시설로서 24시간 지정 어린이집에서만 야간보육 및 24시간 보육이 가능하도록 규정되어 있다. 특히 야간보육은 야간(19:30~익일 07:30)에 이루어지는 보육형태이며, 24시간 보육은 부모의 야간 경제활동, 한부모 또는 조손가정 등의 사유로 불가피하게 주간보육(07:30~19:30)과 야간보육(19:30~익일 07:30)을 모두 이용하는 보육형태이다. 24시간 보육아동의 보호자는 최소한 주 3회 이상 아동과 전화 또는 방문 등의 방식으로 아동과 접촉해야 하며, 최소 주 1회 이상 가정에 데려가 보호해야 한다.

(3) 휴일 어린이집

휴일 어린이집은 일요일 및 공휴일에 보육하는 시설을 의미한다.

4) 서비스특성에 따른 어린이집

(1) 시간제 보육

시간제 보육은 가정양육을 하는 경우에도 지정된 서비스 제공기관에서 시간 단위로 보육서비스를 이용하고 이용한 시간만큼 보육료를 지불하는 보육서비스이다. 시간제 보육 대상은 어린이집, 유치원 등을 이용하지 않고 부모급여나 양육수당을 수급 중인 6개월~36개월 미만의 영유아이다. 시간제 보육실은 일시보육서비스 제공이 가능한 육아종합지원센터나 어린이집이 해당되며, 그 외에도 법령에 의해 정해진 시설도 포함된다.

(2) 공공형 어린이집

공공형 어린이집은 우수한 어린이집을 선정하여 운영비를 지원하고, 보다 강화된 운영기준을 적용하여 양질의 보육을 영유아에게 제공하는 제도를 의미한다(보건복지부, 2019a).

공공형으로 지정되는 어린이집은 「영유아보육법」 제10조의 어린이집으로서, 보육사업안내에 따라 인건비를 지원받는 국공립, 사회복지법인, 법인 · 단체 등, 영아전담, 장애아전문 어린이집은 제외된다. 또한 고용보험기금으로부터 운영비를 지원받는 직장 어린이집 및 국가 · 지자체가 설치하거나 운영비를 지원하는 직장 어린이집도 제외된다.

공공형 어린이집의 선정기준 항목은 평가인증결과, 정원충족률, 어린이집의 개방성 및 운영안정성, 보육교직원 전문성 등의 내용과 지역별 자율평가항목 등이 포함되어 있다.

(3) 열린 어린이집

열린 어린이집은 어린이집의 물리적 구조 · 프로그램 운영에서 개방적이고 부모의 일상적 참여가 이루어지는 어린이집으로 지방자치단체의 장이 선정한 어린이집을 의미한다. 열린 어린이집 지정제도는 어린이집을 이용하는 부모에게 믿고 맡길 수 있는 보육환경을 조성하기 위해 실시되고 있다. 열린 어린이집의 선정요건으로는 공간 개방성(참관실, 창문, 투명창, 부모 공용공간, 정보공개 등), 참여성(신입원아 부모 오리엔테이션, 부모 개별상담, 운영위원회, 부모교육, 부모참여프로그램, 부모만족도 조사, 부모 참관 등), 지속가능성(부모참여활동 수요조사, 부모참여활동 정기안내 및 공지 등), 다양성(부모참여활동의 균형적 운영, 지역사회화의 연계 및 협력활동 등), 지방자치단체 자체 선정기준 등의 5개 요건이 포함된다. 지방자치단체는 열린 어린이집에 대한 자율적 운영보장과 교재 · 교구비 지원, 보조교사 인건비 지원 등을 제공하여 열린 어린이집이 널리 확산되도록 유도하고 있다.

영유아의 부모는 부모교육, 부모상담, 부모행사, 봉사활동, 의사결정자, 평가자로서 여러 활동에 참여할 수 있다.

알아보기 열린 어린이집을 알아보아요!

▣ 열린 어린이집이 왜 필요한가요?

- 가정과 어린이집이 소통하고 참여함으로써 서로 신뢰하고 지지적인 관계로 발전하여 영유아의 건강한 성장과 발달을 돕는다.
- 가정, 어린이집, 지역사회가 동반자적 관계를 구축함으로써 안정되고 개방된 양육환경을 제공한다.
- 정보공개를 통해 부모의 어린이집에 대한 이해를 높이고 다양한 육아정보를 공유한다.

▣ 열린 어린이집에서 부모는 무엇을 하나요?

- 영유아의 부모가 부모교육, 부모상담, 부모행사, 봉사활동, 의사결정자/평가자로서 참여할 수 있도록 운영한다.

구분	예시
부모교육	• 신입 부모교육: 애착, 기질, 양육태도 • 부모-자녀 대화법: 감정코칭과 부모 양육태도 • 영아의 이해: 까꿍놀잇감/베이비마사지 워크숍
부모상담	• 신학기 개별상담 • 반별 집단상담 • 전화상담 및 수시 상담
부모참여 행사	• 가족운동회, 김장, 가족잔치 등의 행사 • 부모참여수업, 책 읽어주기 등 참여형 교육행사
봉사활동	• 재능기부: 외국어 예술, 요리, 과학, 전문직업 등 부모의 전문성을 활용한 일일 교사 • 보육일과 지원: 급식, 산책, 교구제작 등 영유아에게 직접 도움이 되는 활동 지원 • 운영 지원: 텃밭가꾸기, 바느질, 청소, 아나바다 등 간접 활동 지원
의사결정자	• 어린이집 운영위원회 위원으로 의사결정 • 특별활동 선별 시 의사결정
평가자	• 자체 평가인증 시 '부모위원'으로 참여 • 부모만족도 평가

▣ 열린 어린이집의 환경은 어떻게 구성되어 있나요?

부모가 일상생활 중 언제든지 찾아와서 자유롭게 자녀를 볼 수 있도록 하기 위해 물리적 공간 구성이 개방되어 있어야 한다.

물리적 환경	잠시 머무르거나 대화할 수 있는 출입구, 기관 정보를 소개하는 현관, 영유아 작품 등을 전시하는 연결통로와 복도, 소모임 등의 활동을 할 수 있는 부모 공용공간 등
인적환경	열린 어린이집의 가치를 공유하고 상호소통하려는 마음 자세를 갖춘 교직원과 부모, 지역사회 구성원

출처: 보건복지부(2019b).

4. 보육의 패러다임 변화

오늘날의 보육은 단순한 보호의 의미로 사용되지 않는다. 과거에는 저소득층을 지원하기 위한 복지적 측면에서의 접근이었다면 현재의 보육은 다양한 정책적 지원을 통해 국가가 개입하여 영유아의 최적의 성장과 발달을 이끌어 내고자 하고 있다. 이 같은 사회적 변화를 이끌어 내게된 보육과 관련된 패러다임의 내용을 살펴보기로 한다.

1) 선택적 보육에서 보편적 보육으로

저소득층과 직장여성을 지원하기 위한 탁아사업에서 출발한 보육은 1991년 「영유아보육법」 제정을 계기로 주관부처와 업무 등이 체계화되었다. 특히 인구구조 변화 등의 사회적 변화에 따른 정책적 지원의 일환으로 보육사업이 전개되면서 보육은 모든 영유아에게 제공되어야 하는 서비스로 자리매김하게 되었다. 즉, 어머니의 취업이나 경제적 상황에 의해 가정에서 양육이 어려운 영유아를 대상으로 하는 선별적 보육에서 이 나라에 살고 있는 모든 영유아들을 위한 보편적 보육으로 변화되었다. 보편적 보육의 예로는 소득에 따른 육아부담 경감, 육아휴직제 활성화, 보육시설 평가인증제 및 보육국가자격제도 시행 같은 공보육 강화 정책 등이 있다.

특히 2013년도부터 시행된 누리과정 도입은 모든 영유아가 골고루 보육의 양적, 질적 혜택을 수혜받을 수 있도록 한 보편성을 띤 대표적인 정책이다.

이러한 보편적 보육의 확대는 영유아에 대한 국가적 책임이 확대되었음을 의미한다. 그러나 보육에 국가가 개입한다고 하여 개별 부모의 책임이 줄어드는 것이 아니다. 즉, 부모역할을 소홀히 하거나 생의 이른 시기에 지나친 교육 열풍에 휩싸이게 하는 것은 바람직하지 않다(박찬옥 외, 2013).

2) 개별 부모의 책임에서 국가의 책임으로

국가는 저출산으로 인한 인구감소 현상에 대비하고 고령사회 진입에 적극적으로 대응하기 위해 국가 차원의 육아 및 양육지원정책을 수립하여 시행해 왔다. 국가는 변화하는 보육환경에 맞추어 보다 통합적인 보육정책을 추진하기 위해 5년마다 중장기보육 기본계획을 수립·시행해 오고 있다. 제1차 중장기보육 계획(새싹플랜, 2006~2010)은 여성의 사회진출 증가에 대응한 보육서비스 공급에 중점을 두었고, 새싹플랜을 수정·보완한 아이사랑플랜(2009~2012)은 국가책임 강화, 영유아 중심의 보육서비스 설정 등을 강조했다. 제2차 중장기보육 기본계획(2013~2017)에서는 무상보육 도입과 수요자 맞춤 지원에 중점을 두어 정책을 추진해 왔다. 제3차 중장기보육 기본계획(2018~2022)은 보육·양육에 대한 사회적 책임강화에 초점을 두고 있다. 제4차 중장기보육 기본계획(2023~2027)은 모든 영유아의 행복한 성장을 뒷받침하기 위해 종합적 양육지원, 보육서비스의 질 제고에 중점을 두고 있다.

이처럼 보육은 영유아의 기본적 권리인 건강하고 안전한 발달과 여성의 경제활동 참여에 기여함으로써 저출산 문제 해결과 지속적인 경제성장의 근원이 된다는 점에서 매우 중요한 의미를 가지며 국가가 가장 우선적으로 해결해야 할 정책과제 중 하나로 강조되고 있다. 그러나 국가의 책무성을 강화한다고 하여 양육과 보호에 대한 책임이 모두 국가로 전가되는 것은 아니며, 부모는 부모로서의 역할과 의무를 지녀야 한다.

3) 수요자 중심의 서비스로

건강한 발달과 최적의 성장은 영유아의 기본 권리라고 할 수 있다. 보육은 단순한 보호의 차원을 넘어 영유아가 최적의 발달을 이루어 나갈 수 있도록 지원하는 교육과 건강한 성장을 위한 영양과 안전이 제공되어야 함을 의미한다. 즉, 보육은 가정에서의 양육지원과 어린이집에서의 교육지원을 아우르는 개념이라 할 수 있다.

보육은 보호자의 사회참여를 지원해야 하므로(「영유아보육법」 제1조) 보육수요자인 부모들의 요구를 이해하여 영유아들에게 최선의 이익이 되도록 조절하는 것이 포함되어야 하며 부모들의 양육을 지원할 수 있어야 한다. 현대 사회의 변화는 기존의 보육 서비스에 커다란 변화를 초래하였다. 여성의 경제 활동 참여가 늘면서 맞벌이 가정이 증가하였고, 이혼율이 높아지면서 가족의 구조는 다양화되었다. 이와 더불어 사람들이 일하는 직종과 근무 시간이 다양해지면서 시간 연장형 보육, 휴일 보육, 24시간 보육, 방과전·후 보육 등이 수요자의 요구에 맞추어 이루어지게 되었다. 이 외에도 수요자 요구에 맞는 보육서비스에는 다문화 가정 영유아와 장애아동에 대한 지원도 포함된다. 예를 들어, 다문화 특성화 보육시설을 지정하고 한국어 교육프로그램을 지원하며, 보육교사를 대상으로 다문화 관련 교육을 실시하기도 한다. 장애아동을 위해서는 지역별로 장애아 보육시설을 균형 있게 확충하고 편의시설 및 장비 등을 지원한다. 특히 장애아동 지원센터를 설치하여 장애영유아의 기관배치 및 다양한 서비스를 지원한다(이미화 외, 2012). 또한 보육 수요자인 부모들이 어린이집의 운영, 프로그램 참여, 봉사 등의 일상적 참여를 할 수 있도록 열린 어린이집 제도를 실시하고 있다.

유의할 것은 양육의 1차적 책임은 부모에게 있으므로, 부모는 보육교사에게 양육의 책임을 전가해서는 안되며, 어린이집도 부모의 양육기능을 완전히 대신하려 해도 안된다는 점이다(박찬옥 외, 2013).

4) 유아교육과 보육의 통합으로

유아교육과 보육의 통합(유보통합)은 오랜 기간 논의가 진행되어 왔다. 유치원과 어린이집의 유사성이 커지면서 유보통합을 위한 사회적 합의가 시도되어 왔다. OECD(2006)에서는 유아교육과 보육을 'Early Childhood Education and Care'라고 지칭하면서 유아교육과 보육의 일원화와 교육과정 통합을 통해 효율적인 육아정책을 추구하고 있다. 유보통합의 궁극적 목적을 영유아 중심으로 생각해 본다면 인간발달의 연속성을 보장하는 것이고, 이를 잘 지원해 주기 위한 체제를 갖추는 것이라 할 수 있다(최은영 외, 2022). 영유아들은 양질의 교육을 받을 권리가 있다. 어린이집에 다니든 유치원에 다니든 양질의 교육을 받아 생애 초기 출발점 평등을 보장받아야 한다는 점에서 유아교육과 보육의 통합성이 요구된다.

유보통합에 대한 논의와 연구는 1990년대 이후부터 진행되어 오다가 2013년 국무조정실 산하 영유아교육보육 통합추진단 발족과 함께 2014년부터 순차적인 유보통합 정책이 시행되었다. 2012년 5세 누리과정 도입을 시작으로 2016년 3~5세 누리과정이 도입되고, 누리과정 재원이 지방교육재정 교부금으로 일원화되는 등 부분적인 통합을 이루어 왔다(최윤경 외, 2016). 앞으로의 중요한 과제로는 중앙이나 지방의 행정체계 통합, 교사양성 및 자격 정비, 관련 법령 통합 등을 들 수 있다.

유아교육과 보육의 통합은 유아교육에 대한 국가책무성을 강조하면서 유아교육의 공교육 체제 확립에 한 걸음 다가가는 계기가 되었다(이정욱, 2017).

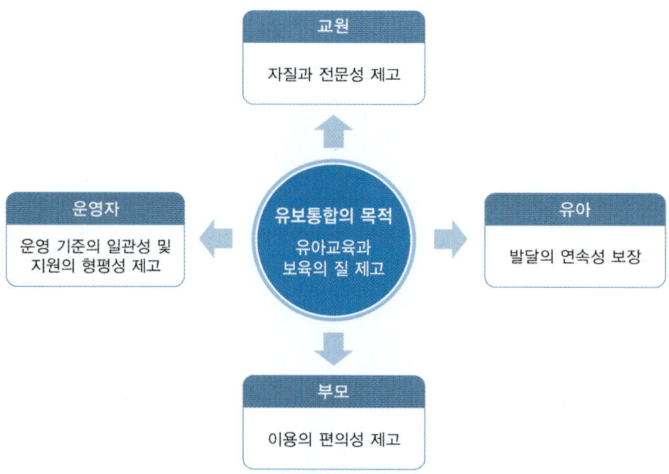

그림 1-9 **유보통합의 목적**

출처: 최은영 외(2022).

Chapter 02

보육경험과 영유아 발달

사회적 변화에 따라 보육의 국가적 책임이 강조되면서, 양질의 보육과 보육서비스 품질관리에 대한 인식과 향상에 대한 요구가 높아지고 있다. 뿐만 아니라 지금의 사회는 보육이 보편적인 양육방법으로 인식되고 있기 때문에 보육의 질적인 향상을 위한 노력은 매우 중요한 의미를 지닌다. 영유아의 발달특성에 대한 이해를 기반으로 영유아의 건강한 발달에 긍정적 영향력을 발휘할 수 있는 보육 경험에 대해 살펴보기로 한다.

1. 영유아 발달과 보육

영유아의 발달을 이해하는 것은 긍정적인 생애 초기 경험을 제공하기 위해 반드시 필요한 부분이다. 여기에서는 발달의 개념과 원리, 발달을 설명하는 주요 이론, 영유아의 주요 발달특성에 대해 알아보기로 한다.

1) 발달의 개념과 원리

발달은 전 생애에 걸쳐 발생하는 변화의 과정으로서 시간의 흐름에 따라 성장과 성숙, 경험이 서로 상호작용하여 나타나는 신체적, 심리적 변화를 의미한다. 성장은 주로 양적인 변화를 의미하며 키와 몸무게의 변화 등을 예로 들 수 있다. 성숙은 유전적 요인에 의한 변화를 의미하며 대소근육 조절 능력이 연령 증가에 따라 정교해 지는 것 등이 해당한다. 경험은 환경과의 상호작용을 통해 얻은 결과를 의미한다. 따라서 발달은 성장과 성숙, 경험이 함께 작용함으로써 나타나는 변화의 과정 및 양상이라고 할 수 있다.

일반적으로 영유아의 발달은 개인마다 속도가 다르고 발달이 나타나는 양상도 차이를 보이지만, 몇 가지 보편적 원리를 따른다.

첫째, 발달은 일정한 방향으로 이루어진다. 신체 · 운동능력의 발달은 머리에서 다리 방향으로, 몸의 중심부에서 손가락, 발가락 등의 말단 방향으로, 대근육 발달에서 소근육 발달의 방향으로 이루어진다. 아기들은 머리를 먼저 들고 가슴을 들게 되며 이후 앉고 서는 것이 가능해진다. 또한 신체의 상반신을 먼저 움직이고 난 후 차츰 팔과 손을 사용할 수 있으며, 어떤 물건을 잡기 위해 팔을 크게 휘두르는 등의 대근육을 주로 사용하다가 점차 손가락 등의 소근육을 이용해서 사물을 집을 수 있게 된다.

둘째, 발달은 일정한 순서에 따라 이루어지는 누적성을 지닌다. 이는 발달에는 일정한 순서가 있음을 의미하는 것으로 이전 단계가 다음 단계의 기초로 작용함을 의미한다. 즉, 신체·운동 능력 발달은 머리들기-가슴들기-앉기-서기-걷기로 이루어지며, 언어발달은 한두 단어를 말하다가 차츰 더 많은 단어를 사용하게 되고, 간단한 문장에서 복잡한 문장으로 말할 수 있게 된다.

셋째, 발달의 속도는 개인차가 있다. 일정한 방향과 순서에 따라 발달이 진행되기는 하지만 어떤 영아는 10개월경 걷기도 하고, 어떤 영아는 15개월에 걷기도 하는 것처럼, 개인의 유전적 요소와 환경적 요인으로 인해 발달속도는 영아마다 동일하지 않다.

넷째, 발달의 속도는 일정하지 않다. 발달은 전 생애에 걸쳐 지속적으로 이루어지지만 발달 영역별로 최적의 시기가 존재한다. 예를 들면, 신체발달은 생후 1~2년 동안 가장 활발하게 이루어지며 언어발달은 2~3세에 활발하다.

다섯째, 발달의 모든 영역들은 상호 연관되어 있다. 신체·운동 발달, 언어발달, 인지발달, 사회·정서 발달 영역은 서로 밀접하게 연결되어 있다. 즉, 또래에 비해 신체·운동 발달이 더딘 유아는 위축감을 느껴 친구들과의 관계 맺기에 적극적이지 않을 수 있고, 의사소통 능력 같은 언어발달이 더딘 유아는 자신의 생각과 감정을 표현하는 데 서툴러서 친구관계에 어려움을 겪을 수도 있다.

2) 발달이론

(1) 성숙이론

성숙이론에서는 인간의 발달을 유전적으로 정해진 과정을 따르는 것으로 설명한다. 즉, 인간이 태어날 때부터 지닌 유전적 특질이 '성숙(maturation)'에 의해 순서대로 발현된다는 것이다.

성숙이론의 대표적 학자인 게젤(Gesell)은 영유아기가 인간 발달에서 매우 중요한 의미가 있다고 보았으며, 학습준비도(learning readiness)의 개념과 표준행동규준(behavior norms)을 제시하였다. 학습준비도란 영유아가 학습을 하기 위해서는 이에 필요한 성숙이 먼저 이루어져야 한다는 것이다. 즉, 영유아를 가르치기 위해서는 영유아의 발달이 충분히 이루어질 때까지 기다려 주어야 하며, 영유아가 배울 준비가 되기 전에 미리 무엇인가를 가르치는 것은 아무런 의미가 없고, 오히려 양육자와 영유아 간에 불필요한 긴장만 초래한다고 하였다.

또한 게젤은 영유아들의 발달특성을 측정하여 연령별 표준행동규준을 제시하였다. 표준행동규준은 영유아의 발달이 일정한 순서와 규칙이 있음을 보여 주는 것이며, 영유아 발달에 있어 성숙의 정도를 객관적으로 볼 수 있는 준거로 작용하였다(박찬옥 외, 2023).

성숙이론은 영유아가 자신이 타고난 발달 과정과 속도에 따라 성장해 나갈 수 있도록 영유아 중심의 양육환경을 제공해야 한다고 보았다. 따라서 부모의 역할은 자녀의 신호와 단서에 따라 자연스러운 성장 과정을 지원해 주는 것이다(이기숙 외, 2006). 또한 유아교육기관에서는 유아의 자유로운 놀이와 활동을 우호적인 방법으로 안내하고 지원해 줄 교사와 환경을 제공하는 것이 필요함을 시사한다. 한편 성숙이론에서 제시하는 표준행동규준을 자칫 발달적 목표로 잘못 해석하여 이에 맞추어 영유아들의 발달을 재촉하는 것은 문제가 될 수 있다.

(2) 학습이론

학습이론에서는 인간을 외부 환경에 반응하는 수동적 존재로 본다. 따라서 인간의 행동은 경험과 학습의 산물이며 발달은 학습에 의해 나타나는 결과이므로 학습과 발달은 거의 동시에 일어난다(이은주 외, 2016). 학습이론은 고전적 조건형성이론, 조작적 조건형성 이론을 포함한 행동주의 이론과 사회학습이론으로 구분할 수 있다.

① 행동주의 이론

가. 고전적 조건형성 이론

파블로프(Pavlov)는 동물의 소화액 분비에 관한 연구를 하던 중에 개가 먹이를 준비하는 소리만 들어도 침을 흘리는 현상을 발견하였다. 파블로프의 실험 내용은 개에게 먹이를 주면(무조건 자극) 자연스럽게 침을 흘리는 반응을 하게 되고(무조건 반응), 먹이를 줄 때마다 종소리를 반복해서 들려주면(조건 자극) 이후 개는 종소리만 들어도 침을 흘리게 된다는 것이다. 즉, 종소리라는 조건 자극을 통해 개가 침을 흘리도록 하는 반응을 하도록 조건 형성을 이끌어 낸 것이다.

이후 왓슨(Watson)은 고전적 조건형성의 원리를 유아의 정서 반응에 적용하여 유아가 흰쥐에 대해 공포심을 형성하는 실험을 진행하였다. '어린 알버트 실험'으로 불리는 이 실험의 내용은 흰쥐를 무서워하지 않았던 어린 알버트에게 흰쥐와 함께 아기가 무서워하는 커다란 소음을 함께 제시함으로써 흰쥐는 물론 흰쥐와 비슷한 동물도 무서워하게 만드는 실험이었다.

알아보기 어린 알버트 실험

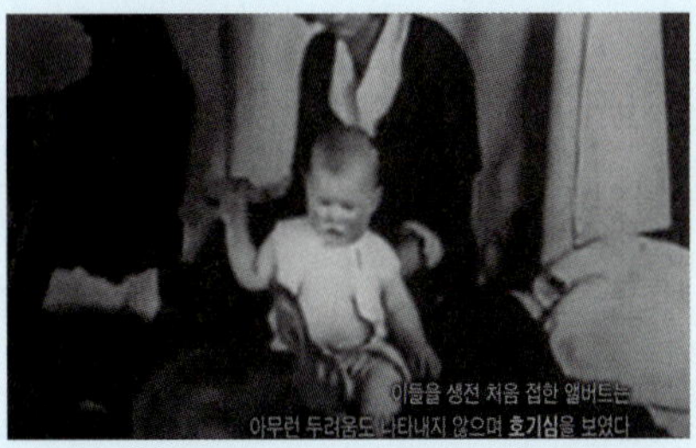

어린 알버트 실험(Little Albert experiment)은 행동주의 심리학의 시발점이 되었던 실험으로서 왓슨에 의해 이루어졌다. 이 실험에서 실험자들은 생후 9개월의 알버트에게 흰쥐, 토끼 등을 보여 주며 만지게 했다. 동물을 무서워하지 않은 알버트에게 실험자들은 알버트가 흰쥐에 가까이 갈 때마다 등 뒤에서 큰 소리를 내어 겁을 주었다. 이를 여러 번 반복하자 알버트는 흰쥐만 봐도 마구 울었고, 나중에는 흰색 털이 있는 동물, 물건에도 두려움을 느꼈으며 결국 산타클로스에게도 두려움을 느끼게 되었다,

이처럼 왓슨은 이 실험을 통해 공포심 같은 정서적 반응도 만들어 낼 수 있음을 증명하였으며, 행동주의 심리학에 큰 파장을 일으켰다. 그러나 이 어린 알버트를 대상으로 한 실험은 어린아이에게 부정적 정서를 심어 주었다는 점, 아이에게 평생의 트라우마를 남겼다는 점에서 비윤리적 실험의 상징으로 인식되고 있다.

출처: 조선일보(2016).

나. 조작적 조건형성 이론

조작적 조건형성 이론은 강화와 벌 같은 외적인 요인에 의해 인간의 행동이 결정된다고 보았다. 즉, 보상을 받은 행동은 지속적으로 유지될 것이고 보상을 받지 못했거나 벌을 받은 행동은 감소한다고 보았다. 스키너(Skinner)는 어떤 특정 반응 다음에 오는 자극에 관심을 보였다. 그는 '스키너 상자'를 발명하여 먹이를 얻기 위한 쥐의 행동을 관찰하였다. 상자 안을 돌아다니던 쥐가 우연히 지렛대를 눌러 먹이를 얻게 되면, 쥐는 점차 지렛대를 누르는 행동을 반복하게 된다. 이 실험에서 쥐가 지렛대를 누르는 행동을 '조작적 행동'이라 하며, 조작적 행동이란 유기체가 자신이 바라는 결과를 얻기 위해 스스로 움직이는 것을 의미한다. 또한 강화와 벌 같은 보상을 통해 어떤 행동을 하도록 하는 것을 '조작적 조건형성'이라고 한다.

이처럼 행동주의 이론은 인간의 발달을 외부의 자극에 대한 반응으로 보고 있으므로 인간의 학습과 행동이 이루어지는 과정을 설명하는 데 적합하다. 또한 행동주의 이론은 영유아에게 문제행동이 발생했을 경우 이를 수정하기 위한 구체적인 지침을 제공할 수 있다(박찬옥 외, 2023). 즉, 문제행동의 원인이 되는 외부 자극을 파악하여 자극을 제거하거나 감소시키는 방법으로 문제행동을 수정할 수 있다. 그러나 외부 환경적 요인을 지나치게 강조하였다는 점, 이로 인해 인간이 가진 능동성을 과소 평가했다는 점은 행동주의 이론의 한계점으로 평가되고 있다.

② 사회학습이론

사회학습이론은 인간의 행동 변화는 인간의 내적동기와 관련되며 인간의 인지적 과정이 환경과 행동을 결정하는 데 중요하다고 강조한다. 인간을 외부 자극을 수용하기만 하는 수동적 존재가 아니라 자신의 행동과 결과에 대해 생각할 수 있는 인지적 존재로 보는 것이다. 이러한 점에서 사회학습 이론을 사회인지 이론이라고도 한다(양옥승 외, 2022). 이는 행동주의 이론과도 구분되는 부분이기도 하다.

사회학습이론의 대표적 학자인 반두라(Bandura)는 인간은 다른 사람의 행동을 관찰하고 모방하는 모델링을 통해 행동, 사고, 감정 등을 학습한다고 설명한다. 특히 반두라는 자기효능감이 발달을 매개한다고 설명하였는데, 자기효능감이란 어떤 상황에서도 그 상황이 요구하는 행동을 자신이 수행해 낼 수 있다고 확신하는 것을 의미한다. 영유아는 자신의 선호와 판단에 따라 특정 모델의 행동을 더 많이 모방하기도 하는데 부모를 포함한 주 양육자의 양육 실제가 영유아의 행동발달에 중요한 영향을 미친다(황해익 외, 2016).

사회학습이론은 부모와 교사, 또래 등의 주변 환경이 영유아의 행동 발달에 중요한 요인이 됨을 제시하였으나, 행동주의 이론과 마찬가지로 인간의 욕구나 동기 같은 내면의 힘과 인간의 능동성보다는 환경의 영향을 더 크게 강조하였다는 점은 사회학습이론이 가진 한계점으로 평가되고 있다.

(3) 정신분석이론

프로이트(Freud)와 에릭슨(Erikson)의 이론으로 대표되는 정신분석이론은 인간의 성격발달에 관심을 두고 있다. 정신분석이론은 인간이 타고난 욕구와 본능을 해결하는 과정에서 발달이 이루어진다는 관점을 취하고 있다.

① 프로이트의 심리성적 발달이론

프로이트는 인간의 행동에 있어 무의식의 영향을 강조하였는데, 정신이 인간 행동의 기초가 된다고 보았다. 프로이트에 따르면 인간의 정신은 의식과 전의식, 무의식으로 구분할 수 있다. 의식 세계는 인간이 주의를 기울이면 알아차릴 수 있는 정신 세계로서 인간이 인식할 수 있는 사고, 감정, 지각 등을 포함하는 영역이다. 전의식 세계는 인식하려고 노력해야 알 수 있는 정신 세계이며, 기억, 꿈 등을 포함한다. 무의식 세계는 전혀 인식할 수 없는 정신 세계이며 어린 시절의 성적인 본능과 충동, 경험 등이 포함되어 있는 영역이다. 무의식 세계는 인간의 정신 세계에서 가장 많은 부분을 차지하고 있으며 의식 세계에 영향을 주어 인간의 행동을 결정한다.

프로이트는 리비도(libido)라는 성적 본능이 집중되는 시기에 따라 인간의 발달단계를 5단계로 구분하였다. 즉, 리비도가 집중적으로 표출되고 이에 대한 만족을 얻는 신체 부분의 변화에 따라 구강기, 항문기, 남근기, 잠복기, 생식기로 발달 단계를 구분하였다. 각 단계마다 성적인 본능을 충분히 충족해야 다음 단계의 발달로 넘어갈 수 있으며, 충분한 만족을 얻지 못하거나 지나치게 만족하게 되면 그 단계에 고착된다고 보았다. 프로이트가 제시한 인간 발달단계의 내용은 표 2-1에 제시되어 있다.

표 2-1 프로이트의 인간발달 단계

구분	주요 내용
구강기 (출생~1세)	• 입, 입술, 잇몸 등에 리비도가 집중되어 있는 시기 • 입에 닿는 모든 것을 빨고 깨무는 등의 구강 활동을 통해 쾌감을 경험함 • 구강 활동을 통해 자신의 욕구가 충분히 만족되지 못하면 이후 손가락 빨기, 손톱 물어뜯기, 과음, 지나친 흡연, 음식에 대한 집착 등이 나타남
항문기 (1~3세)	• 항문에 리비도가 집중되어 있는 시기 • 배변훈련 과정에서 항문의 괄약근을 조절함으로써 만족감을 경험함 • 배변훈련 과정이 지나치게 엄격하면 청결에 대한 결벽증, 인색함, 고집스러움 등이 나타나거나 물건을 잘 버리지 못하는 행동이 나타남
남근기 (3~6세)	• 리비도가 성기에 집중되어 있는 시기 • 동성의 부모에 대한 질투를 보이는 오이디푸스 콤플렉스와 일렉트라 콤플렉스를 경험하기도 함 • 동성의 부모에 대한 동일시를 통해 자신의 성에 맞는 행동과 역할을 배우고, 도덕적 가치를 내면화하면서 초자아를 발달시킴

구분	주요 내용
잠복기 (6~11세)	• 리비도가 무의식속으로 잠복하여 표출되는 신체부위가 나타나지 않음 • 평온한 상태를 유지함 • 동성 친구들과의 상호작용을 통해 학교 활동, 운동, 놀이 등을 하며 에너지를 발산시킴
생식기 (12세 이후)	• 성호르몬의 분비와 신체적 성숙에 따라 잠복되었던 성적 에너지가 다시 나타남 • 가족 이외의 이성을 향한 관심과 성적 충동이 나타남

② 에릭슨의 심리사회적 발달이론

에릭슨은 인간의 성격발달은 주변의 사회적 관계의 영향에 따라 이루어진다고 보았다. 즉, 인간은 전 생애에 걸쳐 주어진 갈등과 위기의 상황을 해결해야 하는데, 이 상황을 만족스럽게 해결하면 긍정적인 성격 형성이 이루어지고 그렇지 않은 경우 부정적인 성격 형성이 이루어진다는 것이다. 또한 인간이 발달단계별로 경험하는 위기는 삶의 걸림돌로 작용하기도 하고 이 위기를 극복하는 과정에서 발전이 이루어질 수 있으므로 위기는 긍정적인 의미가 있다고 보았다. 결국 갈등과 위기를 극복하는 발달과업을 어떻게 해결해야 하는가가 인간의 성격형성에 영향을 미친다.

에릭슨의 이론은 영유아가 처해 있는 사회적 환경과 문화적 환경이 중요함을 강조하였고 각 개인의 성격형성에 타인과의 관계가 중요하다고 보았다. 이러한 점에서 에릭슨 이론을 심리사회적 발달이론으로 부르기도 한다. 심리사회적 발달이론은 인간의 전 생애 걸쳐 심리사회적 발달이 진행되며, 인간을 주어진 발달단계에 적응하기 위해 스스로 노력하는 능동적 존재로 설명한다. 특히 영유아기는 인간의 인성 형성에 큰 영향을 미치므로 매우 중요한 시기임을 강조하였다. 에릭슨은 인간의 발달단계를 모두 8단계로 구분하였는데, 단계별 주요내용은 다음 표에 제시되어 있다.

표 2-2 **에릭슨의 심리사회적 발달 단계**

구분	주요내용
기본적 신뢰감 대 불신감 (출생 ~ 1세)	• 영아가 양육자와의 관계를 통해 신뢰감 또는 불신감을 형성하게 되는 시기 • 양육자의 따뜻하고 민감한 돌봄을 통해 자신의 욕구를 충분히 충족한 영아는 양육자에 대한 신뢰감을 형성하게 되고 이를 통해 세상에 대한 긍정적 믿음을 형성할 수 있음 • 양육자가 불편한 상황을 해결해 주지 않는다면 영아는 양육자를 신뢰하지 않게 되고, 더 나아가 세상에 대한 불신감을 갖게 됨
자율성 대 수치심 (1~3세)	• 영아가 신체 조절 및 통제 능력을 지니게 되면서 스스로 해내려는 자율성을 보이는 시기 • 영아는 걸을 수 있게 되면서 양손의 자유를 획득하게 되고, 호기심 해결을 위한 탐색이 활발해짐 • 활발한 탐색 과정에서 영아가 자신의 행동을 제지받으면 수치심을 경험하기도 하며, 지나친 통제를 받게 되면 자신의 행동에 대한 회의감을 경험함
주도성 대 죄책감 (3~6세)	• 자신의 행동을 계획해서 수행한 결과가 긍정적이면 주도성을 획득하게 됨 • 자신이 계획한 행동이나 생각이 이루어질 수 없다는 것을 경험하게 되면 죄책감을 가지게 됨
근면성 대 열등감 (6~12세)	• 읽기와 쓰기, 셈하기 등의 기초적 학습기술을 익히는 시기 • 성공적인 학습기술 획득과 주변 사람들로부터 받는 인정을 통해 아동은 근면성을 획득하지만 학습능력이 부족하여 다른 아동과 비교되었던 아동은 열등감을 갖게 됨
정체감 대 정체감 혼란 (12~20세)	• 자아정체감을 확립하는 시기 • 자아정체감이란 자신의 위치, 능력, 역할 및 책임에 대해 인식하는 것이며, 자아정체감을 형성한 사람은 진로와 직업, 인생을 설계하는 데 있어 스스로 의사결정을 할 수 있게 됨 • 자기자신에 대한 고민과 방황이 길어지게 되면 정체감의 혼란을 경험하게 됨
친밀감 대 고립감 (20~24세)	• 다른 사람들과 친밀감을 나누고, 사회적 관계를 형성하며, 사랑하는 사람과 애정적인 관계를 맺는 시기 • 친밀감을 형성하지 못해서 다른 사람과 깊은 감정과 사고를 나누는 데 실패한 사람은 고립감을 경험하게 됨
생산성 대 침체감 (25~65세)	• 중년기에 해당하는 시기로서 생산적 역할 수행을 통해 생산성을 느끼게 되면 이후 노년기에 건강한 자아를 형성하게 됨 • 생산성의 과업을 성취하지 못하면 침체감을 경험하게 됨 • 생산성이란 무엇인가를 만들어 내는 것을 의미하며, 가정을 꾸리고 자녀를 양육하고 교육하는 것, 가족 부양을 위한 경제 활동 등을 포함함
자아통합 대 절망감 (65세 이후)	• 자신의 인생을 되돌아보면서 인생의 가치를 찾아보거나, 은퇴와 신체적 노쇠 등으로 무력감을 느끼는 노년기에 해당하는 시기 • 자신의 인생이 대체로 만족스럽고 의미 있었다고 생각하게 되면 자아통합감을 형성하게 되며, 자신의 삶에 대한 무력감을 크게 느꼈다면 절망감을 갖게 됨

지금까지 살펴본 정신분석이론의 교육적 의의와 한계점을 알아 보면 다음과 같다.

첫째, 프로이트의 심리성적 발달이론은 인간 내면의 무의식 속에 담겨 있는 갈등과 욕구를 이해하고 인간에게서 나타날 수 있는 정서적 측면을 이해할 수 있는 근거를 마련해 주었다. 그러나 지나치게 성적인 측면의 발달과정에 초점을 두었다는 점은 한계점으로 지적되고 있다(이기숙 외, 2022). 또한 만 5세 이전의 부모-자녀관계의 경험이 인간 발달에 미치는 영향에 관심을 갖게 하였다는 점도 의미가 있다(조형숙 외, 2017).

둘째, 에릭슨의 심리사회적 이론은 발달단계를 인간의 전 생애로 확대하였고 사회적 관계가 발달단계에 영향을 주고 있음을 제시했다. 그러나 발달단계마다 어떤 행동이 심리적 성장을 돕는지에 대한 명확한 설명이 없다는 점은 이 이론의 한계점으로 지적되고 있다(정옥분, 2009).

(4) 인지발달이론

인지란 지식과 생각을 구성해 나가는 사고 과정을 의미한다. 인지발달이론은 이 사고과정을 설명하는 이론으로서, 유기체와 환경과의 상호작용을 강조하는 피아제(Piaget)와 사회적 상호작용을 강조하는 비고츠키(Vygotsky)의 이론으로 구분할 수 있다.

① 피아제의 인지발달이론

피아제는 영유아들이 주변 세상을 이해하고 세상에 적응하려는 노력의 결과로 인지발달이 이루어진다고 하였다. 즉, 영유아의 인지발달은 환경과의 상호작용의 결과이며, 영유아는 환경과의 상호작용 과정에서 새로운 지식과 인지구조를 능동적으로 구성해 나간다는 것이다.

또한 인간은 도식(scheme)이라는 자신만의 인지구조를 지니고 있다고 설명하고 있다. 특히 영유아는 환경과의 상호작용 속에서 다양한 도식을 만들어 내고 동화와 조절, 평형화라는 인지기능의 작용을 통해 지속적으로 도식을 변화시켜 나간다.

동화(assimilation)는 새로운 정보를 자신이 갖고 있는 기존의 도식에 적용시키는 것으로 자신이 이미 갖고 있던 기존 도식에 맞게 새로운 정보를 이해하는 것이다. 조절(accomadation)은 기존의 도식을 새로운 정보나 경험에 맞추어 변형시키는 것이다. 평형화(equilibrium)는 영유아가 새로운 정보나 경험이 자신의 인지구조와 맞지 않을 때, 본능적으로 적응을 통해 인지적 균형 상태를 유지하고자 하는 것이다. 따라서 주변 세계에 대한 도식은 동화와 조절을 통해 발달하며, 동화와 조절의 결과로 평형화가 이루어진다.

피아제는 인간은 지속적으로 동화와 조절을 통해 인지구조의 평형상태를 유지하려 한다고 설명하면서, 인지구조의 질적인 변화과정에 따라 인지발달단계를 구분하였다. 다만 피아제는 모든 영유아는 인지발달단계의 순서대로 발달하며 개인이 처한 문화와 환경에 의해 인지발달이 촉진 또는 지체될 수 있으므로 단계별 연령대는 절대적 연령이 아니라고 가정하였다(구광현, 2019). 피아제의 인지발달단계를 살펴보면 표 2-3과 같다.

표 2-3 **피아제의 인지발달단계**

구분	주요내용
감각운동기 (0~2세)	• 주로 빨기나 잡기 같은 감각운동을 통해 주변 환경을 이해하고 적응해 나가는 시기 • 협응력의 발달에 따라 감각운동은 점차 정교해지며, 외부 자극으로 대상을 확대해 가며 반복적인 행동을 보임 • 8~12개월경 대상영속성을 획득함 • 18개월을 전후로 표상능력이 생겨나면서 직접 행동하지 않고도 상상이나 생각을 통해 행동의 결과를 예측할 수 있음
전조작기 (3~5세)	• 사물에 대한 표상능력이 증가하여 언어를 비롯한 다양한 상징을 활용할 수 있으며 사물이나 사건을 기억하고 표현할 수 있음 • 자신의 조망과 다른 사람의 조망을 구별하지 못하는 자기중심적 사고를 보임. 영유아는 자기중심적 사고로 인해 다른 사람의 생각이나 관점, 감정을 충분히 이해하지 못함 • 사물과 상황을 판단할 때 하나의 두드러진 특징을 위주로 판단하는 직관적 사고를 나타냄 • 상징적 사고의 발달로 자신이 머릿속에 표상한 것을 상징적인 형태의 그림이나 언어 등으로 표현할 수 있음 • 움직이는 것은 모두 살아 있고 모든 사물을 생명이 있어 생각하고 감정이 있다고 믿는 물활론적 사고를 보임

구분	주요내용
구체적 조작기 (6~11세)	• 아동기에 해당하는 시기로서 조작(operation)이 가능함. '조작'은 논리적 사고를 통한 정신활동을 의미하며, 구체적 조작기의 아동은 사물의 분류, 관계 및 포함, 유추 등의 개념을 이해할 수 있음 • 탈중심화가 가능하여 자기중심적 사고에서 벗어날 수 있고, 사물의 특성을 파악할 때 다양한 측면을 생각할 수 있게 됨 • 보존개념을 습득하여 가역성을 이해할 수 있는데, 동일한 양의 물을 모양이 다른 그릇에 담아도 물의 양이 변하지 않음을 이해할 수 있음
형식적 조작기 (12세 이후)	실제로 경험할 수 없는 사물이나 사건을 머릿속으로 생각해 내는 추상적 사고가 가능하고, 문제를 해결하기 위해 가설 설정 및 체계적인 검증이 포함된 과학적 사고 방법이 가능함

② 비고츠키의 사회문화적 인지이론

비고츠키는 인간의 인지발달은 성인이나 유능한 또래와의 상호작용을 통해 이루어진다고 설명하면서 사회적 맥락과 문화의 영향을 강조하였다. 즉, 영유아를 다른 사람과의 관계를 통해 성장하는 사회적 존재로 인식하였으며, 사회적 상호작용을 위해 언어를 습득하는 것이 중요함을 강조하였다. 언어는 사고를 반영하며 대부분의 상호작용은 언어를 통해 이루어지기 때문이다.

또한 비고츠키는 인간이 살아가고 있는 사회적 맥락은 개인의 사고에 영향을 미치므로 개인의 발달은 사회, 문화, 역사의 산물이라고 설명한다(이은주 외, 2016).

비고츠키는 영유아의 발달을 이해할 때 실제적 발달수준과 잠재적 발달수준을 모두 고려해야 한다고 하면서 근접발달지대(Zone of Proximal Development)의 개념을 제시하였다. 근접발달지대란 실제적 발달수준과 잠재적 발달수준의 차이를 의미한다. 실제적 발달수준은 영유아가 다른 사람의 도움 없이 스스로 문제를 해결할 수 있는 현재의 발달수준이고, 잠재적 발달수준은 혼자서는 해결하기 어렵지만 성인이나 유능한 또래의 도움을 받아서 문제를 해결할 수 있는 수준이다. 근접발달지대는 고정되어 있는 것이 아니며 영유아가 좀 더 높은 수준의 사고와 지식을 구성해 감에 따라 지속적으로 변화하는 특성을 보인다. 따라서 교사는 영유아가 가진

실제적 발달수준을 파악하여 잠재적 발달수준에 이르도록 비계를 설정해 주어야 한다. 즉, 어떤 문제해결 상황에서 영유아가 혼자서 할 수 있는 수준은 어디까지인지, 사회적 상호작용을 통한 도움을 제공했을 때 해결할 수 있는 수준은 어디인지를 파악할 필요가 있다. 이는 교육이 영유아의 발달을 이끌어 갈 수 있음을 의미하는 것으로, 교사가 제공하는 도움의 양은 점차적으로 줄여 나가서 유아 스스로 문제를 해결할 수 있도록 해야 한다.

지금까지 살펴본 피아제의 인지발달이론과 비고츠키의 사회문화적 인지이론의 교육적 의의와 한계점을 알아보면 다음과 같다.

첫째, 피아제의 인지발달이론은 영유아가 적극적인 사고가 가능한 존재이며, 스스로 지식을 습득해 나갈 수 있는 능동적 존재라는 것을 제시하였다. 피아제의 인지발달이론이 유아교육에 미친 영향이 매우 크다는 점을 고려해 본다면, 유아교육기관의 역할이 중대함을 생각해 볼 수 있다. 즉, 교사는 영유아의 발달을 고려하여 그들의 발달수준에 맞는 학습 환경 구성과 인지적 불균형 상태를 제공하려는 노력을 해야 한다(조형숙 외, 2017). 또한 단순히 지식을 전달하는 교육이 아니라 영유아 스스로 구체적 대상을 가지고 직접 탐색하고 탐구할 수 있는 기회를 제공하여 영유아 스스로 탐색과 발견, 질문, 결과 비교 등을 해 나갈 수 있도록 교육환경을 구성해야 할 필요가 있다(구광현, 2019).

둘째, 비고츠키의 사회문화적 인지이론은 영유아의 발달을 이해하기 위해 사회적 맥락과 문화적 맥락을 모두 이해할 필요가 있음을 제시하고 있다. 사회문화적 맥락은 저마다 다르므로 모든 영유아가 동일한 인지발달 단계를 나타내지 않는다는 것이다. 또한 비고츠키가 제시한 근접발달지대의 개념은 교사와 부모가 수행해야 할 역할에 대한 구체적 이해를 가능하게 해 주었고, 영유아의 인지발달을 돕는 방법을 이해하는 데도 도움을 주었다(조형숙 외, 2017). 그러나 근접발달지대의 개념이 비고츠키 이론의 핵심으로 제시되고 있으나 영유아 개인이 갖고 있는 학습능력과 학습스타일이 다르기 때문에 근접발달지대를 선정하는 것이 쉽지는 않다.

3) 영유아기 주요 발달특성

영유아기는 인간의 전 생애에서 가장 발달적 변화가 활발한 시기이면서 건강한 삶을 영위하기 위한 기초가 형성되는 시기이다. 따라서 교사는 영유아가 할 수 있는 것과 할 수 없는 것을 파악하여 그들이 가진 잠재적 능력이 충분히 개발되도록 지원해야 한다. 영유아의 발달특성을 이해하는 것은 영유아의 건강한 성장을 지원하기 위한 기본적인 토대로 작용하기 때문이다. 다만 발달특성은 개인차가 크기 때문에 연령별로 제시되는 발달특성은 전반적인 경향을 의미하는 것임을 유의해야 한다. 주요 발달특성을 영아기와 유아기로 나누어 살펴보기로 한다.

(1) 영아기(0~2세)

0~2세의 시기는 인간의 삶에서 가장 극적인 변화가 일어나는 시기이다. 이 시기는 신체발달이 가장 활발한 시기로서, 신생아는 반사기능 위주의 움직임을 보이다가 점차 자신의 움직임을 자발적으로 통제할 수 있게 되고 보행능력이 발달하며 이동의 자유를 얻게 되고 양손의 자유를 획득하게 된다. 이러한 신체발달은 다른 발달 영역의 기초가 되며 모든 발달의 출발점이 될 수 있다. 따라서 영아기의 신체발달은 그들이 이후의 삶에서 사회적 존재로서 살아가는 데 중요한 기반으로 작용한다.

또한 울음으로 자신을 표현하는 것에서 차츰 미소와 몸짓, 언어를 이용하여 다른 사람과 소통할 수 있게 되고, 양육자와의 애착형성을 통해 주변 세상에 대한 신뢰와 자율성을 획득해 나간다. 왕성한 호기심을 해결하기 위해 적극적인 탐색활동을 보이기도 한다. 영아기 주요 발달특성은 표 2-4에 제시되어 있다.

표 2-4 **영아기 주요 발달특성**

구분	주요 발달특성
0~12개월	• 소리 나는 방향으로 얼굴을 돌림 • 엎드려 놓으면 머리와 어깨를 움직임 • 빨기를 통해 사물을 탐색함 • 혼자서 뒤집을 수 있음 • 스스로 앉을 수 있음 • 두 손으로 물건을 잡을 수 있음 • 기어서 움직일 수 있음 • 걸음마를 시작함 • 사물에 대한 호기심이 증가함 • 음식에 대한 선호가 나타남 • 양육자의 얼굴을 구분하며 애착을 형성함 • 옹알이, 쿠잉 등을 하다가 한 단어 시기에 접어듦
13~24개월	• 걷기와 뛰기를 자유롭게 함 • 계단을 오르내릴 수 있음 • 높은 곳에 기어올라감 • 서랍을 열 수 있음 • 문이나 병마개 등을 열고 돌림 • 공을 던질 수 있음 • 배변훈련을 시작함 • 음식을 혼자 먹으려 시도함 • 모방행동과 상징놀이가 발달함 • 놀잇감이나 물건을 다른 사람과 나누기 어려움 • '싫어, 안해' 등의 표현을 자주 사용함 • 무엇이든지 스스로 해 보려 하는 자율성을 보이기 시작함 • 4~50개 정도의 단어를 사용하며 두 단어로 이루어진 전보식 문장 사용
24~36개월	• 걷거나 뛰기 같은 운동기능이 발달하고 신체 움직임이 유연해짐 • 물건이나 낮은 의자를 도움 없이 오르고 내릴 수 있음 • 세발자전거를 탈 수 있음 • 양치질과 가위질을 할 수 있음 • 단추나 지퍼를 채울 수 있음 • 말이나 몸짓으로 자신의 주장을 강하게 표현함 • 좋아하는 것과 싫어하는 것이 분명해짐 • 친구들에게 관심을 갖기 시작함 • 소유욕이 증가함 • 다른 사람의 관심을 끌기 위해 노력하며 인정받기를 원함 • 떼를 쓰거나 고집을 부림 • 질투, 당황스러움, 자긍심과 수치심 등의 2차 정서가 발달함 • 2~300개 정도의 단어를 사용할 수 있음

이상에서 살펴본 바와 같이 영아의 건강한 성장을 지원하기 위해 영유아 교육기관은 영아들이 보이는 다양한 발달특성을 이해하고 물리적 환경을 안전하게 조성하며 오감을 자극할 수 있는 놀잇감과 공간을 충분히 제공해 줄 필요가 있다. 또한 기본생활습관을 형성하는 시기이므로 일상적 활동을 통해 자조기술을 충분히 연습하고 성취감을 경험할 수 있도록 해야 한다.

(2) 유아기(3~5세)

유아기는 3세부터 5세까지의 시기로서 영아기에 비해 성장속도는 완만하지만 신체의 움직임은 보다 정교해진다. 활발한 탐색활동을 통해 학습이 일어나고 다양한 어휘를 사용하게 되면서 또래와의 상호작용이 확대된다. 특히 유아기 사회 · 정서 발달은 성격형성과 이후 삶에서의 안정적 인간관계 형성에 영향을 미친다. 유아기의 주요 발달특성을 살펴보면 다음과 같다.

표 2-5 **유아기 주요 발달특성**

구분	주요 발달특성
신체발달	• 키와 몸무게는 꾸준히 증가하여 3세 무렵 키는 출생 시의 약 2배, 몸무게는 약 5배가 됨 • 신체비율과 체형이 차츰 성인과 비슷하게 변화함 • 운동기능이 정교하게 발달하여 신체를 이용한 다양한 활동을 수행함 • 유치가 모두 나옴 • 3세경 혼자 양말을 신거나 벗을 수 있음 • 5세경 혼자 옷을 입고 벗는 것, 신발을 신고 벗을 수 있음
언어발달	• 문장으로 말할 수 있고 소리와 글자의 일대일 대응을 이해함 • 3~4세는 언어가 폭발적으로 증가하며, 차츰 성인의 언어와 비슷해짐 • 5세 무렵 간단한 단어를 쓸 수 있고 다양한 쓰기도구 사용을 즐김 • 문자와 책에 대한 관심이 증가함
사회성 발달	• 자아개념이 발달하기 시작함 • 대인관계의 폭이 넓어지고 다양해짐 • 성에 대한 호기심을 나타내며 성역할 개념을 형성함
정서발달	• 정서이해능력이 급격히 발달함 • 5세경 정서를 조절하는 능력이 발달함 • 불안, 수치, 실망, 부러움 등의 2차 정서가 분화되어 나타남
인지발달	• 자기중심적 사고, 직관적 사고, 물활론적 사고 등 전조작기의 인지발달단계의 특성을 보임 • 범주가 다른 것들의 유사성을 논리적으로 찾아낼 수 있으며, 한 가지 사물이 여러 범주에 속할 수 있음을 알게 됨 • 수학적 연산활동이 가능함 • 5세경 논리적 사고능력이 발달하여 인과관계를 파악할 수 있음

출처: 박찬옥 외(2023).

지금까지 유아기의 발달특징에 대해 살펴보았다. 유아기에도 꾸준한 성장 발달이 이루어지는 만큼 유아교육기관에서도 다양한 대소근육 발달을 돕는 신체활동이나 기구활동을 진행할 수 있다. 유아가 능동적으로 탐구할 수 있도록 환경을 구성해 주어서 자신의 흥미와 요구에 따른 놀이나 활동을 경험하도록 해야 한다.

2. 보육의 질적인 요인

보육의 질에 포함될 수 있는 요인은 매우 다양하다. 즉, 교사 대 아동의 비율, 학급크기, 교사의 학력과 경력 등의 구조적 요인과 영유아의 발달에 적합한 활동, 교사의 따듯하고 민감한 상호작용과 행동 같은 과정적 요인에 이르기까지 다양한 환경요인이 보육의 질에 영향을 미친다.

1) 보육의 질을 구성하는 과정적 요인

보육의 질을 구성하는 과정적 요인은 보육과정 실제에서 나타나는 교사들의 애정, 민감성, 보호, 발달에 적합한 활동 제공 등을 의미한다. 보육의 과정적 질은 보육과정을 실행하는 과정에서 나타나므로, 교사의 능력 및 자질, 가치관 등이 중요한 변인이 된다(이미화 외, 2013). 즉, 교사의 양육 신념이 권위적이지 않을수록 영유아들을 더 민감하게 보육하며, 긍정적이고 적극적인 직업 정신을 가질수록 질 높은 보육을 제공하는 경향이 있다. 높은 수준의 과정적 질은 영유아들의 인지, 언어, 사회성 발달에 긍정적 영향을 미치고 자존감을 형성하는 데도 도움을 준다. 또한 영유아들이 보육교사에 대해 갖는 신뢰감이 높아지며 숙련된 사고를 할 수 있다.

보육의 과정적인 질은 보육프로그램에서도 나타나는데 질적 수준이 높은 보육프로그램은 다양하고 활용도가 높은 교구를 연령 특성에 맞게 제공하고 정기적으로 변화를 주며 영유아의 흥미에 따라 지속적인 지원이 이루어진다.

보육의 과정적 질에 중요하게 작용하는 또 다른 요인은 교사이다. 교사가 가진 영유아에 대한 민감성과 반응성은 보육의 질을 좌우할 수 있는데, 이는 교사의 상호작용 능력에서 드러난다. 영유아의 언어적, 비언어적 신호에 민감하게 반응하는 교사는 영아에게 안전하고 정서적인 환경을 제공할 수 있다. 양질의 상호작용을 통해 영유아는 편안함과 안정감을 느낄 수 있게 되고 주도적이고 자발적인 탐색을 통해 학습을 해 나갈 수 있을 것이다.

특히 교사의 민감성은 영아 보육에서 더 요구된다. 영아에게 보여 주는 애정적인 접촉, 따듯하게 건네는 말과 온화한 미소 같은 온정적 태도는 영아를 편안하게 만들어 정서적으로 안정되도록 할 수 있다. 또한 상황에 따른 영아의 개별적인 흥미와 요구, 관심 등을 파악해서 수용하려 하고 영아가 성공감을 경험할 수 있도록 격려한다.

2) 보육의 질을 구성하는 구조적 요인

보육의 질에 영향을 미치는 구조적 요인은 외적으로 측정할 수 있는 요인들을 의미한다. 구조적 요인에는 교사 대 영유아의 비율, 집단의 크기, 물리적 환경, 교사의 학력과 연령, 교사교육 및 훈련 등이 포함된다. 이미화 등(2013)은 보육의 질을 크게 교사 관련 변인, 교사 대 영유아 비율, 집단의 크기, 물리적 환경으로 나누었다. 그 내용은 다음과 같다.

(1) 교사 관련 변인

교사 관련 변인은 과정적 측면에서도 강조되었지만 구조적 측면에서도 중요한 영향력을 지닌다. 즉, 교사의 전공, 학력 및 경력, 훈련, 직무환경 등이 보육의 질에 영향을 미친다.

보육교사를 둘러싼 직무 환경은 직무만족도, 직무스트레스에 영향을 미치므로 직무환경 역시 보육의 질에 간접적인 영향을 미친다. 더불어 교사의 이직률과도 연관되므로 보육의 과정적 질인 일관성과 안정성에도 큰 영향력을 미친다. 이 밖에도 교사의 경력 및 교육 관련 요인도 교사 생활의 안정성과 관련되는 영향 요인이다. 일반적으로 교사 대 영유아의 비율이 낮고 집단의 크기가 작으면 보육의 질은 높은 수준을 보이는 것으로 알려져 있다.

(2) 교사 대 영유아의 비율

교사 대 영유아의 비율은 교사가 민감하고 반응적이며 개별화된 상호작용을 제공할 수 있는 최적의 조건을 의미한다. 교사 대 아동비율이 낮으면 영유아들은 자율적으로 의견을 활발히 표현하고 협동 등의 긍정적 상호작용을 많이 하고 원활한 의사소통을 한다. 또한 다양한 활동에 흥미를 보이고 적극적으로 참여하며 높은 적응도를 보인다.

교사 대 영유아의 비율이 적합하지 않을 경우에는 아무리 교육 수준이 높은 교사라 할지라도 효과적인 교육을 실행하기가 어렵다(Ritchie & Willer, 2008). 특히 영유아의 안전에 대한 잠재적 위험요인을 줄이기 위해서는 교사 대 영유아의 비율은 더 최소화해야 할 필요가 있다. 화재와 같은 위급상황에서는 어린 영유아들이 혼자 이동할 수 없기 때문이다.

(3) 집단의 크기

집단의 크기란 한 놀이실에서 함께 있는 영유아의 수를 의미한다. 집단의 크기가 작고 교사 대 영유아 비율이 낮은 경우 영유아들은 교사와 개인적인 상호작용을 통해 친밀함을 느끼고 정서적인 안정감을 높일 수 있다. 교실 내 집단 크기의 영향을 연구한 리치와 윌러(Ritchie & Willer, 2008)는 집단의 크기가 작을수록 학업성취도가 높게 나타났으며 특히 저소득층 영유아에게서 학업성취도의 향상이 더 두드러졌다는 연구 결과를 제시하였다. 이는 집단의 크기가 작을수록 교사가 적절한 양육 행동을 할 가능성이 크다는 것과 영유아에게 제한, 통제, 비난, 무반응 등의 부정적 상호작용을 할 가능성이 감소되었음을 의미한다.

(4) 보육의 물리적 환경

보육의 물리적 환경은 어린이집의 시설, 설비, 교재 및 교구의 양과 질 등을 의미한다. 영유아 교육기관은 영유아의 안전과 건강을 최우선으로 고려하여 쾌적하고

무해한 공간과 설비를 갖출 필요가 있다. 더불어 영유아의 발달과 연령에 적합하며 다양한 놀이감, 교재 및 교구 등을 제공해 주는 것도 중요하다.

지금까지 보육의 질에 영향을 미치는 변인을 구조적 요인과 과정적 요인으로 구분하여 살펴보았다. 그러나 이 두 요인은 각각의 요인별로 분리되어 보육의 질에 영향을 미치기도 하지만, 구조적 요인이 과정적 요인을 통해 영유아의 발달에 영향을 미칠 수도 있다. 즉, 구조적 요인에 해당하는 교사 대 영유아 비율, 집단의 크기 등은 결국 교사의 상호작용 같은 과정적 질에 영향을 주게 된다. 이렇듯 구조적 질은 직접적인 영향을 미치기도 하지만 과정적 질을 통해 간접적인 영향력도 발휘한다.

이미화 등(2013)은 브론펜브레너(Bronfenbrenner)의 생태학적 환경모형을 기반으로 보육의 과정적 질과 구조적 질이 영아 발달에 미치는 직간접적인 영향을 그림 2-1과 같이 정리하였다

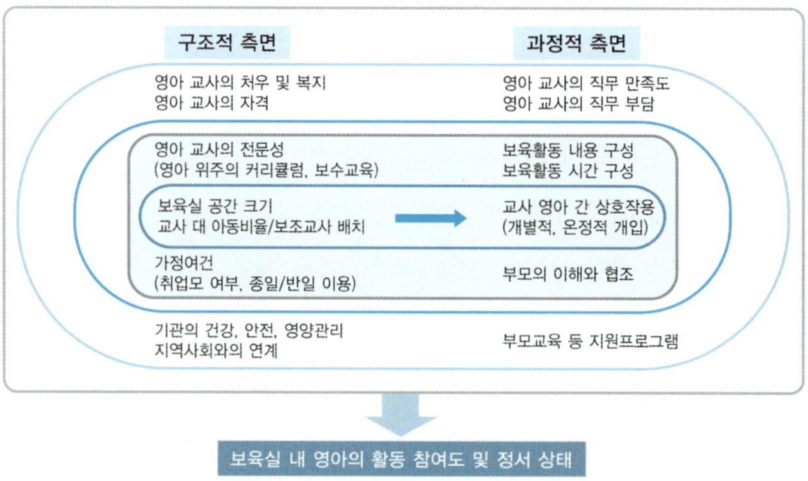

그림 2-1 영아보육 질 관련 변인: 체계 수준 및 영역별 구분

출처: 이미화 외(2013).

3. 보육의 경험과 영유아의 발달

보육은 영유아가 신체적 · 정신적으로 건강하고 안전하게 성장할 수 있도록 해주고 전인적 성장을 위한 다양한 경험을 제공해 줄 수 있다. 전 세계적으로 영유아 보육 및 교육에 대한 참여와 관심은 높아지고 있는 추세이다. 그림 2-2와 같이 OECD 교육지표 중 영유아 보육 · 교육 참여율은 급격히 증가하고 있다(정현주, 2019).

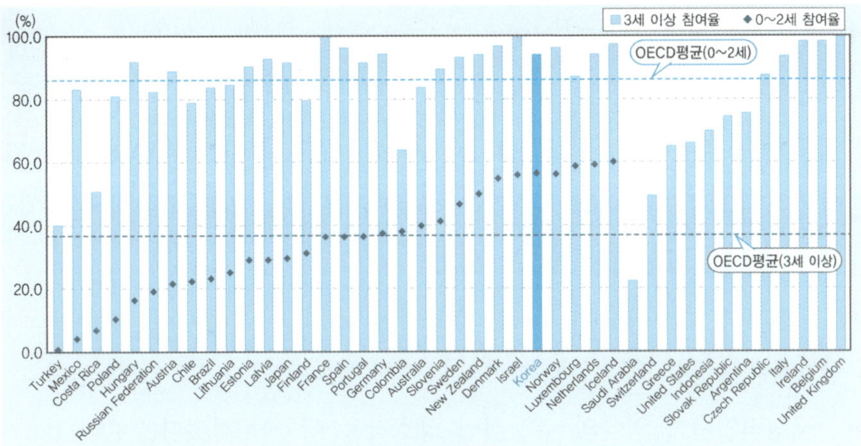

주) 마름모점은 0~2세, 막대그래프는 3~5세의 보육 · 교육 참여율이며, 선그래프는 각각의 OECD 국가 평균임.

그림 2-2 **OECD국가의 영유아 보육 · 교육(ECEC) 참여율**

출처: 정현주(2019).

특히 보육에 대한 국가의 책임이 확대되면서 보육서비스를 확대하려는 정책적 노력이 이루어지고 있는데, 질에 대한 고려가 없는 서비스의 확대는 영유아에게 긍정적인 성과를 가져오지 못한다. 질이 낮은 경우 오히려 영유아 발달에 장기간 지속적으로 부정적인 영향을 미칠 수 있기 때문이다(문무경, 2012).

박찬옥 등(2007)은 질적으로 우수한 보육이란 '영유아의 발달 및 학습에 대한 이해를 바탕으로 유아의 건강한 성장과 발달을 돕는 것에 더하여 영유아와 그 가족의 요구를 반영한 가족지원 및 가정 · 기관 연계를 포함한 포괄적인 서비스 체계'라고 정의하였다.

영유아기의 경험은 신체, 사회 정서, 언어, 인지 발달의 모든 측면에 영향을 미치며 생의 초기에 형성된 기본적인 발달은 이후의 삶에 장기적이고도 지속적인 영향을 미친다. 그러므로 생의 초기에 경험하는 보육의 질적 수준을 높이는 것은 영유아의 건강한 성장과 긍정적 발달에 필수 요건이라 할 수 있다.

질적으로 우수한 어린이집에서 교사들의 바람직한 상호작용은 영유아들이 긍정적인 애착관계를 형성할 수 있도록 하고 사회성 발달에 도움을 준다(이옥경 외, 2012). 또한 물리적인 시설과 설비가 잘 갖추어진 기관의 환경, 교사와 영유아의 안정적 상호작용, 잘 훈련받은 교사, 교사 이직으로부터 안전한 시설, 양질의 프로그램 제공 등이 영유아의 긍정적 발달과 관계가 있다. 교사가 어떻게 가르치고 어떠한 성품과 태도로 영유아와 상호작용 하는지가 보육의 질과 영유아 발달에 영향을 미치는 중요한 요인이라 할 수 있다.

한편 질적으로 낮은 수준의 보육은 영유아에게 부정적인 영향을 미친다. 교사-영아의 상호작용 수준이 낮을수록 영아의 공격적 행동이 많아졌고, 교사-영아의 상호작용이 긍정적일수록 영아의 부정적인 상호작용 행동이 적었다(문은미, 2011).

보육시설의 질도 영유아 발달에 영향을 미치는 것으로 나타났는데, 만 2세 이전에 보육시설을 경험하고 일주일에 6일 이상, 하루 8시간 이상 보육시설에 맡겨지는 것이 영유아의 부정적 사회 · 정서발달과 관계가 있었다(남궁수진, 최영희, 2008). 또한 유아의 요구와 흥미에 따른 교육과정을 운영하고, 교사와 부모의 상호작용이 많으며, 교사의 재교육 기회를 많이 부여하고, 교사에 대한 대우가 좋으며, 영양이 풍부한 식사를 제공하는 보육시설의 유아들이 사회 · 정서 발달이 긍정적이었다.

신귀순(2006)은 보육의 질이 영유아 발달에 미치는 영향에 대해 다음과 같이 제시하였다. 첫째, 보육시설의 질이 우수할수록 3~4세의 보육시설 이용 유아는 인지능력 및 성취감이 높았다. 둘째, 보육기관에서 교사-유아의 상호작용의 양과 질, 유형에 따라 영유아의 언어발달이 영향을 받는다. 셋째, 사회 · 정서발달 측면에서는 양질의 보육기관에 다니는 영유아는 타인에게 비의존적인 태도가 많고 스스로에 대한 유능함을 인지한다. 그러나 장시간 보육시설에서 보내야 하는 영아들의 경우 하루 보육시간이 길수록 스트레스는 증가하며 사회 · 정서발달에 부정적인 영향을 받을 수 있다. 유아교육기관에서 많은 시간을 보낸 유아는 그렇지 않은 유아에 비하여 더 많이 물건을 파괴하고, 말대꾸하고, 분노를 표현하기도 한다.

넷째, 영유아의 신체 · 운동발달과 보육경험에서는, 보육경험 시기가 빠른 경우에 신체 · 운동발달에 부정적인 영향을 미칠 수 있다. 유아는 신체발달이 빠르게 진행되는 나이인데, 그 시기에 많은 유아들과 함께 지내다 보면 교사에게 지속적인 관심을 받을 수 없기에 너무 어린 나이의 보육경험은 신체발달에 부정적인 영향을 미칠 수 있다. 대체적으로는 보육의 질이 우수할 경우 보육시설을 경험한 유아가 그렇지 않은 유아에 비해 신체 · 운동발달에서 긍정적이다.

4. 발달에 적합한 영유아 보육

양질의 보육은 영유아의 학습과 발달에 결정적 영향을 미친다. 즉, 따뜻하고 민감하며 수용적인 상호작용, 다양한 의사소통의 기회, 영유아의 흥미에 바탕을 둔 놀이 지원 및 확장 등이 영유아의 발달에 긍정적 영향을 미친다. 영유아의 연령과 발달적 특성을 고려한 보육은 영유아의 흥미와 능력, 학습방법, 발달의 개인차를 인정하여 영유아들이 능동적으로 탐색하도록 도와주고자 하는 교육방법을 지지한다. 따라서 발달에 적합한 보육이란 영유아의 발달적 특성과 연령, 흥미를 고려하여 그들의 이해수준에 맞게 보육을 제공하는 것이다.

미국의 NAEYC(전미유아교육협회)는 발달적 적합성을 제시했는데, 발달적 적합성이란 연령 적합성, 개별 · 문화 적합성으로 구분된다. 연령 적합성(age appropriateness)은 유아기의 발달적 특성을 의미한다. 영유아가 성장과정에서 보이는 다양한 발달 단계별 특성에 대한 지식은 영유아 교사에게 영유아를 위한 적절한 학습환경과 교육경험을 준비하고 계획하는 기본준거가 된다. 개별 · 문화 적합성(individual and cultural appropriateness)은 유아의 개인차를 의미한다. 영유아들은 각기 다른 성장 속도를 지니고 있으며, 언어나 종교, 생활방식 같은 다양한 언어와 문화적 배경을 갖고 있다. 따라서 보육의 실행에 있어 다양한 배경을 지닌 영유아들의 요구를 고려해야 한다(이정미, 2007).

알아보기 NAEYC의 발달적으로 적합한 보육실제를 위한 기본 원리

- 신체, 사회성, 언어, 인지 등 모든 영유아의 발달영역을 통합하여 접근한다.
- 영유아가 능동적으로 주변 환경을 탐색하고 성인, 또래, 교재·교구들과 적극적으로 상호작용할 수 있도록 풍부한 환경을 제공한다.
- 상징적인 것을 학습하기 전에 구체적이고 실제적이며 영유아의 생활에 밀접하게 관련을 맺고 있는 실물을 가지고 실제 상황을 통한 놀이기회를 주어야 한다.
- 활동을 제공할 때는 발달 정도에 따라 도전성, 복잡성, 난이도 등을 증가시키면서 교재·교구, 활동을 제공한다.
- 남녀 영유아 모두에게 다양한 교재·교구, 활동을 제공한다.
- 영유아가 능동적으로 주변을 탐색하고 활동을 선택하는 경험을 얻도록 한다.
- 하루일과는 활동적이고 조용한 활동들 간의 균형을 고려하여 계획되어야 한다.
- 다양한 집단을 구성한다.
- 실내 활동과 더불어 실외 활동이 모든 연령 시기의 영유아에게 제공되어야 한다.
- 발달적으로 적절한 보육과정 계획은 영유아의 특별한 요구 및 발달상황에 대한 교사의 관찰과 기록에 근거해야 한다.

출처: 박찬옥 외(2013).

결국 발달적으로 적합한 보육이란 영유아의 발달특성과 개인차를 모두 고려하고, 그들의 발달에 적합한 교육내용을 선정하고 효과적인 교수전략을 고안해 내는 것이다. 이를 위해서는 교사의 신념이 중요한 의미를 지닌다. 이 신념을 지닌 교사들은 교사-유아의 상호작용에 기초한 학습, 구체적이고 실제적인 활동 및 교재교구, 학습자의 흥미에 기초한 교육활동, 학습자의 능동적 참여를 중요하게 여긴다(이정미, 2007).

발달에 적합한 교육실제에 대한 교사의 신념이 높을수록 유아의 정서수용력은 높아지며 교사는 발달에 적합한 교수활동을 더 많이 수행한다(서향희, 2002; 이정수, 2005). 영유아들이 편안하고 행복한 어린 시절을 보낼 수 있도록 지원하기 위해서는 그들의 발달적 적합성을 고려하는 것이 필요하므로 보육의 현장에서 이에 대한 고려가 끊임없이 이루어져야 한다.

이상의 내용을 정리해 보면 발달에 적합한 보육을 위해서는 교사가 가진 신념과 교사의 역할이 매우 중요함을 짐작할 수 있다. 특히 가족형태의 다양화, 여성의 경제활동 증가 등의 사회적 변화로 인해 영유아들이 보육시설에서 보내는 시간은 길어지고 기관에 다니기 시작하는 연령은 더 어려지고 있다. 따라서 이들을 보육하는 교사의 영향력은 가히 절대적이라고 할 수 있으며 교사의 역할은 어느 때보다도 중요해지고 있다. 보육교사의 역할에 대한 내용은 5장에서 상세하게 다루기로 한다.

알아보기 **표준보육과정의 교수·학습방법**

다음은 표준보육과정에서 제시한 교사가 영유아를 지원하는 방법이다.

① 영유아의 의사표현을 존중하고 민감하게 반응한다.
② 영유아가 흥미와 관심에 따라 놀이에 자유롭게 참여하고 즐기도록 한다.
③ 영유아가 놀이를 통해 배우도록 한다.
④ 영유아가 다양한 놀이와 활동을 경험할 수 있도록 실내외 환경을 구성한다.
⑤ 영유아와 영유아, 영유아와 교사, 영유아와 환경 사이에 능동적인 상호작용이 이루어지도록 한다.
⑥ 각 영역의 내용이 통합적으로 영유아의 경험과 연계되도록 한다.
⑦ 개별 영유아의 요구에 따라 휴식과 일상생활이 원활히 이루어지도록 한다.
⑧ 영유아의 연령, 발달, 장애, 배경 등을 고려하여 개별 특성에 적합한 방식으로 배우도록 한다.

출처: 보건복지부(2020).

Chapter 03

보육제도와 정책

보육이 원활하게 실행되기 위해서는 제도와 정책이 뒷받침되어야 한다. 보육제도와 정책은 사회적 요구를 반영하므로 제도 및 정책 변화의 배경을 살펴보는 것은 보육의 특성을 이해하는 방법이 된다. 3장에서는 우리나라의 보육제도와 정책의 변화, 제도 및 정책의 전달체계와 지원기관, 관련 법령을 살펴보고 주요국의 보육제도와 정책을 알아보기로 한다.

1. 우리나라의 보육제도 및 정책

우리나라의 초기 보육은 아동을 보호하는 자선적 의미에서 출발했다. 그러나 시대와 사회적 환경이 변화함에 따라 보육은 전문적인 서비스로 인식되기 시작하였고 특히 저출산고령화시대를 맞아 보육에 대한 국가의 책임이 점차 확대되고 있다. 보육제도와 정책은 그 시대의 보육에 대한 욕구를 반영하고 있다. 즉, 산업구조의 변화에 따른 사회적 환경 변화, 여성의 경제활동 증가, 가족의 해체에 따른 가족기능의 변화, 저출산고령화 현상 등이 대두되면서 보육에 대한 수요자의 다각적인 요구를 충족할 수 있는 보육제도와 정책이 보육의 중요 이슈로 등장하게 되었다.

1) 우리나라의 보육제도 및 정책의 변화

국가와 지방자치단체는 영유아의 건전한 성장과 발달을 위해 책임을 다할 의무가 있다. 「영유아보육법」에서도 영유아와 보호자의 성, 연령, 종교 사회적 신분, 재산, 장애 및 출생지역 등에 따른 어떠한 종류의 차별도 받지 아니하고 보육하여야 한다고 명시하고 있다(「영유아보육법」 제3조). 이러한 보육이념과 책임은 우리나라의 보육제도 및 정책에 지속적으로 반영되어 왔다. 여기에서는 우리나라 보육제도 및 정책의 변화과정을 순서대로 살펴보고자 한다.

(1) 저소득층 자녀와 직장 여성을 위한 탁아사업(1990년 이전)

보육은 저소득층의 자녀를 보호하기 위한 탁아에서 시작되었는데, 1921년 태화기독교 사회관에서의 저소득층 자녀 위주의 탁아사업이 보육의 출발점이라 볼 수 있다. 특히 여성의 사회참여가 증가하고 가족구조의 핵가족화에 따라 보육수요가 급격히 증가한 반면, 기존의 새마을유아원이 충분한 보육기능을 수행하지 못하였고 수요에 비해 절대적으로 보육시설이 부족하게 되면서 이 시기에는 취업여성의 자녀양육 문제가 큰 사회적 문제로 등장하게 되었다. 이러한 배경에 따라 1982년 「유아교육진흥법」을 제정하여 새마을 협동 유아원 및 농번기 탁아소를 새마을 유아원으로 흡수·통합 운영하였고, 1987년 「남녀고용평등법」에 따른 직장 탁아제도가 도입되었다.

(2) 영유아보육법 제정으로 탁아에서 보육으로 발전(1991~2004)

1990년대에 들어서 영유아에 대한 돌봄에 대한 논의가 활발하게 전개되기 시작하였다. 즉, 「영유아보육법」 제정 및 돌봄을 위한 재정 확보 등의 관련 법령과 제도가 정비되면서, 탁아에서 보육으로 그 기능이 확대·발전되었다. 특히 2004년 1월 「영유아보육법」이 개정되면서 보육서비스의 질적 수준 향상과 보육의 공공성 강화 등을 통해 보육사업이 획기적으로 발전할 수 있는 계기가 마련되었다. 보육정책 및 재정을 지원하기 위해 조직을 개편하여 종전의 단순 탁아사업에서 보호와 교육을 통합한 '보육'사업으로 확대·발전하게 되었다.

(3) 국가차원의 중장기보육 계획수립(2004~2008)

2004년 고령화 및 미래사회위원회에서는 '보육 및 유아교육 지원의 공공성 확대'를 목표로 보육과 유아교육을 포함하는 제1차 육아지원정책을 발표하였다. 제1차 육아지원정책은 소득에 따른 육아부담 50% 경감, 1년간 육아휴직, 평가인증제 도입, 보육 국가 자격제도 시행 등의 내용을 담고 있다. 이후 2005년 개정된 「영유아보육법」과 시행규칙은 시설장에 대한 국가 자격증 제도를 시행하고, 보육시설의 운영위원회를 의무적으로 설치하도록 규정하였다. 2005년 제2차 육아지원정책에서는 '출산율 제고 및 여성 경제활동 참가'를 목표로 하여 표준보육료와 교육비를 산정하였고, 영아 기본 보조금 제도를 도입하도록 하였다.

이러한 흐름에 따라 국가는 5년마다 중장기보육정책을 수립하고 추진해 왔으며, 2006년 제1차 기본계획을 시작으로 2022년 제4차 기본계획까지 발표하였다. 중장기보육 기본계획의 주요 내용은 다음과 같다.

- **제1차 중장기보육 기본계획:** 새싹플랜(2006~2010), 아이사랑플랜(2009~2012)

새싹플랜은 '함께 키우는 건강한 아동'을 비전으로 보육의 공공성 강화, 양질의 보육서비스 제공을 목표로 설정하였다. 주요 내용으로는 국공립시설 확충, 영아 기본보조금 도입, 차등보육료 확대, 만 5세 무상보육 확대, 아동수당 도입 검토 등이었다. 또한 보육의 질적 향상을 위해 표준보육과정을 도입하여 영유아가 조화로운 사회구성원으로 성장해 나가기 위해 영유아가 갖춰야 할 지식, 기술, 태도를 제시하였다.

새싹플랜을 수정 · 보완한 아이사랑플랜은 보육에 대한 국가책임강화, 수요자중심의 정책 전환을 기조로 '아이와 부모가 행복한 세상'을 비전으로, 영유아 중심, 국가책임제 보육, 신뢰구축을 3대 전략으로 추진하였다. 주요 내용은 보육료 지원 확대로 부모의 보육비용 부담 완화, 양육수당 및 아이돌보미 서비스 지원 등의 보육시설 미이용 아동에 대한 지원체계 강화, 취약지역 위주의 국공립 시설 확충, 민간보육시설의 국공립 수준의 질 향상 등이었다.

- **제2차 중장기보육 기본계획**(2013~2017)

제2차 중장기보육 기본계획은 제1차 계획이 보육인프라에 대한 투자나 보육시스템 정비가 미흡했다는 평가를 바탕으로 수요자 중심의 맞춤형 지원에 역점을 두었다.

제2차 중장기보육 기본계획은 무상보육 도입과 함께 보육서비스의 질 강화에 중점을 두어 '아이는 행복하고 부모는 안심할 수 있는 세상'을 비전으로 설정하였다. 이러한 비전하에 '안심보육'을 표방하면서, 아이의 건강한 성장 발달을 최우선으로 하고, 보육에 대한 국가의 책임을 실현하며, 참여와 신뢰의 보육생태계 추진을 전략으로 설정하였다.

국가책임 보육이란 모든 영유아에게 양질의 교육과 돌봄 서비스를 제공함을 의미하며, 정책의 지원 대상을 시설 이용 영유아뿐만 아니라 모든 영유아까지 확대하는 것이다. 특히 일-가정 양립정책과 함께 영유아 가정의 양육부담을 완화하기 위해 기존의 선별적 지원을 보편적 지원으로 확대하였다.

양적확대와 더불어 보육의 질적인 향상을 위한 정책도 추진하였는데, 0~5세 전 계층에 보육료 및 양육수당을 지원하고, 아동, 부모, 가구 특성에 따라 다양한 양육 여건 및 환경에 맞는 맞춤형 서비스를 제공하였다. 또한 믿고 맡길 수 있는 국공립, 직장 어린이집을 지속적으로 확대해 나가며 보육교직원 관리와 전문성 강화를 지원하였다. 이 외에도 보육서비스 재정 및 전달체계 개선과 유아교육과 보육의 통합을 추진하는 것을 그 내용으로 하고 있다.

- 제3차 중장기보육 기본계획(2018~2022)

제3차 중장기보육 기본계획은 '보육 · 양육에 대한 사회적 책임 강화' 실현을 위해 보육의 공공성 강화, 보육체계 개편, 보육서비스 품질 향상, 부모 양육지원 확대 등을 주요 과제로 설정하였다.

첫째, 보육의 공공성 강화는 국공립어린이집 시설 확충과 직장 어린이집 설치를 확대하고, 어린이집의 운영의 공공성과 건전성 제고 등에 대한 내용이 포함되어 있다.

둘째, 보육체계 개편은 어린이집 이용에 대한 부모의 보육수요에 부응하고 충분한 시설이용을 보장할 수 있도록 보육지원체계를 개선하는 내용이다.

셋째, 보육서비스의 품질 향상은 보육교사 학과제 도입 등을 통해 보육교사의 전문성을 강화하고, 영유아를 위한 보육환경 개선과 어린이집에 대한 품질관리를 강화하는 내용이다.

넷째, 부모 양육지원 확대는 부모의 육아부담을 줄이기 위해 육아 관련 정보와 가정 내 양육을 지원하기 위한 서비스를 확대하는 것이다. 시간제 보육, 장애아 · 다문화 가정 등의 취약영역에 대한 지원을 확대하고 육아종합지원센터를 확대해 나가는 내용이다.

〈표 3-1〉은 국가가 추진한 제1차~제3차 중장기보육 기본계획의 주요 내용을 정리해 놓은 것이다.

표 3-1 제1차, 2차, 3차 중장기보육 기본계획의 주요내용 비교

중장기보육 기본계획	제1차		제2차	제3차
	새싹플랜 (2006~2010)	아이사랑 플랜 (2009~2012)	2013~2017	2018~2022
비전	함께 키우는 건강한 아동	아이와 부모가 행복한 세상	아이는 행복하고 부모는 안심할 수 있는 세상	영유아의 행복한 성장을 위해 함께하는 사회
목표 및 전략	• 보육의 공공성 강화 • 양질의 보육서비스 제공	• 영유아의 건강한 성장발달 • 보육에 대한 국가책임 강화 • 신뢰를 토대로 한 정책 수립 및 추진	• 아이의 건강한 성장과 발달 • 보육에 대한 국가의 책임 실현 • 참여와 신뢰의 보육 생태계 조성	• 보육의 공공성 강화 • 보육체계 개편 • 보육서비스 품질향상 • 부모 양육지원 확대
주요 추진 과제	• 공보육 기반 조성 • 부모 육아부담 경감 • 다양한 보육서비스 제공 • 아동중심의 보육환경 조성 • 보육서비스 관리체계 강화	• 부모 비용부담 완화 • 수요자 맞춤지원 • 보육시설 질 제고 및 균형배치 • 보육인력 전문성 제고 • 전달체계 효율화 • 보육사업 지원체계 구축	• 부모의 보육 · 양육 부담 경감 • 수요자 맞춤형 보육 · 양육 지원 • 공공성 확대와 품질관리 강화 • 신뢰가 있고 투명한 보육생태계 구축 • 보육서비스 재정 및 전달체계 개선	• 보육의 공공성 강화 • 보육서비스 품질 향상 • 부모 양육지원 확대 • 실행기반 강화

출처: 박찬옥 외(2023).

• 제4차 중장기보육 기본계획(2023~2027)

우리나라의 합계 출산율은 0.78명(2022년)으로 저출산이 장기화되는 가운데, 영유아 시기 양질의 돌봄이 전인적 발달과 학업 및 직업적 성취 등 생애 전반에 긍정적 영향을 미친다는 생애 초기 시기의 공적 투자에 대한 중요성이 사회적으로 강조되고 있다. 이에 제4차 중장기보육 기본계획은 영유아의 종합적 양육지원, 보육서비스의 질 제고에 중점을 두고 발달시기별 최적의 국가지원을 위한 내용을 포함하고 있다. 제4차 중장기보육 기본계획은 “보육 · 양육서비스의 질적 도약으로 모든 영유아의 행복한 성장 뒷받침”을 비전으로, ‘안전하고 질 높은 양육환경 조성’을 실현하기 위한 내용으로 구성되었다. 주요 내용은 그림 3-1과 같다.

비전	보육 · 양육서비스의 질적 도약으로 모든 영유아의 행복한 성장 뒷받침
목표	■ 영유아 성장발달 시기별 최적의 국가 지원 강화 ■ 미래 대응 질 높은 보육 환경 조성

4대 중점전략 16대 주요 과제

	전략	주요 과제
I	종합적 양육지원 강화	1 부모급여 도입으로 영아기 양육비용 경감 2 종합적 육아 지원 서비스 제공 3 맞춤형 양육정보 제공으로 부모 양육역량 강화 4 육아 건강 · 상담서비스 지원 강화
II	영유아 중심 보육서비스 질 제고	1 어린이집 보육 최적의 환경 조성 2 어린이집 품질관리 체계 개편 3 영유아의 건강한 성장 · 발달 지원 및 권리존중 확산 4 놀이 중심 보육 과정 내실화
III	보육교직원 전문성 제고 및 역량 강화	1 보육교직원 양성 및 자격체계 고도화 2 보육교직원 전문역량 강화 3 보육교직원 권익 보호 환경 조성 4 보육교직원 근무환경 및 합리적 처우개선
IV	안정적인 보육서비스 기반 구축	1 어린이집 안정적 · 효율적 지원체계 마련 2 공공보육 확대 및 내실화 3 인구구조 변화에 따른 보육의 사각지대 예방 4 전달체계, 시스템, 홍보 고도화

그림 3-1 **제4차 중장기보육 기본계획의 추진체계**

출처: 보건복지부(2022).

2) 주요 보육정책 방향

보육정책을 수립할 때는 지난 보육정책의 성과와 한계를 바탕으로 하여야 한다. 그간 추진되어 왔던 주요 보육정책의 성과로는 전 계층 무상보육 도입, 국공립 시설 확대 등의 공보육 체계 확충, 누리과정 및 표준보육과정 도입, 평가인증제 등의 보육서비스 품질관리 기반 강화, 운영위원회 등의 부모참여 확대 및 안전관리 강화, 육아종합지원센터를 통한 부모 직접 양육 지원체계 강화 등을 들 수 있다(한국보육진흥원, 2019).

이러한 성과와 더불어 지적된 정책적 한계점은 보육교사 양성기관에 대한 질 관리, 교사 대 영유아의 비율 하향, 창의적인 환경과 충분한 공간 확보 등이다. 이 한계점을 극복하기 위한 향후 정책 추진과정에서 고려되어야 할 사항은 다음과 같다(문무경 외, 2021).

첫째, 저출산현상으로 인한 영유아 수 급감과 이로 인한 유아교육기관 신설과 교원 수급의 문제
둘째, 코로나 팬데믹, 기후 변화 같은 사회적 위기 상황에 대한 대응 및 적응력 강화
셋째, 자녀양육에 대한 가치변화와 맞벌이가구 증가에 따른 돌봄수요 증대 및 틈새 없는 서비스 제공
넷째, 취약가정 영유아, 특수아, 다문화 영유아 등에 대한 양질의 교육·보육 서비스를 통한 포용사회 실현 추구
다섯째, 중장기적인 관점에서의 지속가능한 유아교육과 보육정책 수립
여섯째, 팬데믹으로 인한 디지털환경 변화에 따른 유아교육기관과 교원의 디지털역량 강화

이제 우리나라는 이원화 체제였던 유아교육과 보육의 통합에 한발 더 다가섰다. 문무경 등(2021)은 유아교육 및 보육정책의 방향성을 논할 때, 양 부문의 공통성과

고유성을 살려 정책을 수립할 것과 우리나라의 유아교육과 보육정책이 취해야 할 주요 방향성을 제시하였다.

첫째, '영유아 심신의 건강과 행복'이라는 교육 본연의 목적과 역할에 적합하도록 영유아의 웰빙(well-being)과 건강한 성장을 최우선으로 한다. 급격한 사회적 변화로 등장한 뉴노멀 시대에 영유아가 안전하게 성장하고 잠재력을 실현할 수 있도록 유아교육과 보육 부분의 적응력을 강화해야 한다.

둘째, 영유아 주도와 참여를 강조하여 기본적인 영유아의 놀이권, 참여권을 제대로 실현할 수 있는 방향으로 교육과 보육활동이 전개되어야 한다.

셋째, 사회적 불평등과 양극화가 심화, 지속될 것으로 예측되므로 취약 소외 계층 영유아가 가정 배경에 의해 불이익을 받지 않고 생애 초기부터 양질의 교육과 보육 서비스를 제공받을 수 있도록 해야 한다. 즉, 포용적 공생 사회를 위한 생애 초기부터의 통합교육을 강화해야 한다.

넷째, 초저출산 현상과 맞벌이 가정의 증대로 인해 부모의 자녀양육 지원을 강화하기 위하여 틈새 없는 돌봄서비스 체계를 마련해야 한다.

다섯째, 유치원과 어린이집의 조화(유보통합), 공립과 사립유치원의 균형, 중앙정부와 시도교육청의 균형, 유아교육에 대한 부모 관점과 전문가 및 현장교원 관점의 균형, 자율과 책무성의 균형을 이루어야 한다.

2. 보육정책의 전달체계 및 지원기관

보육정책은 중앙정부와 지방자치단체가 연계하여 시행하고 있다. 여기에서는 보육정책의 행정기관과 지원기관으로 구분하여 살펴보기로 한다.

1) 보육담당 행정기관

보육사업은 보건복지부 주관이며 보육정책과, 보육사업기획과, 보육기반과에서 담당한다. 지방자치단체는 각 지방자치단체의 요구와 특성에 맞게 사업을 추진한다. 보육담당 행정기관의 담당부서와 주요업무를 소개하면 다음과 같다.

표 3-2 보육담당 행정기관의 담당부서와 주요업무

담당부서	주요업무
보육정책과	1. 중앙부처 및 지방자치단체의 영유아 정책의 협의 · 조정 · 총괄 2. 영유아 정책에 대한 평가 및 제도개선 3. 보육예산의 편성 및 집행의 관리 4. 보육행정 전산화 및 보육서비스 이용권 제도 운영 · 관리 5. 보육교직원 양성 및 자격관리 6. 영유아 보육료 · 양육수당 지원 및 가정양육 지원 7. 영아 · 장애아 · 다문화가정 영유아 등 취약보육 서비스 등의 지원 8. 표준보육과정 및 보육프로그램의 개발 · 보급 9. 어린이집의 평가인증 10. 국공립어린이집 등의 확충 및 환경개선 11. 어린이집의 설치 및 인가 기준에 관한 사항 12. 어린이집의 지원 및 지도 · 감독
보육사업기획과	1. 영유아 보육료의 지원 2. 양육수당 지원 3. 표준보육비용 4. 영유아 및 부모 지원 보육서비스의 개발 5. 영아 · 장애아 및 다문화가족 영유아 등 취약보육서비스 등 지원 6. 보육료 · 양육수당 지원 대상자 선정 및 적정관리 7. 보육료 · 양육수당 지원 대상자 소득기준액 결정 8. 부모교육 및 관련 정보 제공에 관한 사항 9. 국공립어린이집 등의 인건비 지원 10. 맞춤형 보육 자격기준 및 관리에 관한 사항 11. 가정양육 지원에 관한 사항 12. 보육지원체계 기획 · 연구 및 일시보육 지원
보육기반과	1. 어린이집의 설치 및 운영 지원 2. 어린이집의 기능 보강 등 환경개선 지원 3. 어린이집의 운영비 지원 4. 어린이집에 대한 지도 · 점검 5. 어린이집 운영위원회의 설치 및 운영 6. 보육아동의 건강 · 영양 · 안전 등의 관리 7. 어린이집 평가인증 계획 수립 및 평가인증 제도 운영 8. 표준보육과정 및 보육프로그램의 개발 · 보급 9. 협동어린이집의 활성화 10. 시간연장형, 종일형, 방과후 어린이집 등의 보육 서비스 지원에 관한 사항

출처: 보건복지부(www.mohw.go.kr).

2) 보육지원기관

(1) 한국보육진흥원

한국보육진흥원은 효과적인 보육 관련 사업 수행을 통한 보육의 질 향상과 체계적인 보육정책 지원을 통한 영유아의 건강하고 행복한 성장과 발달에 기여함을 목적으로 하여 설립되었다.

한국보육진흥원에서는 「영유아보육법」에 근거하여 어린이집 평가사업을 실시하며, 보육교직원에 대한 자격검정과 자격증 교부 사업을 담당하고 있다. 이 외에도 보육교직원의 전문성 제고와 실무능력 향상을 위한 역량강화교육, 지정된 서비스 제공기관에서 시간단위로 보육서비스를 이용할 수 있는 시간제 보육사업, 국공립어린이집 확충과 품질관리 사업 등을 진행한다. 또한 공공형어린이집 품질관리 사업은 우수한 어린이집을 선정하여 운영비를 지원하고 양질의 보육을 영유아에게 제공하는 등 우수 보육인프라로서 기능할 수 있도록 지원하는 사업이다.

표 3-3 한국보육진흥원의 주요사업

사업명	내용
어린이집 평가	• 어린이집 평가과정 운영 • 어린이집 평가 후 관리
자격검정 및 자격증 교부	• 보육교직원 자격검정 및 자격증 교부 • 보육시설종사자 자격검정위원회 운영
보육교직원 역량강화	• 보육교직원 마음성장 프로젝트 • 보수교육기관 평가사업 • 취약보육(장애아, 다문화) 지원 • 교육통합관리시스템을 통한 보육교직원 양성 및 보수교육 관리
시간제 보육	담당자교육, 모니터링, 운영지원, 성과보고회, 관리기관시스템 운영, 홍보
국공립어린이집 확충·품질관리	• 신규 확충 국공립어린이집 보육교직원 대상 공공성 인식 및 전문성 강화 교육 및 컨설팅
공공형어린이집 품질관리	• 운영기준 및 재무회계 관리 등의 운영관리 사업 • 연수 및 우수사례 공모 등의 보육교직원의 전문성 강화 사업 • 관계기관 관리, 전문정보 제공 등의 운영지원 사업

출처: 한국보육진흥원(www.kcpi.or.kr).

(2) 육아종합지원센터

육아종합지원센터는 지역사회 내 어린이집 지원 · 관리 및 보호자의 가정양육지원을 위한 육아지원서비스를 제공한다. 즉, 보육컨설팅, 교직원 상담 및 교육 등의 어린이집 지원기능과 부모 상담 및 교육, 일시보육 서비스 등의 가정양육 지원기능을 수행한다. 중앙육아종합지원센터는 보건복지부장관이 설치 · 운영하며, 지방육아종합지원센터는 시 · 도지사와 시장 군수 구청장이 설치 · 운영한다(「영유아보육법」 제7조). 육아종합지원센터의 주요 사업은 표 3-4에 제시되어 있다.

표 3-4 육아종합지원센터의 주요사업

사업	내용
어린이집 지원	• 표준보육과정 교육 및 교재 · 교구의 제공 또는 대여 • 어린이집 보육 컨설팅 • 대체교사 지원 및 관리 • 보육교직원에 대한 상담 및 교육(학대예방, 성행동 문제, 건강영양안전 교육 등) • 취약보육에 대한 정보의 제공 및 지원 • 보육교직원 구인 · 구직 정보 제공 • 열린 어린이집 운영지원 • 어린이집 영유아의 성행동문제 대응관리 및 지원
가정양육지원	• 부모교육 및 상담 • 부모–자녀 체험프로그램 운영 • 영유아 체험프로그램 및 놀이공간 제공 • 도서 · 장난감 등 제공 또는 대여 • 일시보육서비스 제공 • 부모소모임 등 교류 공간 제공 • 영유아 발달에 관한 검사 • 부모에 대한 영유아 학대예방 교육 및 상담
기타사업	• 보육 및 양육에 관한 정보 수집 및 제공 • 보육프로그램 및 양육콘텐츠 제공 • 정보지, 자료집 발간 등 보육 및 양육 관련 홍보 • 육아종합지원센터 및 유관기관과 연계사업 • 보육통합정보시스템 이용 관련 상담

출처: 중앙육아종합지원센터(www.central.childcare.go.kr).

3. 영유아보육법과 관련 법령

보육의 법적인 근간이 되는 것은 「영유아보육법」과 「영유아보육법 시행령」, 「영유아보육법 시행규칙」이다. 「영유아보육법」의 제정 배경과 구조를 살펴보면 다음과 같다.

1) 영유아보육법의 제정

현대사회의 산업화에 따른 여성의 사회참여 증가 및 가족구조의 핵가족화에 의한 보육 수요의 급증에 따라 아동보호와 교육문제는 개인적인 차원을 넘어 사회적 · 국가적 차원이 되었다. 이러한 배경에 따라 보육사업을 효율적으로 진행하기 위해서는 영유아의 보호와 교육에 관한 별도의 입법이 필요하게 되었다. 이에 1991년 「영유아보육법」이 제정되었으며, 이를 통해 영유아의 건전한 보호, 교육 및 보호자의 경제적 · 사회적 활동을 지원하여 가정복지증진을 도모하고자 하였다.

2) 영유아보육법령 구조

「영유아보육법」은 「영유아보육법」, 「영유아보육법 시행령」, 「영유아보육법 시행규칙」으로 구성되어있다. 2022년 6월 일부 개정된 「영유아보육법」을 기준으로 구성과 내용을 설명하면 표 3-5와 같다.

표 3-5 「영유아보육법령」의 구성

법령	구성	내용	
영유아보육법	9장 56조	제1장 총칙 (1~9조)	목적, 정의, 보육이념, 책임, 보육정책위원회, 육아종합지원센터, 한국보육진흥원의 설립 및 운영, 보육실태조사, 보호자교육, 보육통합정보시스템
		제2장 어린이집의 설치 (10~16조)	어린이집의 종류, 보육계획의 수립 및 시행, 국공립, 직장, 법인, 민간 어린이집의 설치, 직장 어린이집 설치의무 미이행 사업장 명단 공표 등, 어린이집 설치기준, 놀이터 설치, 비상재해대비시설, 폐쇄회로 텔레비전의 설치 등
		제3장 보육교직원 (17조~23조)	보육교직원 배치와 직무, 책무, 보육교직원의 임면, 결격사유, 어린이집의 원장 또는 보육교사 자격과 자격증의 교부, 명의대여 등의 금지, 어린이집 원장과 교사의 보수교육 등
		제4장 어린이집의 운영 (24조~30조)	어린이집의 운영기준, 보육시간 구분, 어린이집운영위원회, 부모모니터링단, 보호자의 어린이집 참관, 취약보육 우선 실시, 시간제 보육서비스, 어린이집 이용대상 등
		제5장 건강·영양 및 안전 (31조~33조)	건강관리 및 응급조치, 어린이집 안전공제사업, 예방접종여부 확인, 치료 및 예방조치, 급식관리, 어린이집 차량안전관리, 등하원 시 영유아 안전관리, 위생관리
		제6장 비용 (34조~40조)	무상보육, 양육수당, 보육서비스이용권, 비용지원 신청, 조사 · 질문, 비용지원신청 관련 정보 고지, 비용의 보조, 사업주의 비용부담, 보육료 수납 등
		제7장 지도 및 감독 (41조~49조)	어린이집의 폐지 · 휴지 · 재개 등의 신고, 어린이집에 대한 휴원명령, 직장 어린이집 설치의무 미이행 사업장에 대한 이행명령, 이행강제금, 어린이집의 폐쇄, 어린이집 원장 및 교사의 자격정지, 자격취소 등
		제8장 보칙 (50조~53조)	경력의 인정, 권한의 위임, 업무의 위탁, 관계기관 간 업무협조, 도서 · 벽지 · 농어촌지역 등의 어린이집, 어린이집연합회
		제9장 벌칙 (54조~56조)	벌칙, 양벌규정, 과태료,
		부칙	–
영유아보육법 시행령	27조	보육정책위원회 육아종합지원센터 기능, 보육전문요원 직무, 상담전문요원 자격, 보육통합시스템 구축, 보육계획 내용, 수립시기 및 절차, 국공립어린이집 및 직장 어린이집 설치, 원장 및 교사 자격기준, 운영위원회 설치범위 등	
영유아보육법 시행규칙	42조	보육실태조사, 보호자교육, 어린이집 설치 인가, 폐쇄회로 텔레비전 관련, 보육 관련 교과목 및 학점, 교육훈련시설 지정, 보수교육 실시, 위탁체 선정 등	

출처: 국가법령정보센터(2023).

3) 영유아보육법의 연혁

우리나라 「영유아보육법」과 관련법령의 주요 연혁을 보육사업의 발전과정과 연계하여 살펴보면 다음과 같다(보건복지부, 2022).

- 1961년 「아동복리법」의 제정, 공포를 통해 탁아사업은 아동의 복리 증진을 위한 사업으로 발전
- 1982년 「유아교육진흥법」을 제정하여 기존의 어린이집, 새마을 협동 유아원 및 농번기 탁아소를 새마을 유아원으로 흡수 통합하여 운영
- 1987년 노동부에서 「남녀고용평등법」에 의한 직장탁아제도 도입
- 1989년 보건복지부에서 「아동복지법」에 의한 보육사업 실시
- 1991년 「영유아보육법」 제정을 통해 보육사업 주관부처를 보건복지부로 일원화
- 2004년 「영유아보육법」 개정으로 보육서비스의 질적 수준 향상과 보육의 공공성 강화 등을 통해 보육사업이 획기적으로 발전
- 2005년 「영유아보육법」 일부 개정으로 시설장의 국가자격증제 도입, 보육시설운영위원회 설치 의무화, 보육시설 설치 사전 상담제 실시
- 2006년 「영유아보육법 시행규칙」 개정으로 표준보육과정 마련
- 2013년 어린이집 이용 영유아에 대한 보육료 지원, 3~5세 누리과정 실시
- 2016년 일정 규모 이상의 사업장에 직장 어린이집 의무 설치 · 운영
- 2017년 이후, 보육 관련 교과목 및 학점기준 강화, 보호자교육, 어린이집 운영시간과 보육교사 근무 시간, 기본 보육과 연장 보육 등의 보육시간 구분 명시
- 2020년 어린이집 입소 우선 순위 대상 확대, 표준보육과정을 누리과정과 동일하게 놀이 중심으로 개선

4. 주요국의 보육제도와 정책

주요 선진국들은 각 국가가 처한 인구감소의 위기를 극복하고 여성 경제활동이 보편화되는 추세에 대응하기 위해 좀 더 실효성 있는 육아정책을 개발하고 시행하고자 노력하고 있다. 특히 영유아기가 전 생애 발달의 기초가 된다는 점과 교육의 조기 투자 효율성 측면을 고려하고 미래의 인재를 육성한다는 관점에서 육아의 공공성 개념을 강화하고 있다(문무경 외, 2013). 이에 주요 육아 선진국의 보육정책에 대해 살펴보기로 한다.

1) 영국

영국은 아동복지적 관점에서 영유아 정책을 실행하기 위해 노력하는 국가이다. 1997년 출범한 노동당 정부는 아동빈곤 근절을 최우선 과제로 삼았다. 이를 위해 보조금을 지급하고 유급일자리 확대를 모색하였다. 1997년부터 2010년 사이의 영국의 보육정책 목표는 유아기 교육에 대한 보편적 지원, 보육에 대한 접근성 향상, 슈어스타트 및 아동센터의 확충에 두었다. 세부내용은 다음과 같다.

- **유아기 교육에 대한 보편적 지원**

  3, 4세에 대한 교육지원으로 초기에는 주당 12.5시간 지원으로 시작하여 2010년에는 주당 15시간까지 지원을 확대하였다. 또한 유아학교 보조금(Nursery Education Grant)이라는 공급자 중심의 지원방식을 시행하고 있다.

- **보육의 접근성 향상**

  양질의 보육에 대한 접근 가능성을 향상시키기 위해 취약계층에게 질 좋고 편리하며 저렴한 보육을 제공하기 위한 프로그램(Neighbourhood Nurseries Initiative)을 추진하였다. 또한 상당수의 중산층 이하 가족에게 수요자 보조금을 지급하였다.

- **슈어스타트 및 아동센터**(Sure Start and Children's Centres) **확충**
  슈어스타트는 극빈 지역에 거주하는 4세 미만의 영유아와 그 가족을 위한 중재프로그램으로 1998년부터 추진되었으며 이후 아동센터(Children's centres)로 재편되었다. 아동센터는 가족에 대한 정보제공과 지원 서비스에 초점을 두고 있다.

이 세 가지 내용은 영국의 국가수준의 보육전략(National Childcare Strategy)과 연계되어 있다. 또한 결과적으로 Every Child Matters(모든 아동은 소중하다) 정책의 일부가 되었다. 슈어스타트 지역프로그램과 아동센터 사례는 아동빈곤과 기타 사회문제를 근절하는 효과적인 방안으로 평가되고 있다.

표 3-6 영국의 유아교육과 보육 서비스

유형	서비스 내용
보육시설(day nursery)	생후 몇 개월부터 5세까지 이용하는 시설로 주로 일하는 부모들이 이용하며, 종일제 서비스를 연중 제공함
놀이집단(play group) 유아원(preschool)	2~3세부터 5세까지 이용하는 센터로, 주로 학기 중에 주당 며칠의 기간제 서비스를 제공함
유아학급(nursery class)	초등학교 내에서 3~4세에게 제공하는 교육서비스로 학기 중에 운영되며 오전/오후 세션이 있음
보육사(childminer)	보육자의 가정에서 개인적인 보육서비스를 연간 종일제로 제공하며, 주로 취업 부모들이 이용함
아동센터(children's centre)	아동과 가족을 위한 다목적 서비스를 제공하며, 유아교육 및 보육서비스를 포함하기도 함

2) 프랑스

프랑스는 출산율과 여성 경제활동 참여율이 높은 수준을 보이고 있어서 저출산 정책의 가장 모범사례로 평가받고 있다. 이 같은 정책적 성공의 배경에는 국가 사회보장차원에서 추진하는 가족 정책과 영유아 교육·보육 정책이 중요역할을 하고 있다(신윤정, 2012).

- 영유아 보육체계

프랑스의 영유아 보육체계는 이원화되어 있다. 즉, 0~2세 영아 보육은 고용·노동·건강부에서 지원하는 보육서비스로, 3~5세 유아 교육은 교육부에서 지원하는 유아교육으로 이루어지고 있다.

0~2세 영아 보육에 대한 국가 지원은 근로 여성을 대상으로 이루어지고 있으며, 3~5세 유아의 98%가 유치원에 취원하고 있다. 3~5세 유아에 대한 보육서비스는 방과후 및 유치원 휴일에 부모가 직접 돌보지 못하는 경우에 한해 이루어진다. 이 밖에도 자녀 양육과 관련한 다양한 가족 수당 제도를 통해 자녀 양육 부담 감면에 기여하고 있다.

표 3-7 프랑스의 보육서비스 유형

구분		내용
집단 보육 시설	집단어린이집 (créches collectives)	평일 낮 시간에 취업여성의 3세 미만의 자녀에 대해 정규 보육서비스 제공
	일시어린이집 (haltes garderies)	전업주부의 6세 이하 자녀를 부정기적으로 맡기는 일시적인 보육시설
	놀이방 (jardins d'enfants)	2~6세 미취학 아동 혹은 취학 아동을 방과후에 시간제로 돌보는 정규적인 보육시설
가족보육시설		유아를 보육하는 개인 보육사 혹은 부모들이 자녀가 다양한 활동을 영위할 수 있도록 하루 중 특정 시간을 보육 시설에 함께 모여서 영유아를 돌보는 공동 보육 시설

- 보육서비스 유형

  프랑스 보육시설은 크게 집단보육시설(accueil collective)과 가족보육시설(accueil familial)로 구분된다. 집단보육시설은 집단어린이집, 일시어린이집, 놀이방으로 분류된다. 각각의 내용은 표 3-7과 같다.

집단보육서비스가 하나의 시설에서 각각 제공될 때 단일 보육기관(mono-accueil)이라고 하며, 하나의 시설에서 정규보육과 일시보육, 종일제보육과 시간제 보육 등 다양한 보육 방식이 함께 제공될 때 복합 보육기관(multi-accueil)이라고 한다. 프랑스 보육서비스는 이용시간, 운영주체에 따라 표 3-8과 같이 분류할 수 있다.

표 3-8 프랑스의 보육서비스 분류

분류기준		내용
이용 시간	정규 보육 (l'accueil regulier)	이용 시간, 이용 날짜, 등교 시간과 하교 시간이 미리 정해져 있는 형태
	일시 보육 (l'accueil occasionnel)	아동이 보육 시설에 등록되어 있지만 제한된 시간만 이용하거나 미리 이용시간 스케줄을 확정할 수 없는 경우
	위급 보육 (l'accueil d'urgence)	아동이 보육 시설에 등록되어 있지 않고 위급할 경우 이용하는 시설 보육 서비스
운영 주체	전통적인 어린이집 (traditionnelles de quartier)	아동의 집 가까운 곳에 위치하고 있으며 시설당 정원은 60명으로 낮 동안 8~12시간 운영하고 있으며 밤, 일요일 및 공휴일에는 운영하지 않음
	직장 어린이집 (de personnel)	부모가 일하는 장소(회사 혹은 관공서 등)에 설치되어 근무지의 근로시간에 맞게 운영하며 시설당 보육 정원은 60명
	부모 어린이집 (parentales)	일종의 부모공동보육시설로서 부모에 의해서 경영되는 어린이집

프랑스의 보육정책은 서비스 지원 대상을 보편적으로 확대함과 더불어 수요자의 욕구와 필요에 따라 다양한 보육서비스를 제공하고, 각 가정의 자녀 양육 부담 정도에 따라 급여액을 차등적으로 지원함으로써 사회적 형평성을 고려하고 있다.

3) 스웨덴

스웨덴은 육아휴직 사용을 기본으로 하고 그 이후에는 어린이집과 시간제 근무 등을 통해 일-가정 양립을 지원하는 통합적인 일-가정 양립제도를 시행하는 대표적인 국가이다. 영아의 경우 부모가 휴직사용을 통한 직접 돌봄이 주를 이루므로 원칙적으로 만 12개월 미만의 영아는 보육의 대상에서 제외된다. 또한 영유아기의 부모가 시간제 근무를 활용하는 것이 일반적이기 때문에 아동의 보육시간은 일일 평균 6시간이며 최대 주당 40시간을 넘지 않는다.

스웨덴은 1~12세까지의 아동을 위한 돌봄 인프라가 다양하게 마련되어 있으며, 보육기관의 유형은 크게 취학 전 아동을 위한 보육서비스와 학령기 아동 대상 활동으로 구분할 수 있다. 대표적인 미취학 아동을 위한 기관은 만 1세~6세아를 위한 종일제 어린이집인 푀르스콜라(pre-school), 만 6세를 위한 유아학급(pre-school class)이 있다.

만 6세를 대상으로 하는 유아학급은 사실상 의무교육에 해당하는 취학 전 교육과정으로 거의 모든 6세 아동이 초등학교에 편입된 유아학교에 다니고 있다. 종일제 어린이집 이외에도 개방 형 푀르스콜라, 즉 전업주부를 위한 시간제 돌봄 기관이 있다. 스웨덴의 초등학교 취학연령은 만 7세부터 시작하는데, 취학아동을 위한 돌봄은 레저타임센터(여가활동센터)와 집으로 아이 돌봐 주는 사람을 파견하는 pedaggogical care가 있다. 스웨덴 보육기관의 유형을 구분하면 다음 **표 3-9**와 같다.

표 3-9 스웨덴의 보육기관 유형

기관		이용아동 연령	특징
푀르스콜라	푀르스콜라 (pre-school)	만 1~5세	• 취업 혹은 학업 중인 부부 이용 가능이 원칙 • 미취업 상태이거나 육아휴직인 경우에도 이용가능 • 연중무휴 종일제(부모 근무시간에 따라 조정가능) • 평균 3학급 정도로 구성, 학급당 인원은 15~24명, 3명의 교직원 배치
	pedagogical care	만 1~12세	• 비형식적 기관으로 2009년부터 Family daycare에서 pedagogical care으로 명칭 변경 • 아이들 돌봐 주는 사람이 가정으로 방문하여 데이케어를 하는 경우 • 가정보육과 방과후센터는 취업/학업 중에만 이용 가능
	개방형 푀르스콜라 (open preschool)	만 1~5세	• 전업주부를 위한 시설, 비형식적 기관 • 기관(푀르스콜라)에 다니지 않는 아동이 부모/양육자와 함께 이용하는 서비스 • 주로 3세 미만 아동을 대상으로 함
유아학급 (pre-school class, forskoleklass)		만 6세 (취학 전 아동)	• 취학 직전 유아를 위한 기관으로 초등학교 내 위치 • 반일+방과후 보육으로 구성됨
취학 아동을 위한 보육	여가활동센터	만 6~12세	• 부모가 취업/학업 중인 경우 도움을 주기 위해 구성 • 학교를 다니지 않거나 학교가 휴일인 경우 아동을 보육하고, 학교에 다니는 경우에는 학교에서 경험할 수 없는 경험을 제공함으로써 아동발달을 지원함
	pedagogical care	만 1~12세	• 아이를 봐 주는 사람이 가정으로 방문하여 데이케어를 하는 경우에 해당 • 가정보육과 방과후센터는 부모가 취업/학업 중인 경우에만 이용 가능

출처: 최윤경 외(2015).

알아보기 **스웨덴 보육의 특징**

① **양성평등실현과 보육:**

"아침식사를 어린이집에서 먹는 스웨덴 영유아"

- 부모의 균등한 노동시장 참여를 중요한 목표로 하여 부모의 다양한 근로유형 지원을 위해 어린이집 운영시간을 6:30~18:30까지 운영
- 개별 아동의 불필요한 장시간 어린이집 이용은 허용되지 않음
- 종일제 근무의 경우 원칙적으로 주당 최대 40시간까지 어린이집을 이용할 수 있음
- 일찍 출근하는 부모들을 돕기 위해 아침식사를 제공함

"스웨덴 어린이의 성평등 모델 말괄량이 삐삐(Pippi Longstocking)"

- 여성의 실질적인 경제활동 참여를 지원하기 위한 목적과 어린이집이 평등의 가치를 내재화시키는 첫 기관으로서의 역할을 강조
- 삐삐는 스웨덴 어린이들이 닮고 싶어 하는 상징으로서 강하고 용감하고 도전적이며 성평등적인 삐삐 같은 아이로 키우는 것이 스웨덴의 보육철학임

② **자연친화적 놀이 중심 보육**

"밥 먹으면 나가서 논다!"

- 자연친화적인 놀이 중심 프로그램이 진행
- 어린이집의 하루일과는 8~9시 아침식사, 1시간 30분 정도 실외 놀이, 11시30분~13시 점심식사, 13시~14:30분 실외 놀이로 구성되므로, 날마다 식사 후 약 3시간 정도 자연에서 실외 놀이가 진행됨
- 햇볕이 드는 시간대에는 가급적 야외에서 놀이를 하면서 시간을 보내는 것을 중요하게 여기고, 자연 속에서 또래들과 어울려 노는 방법을 자연스럽게 터득하는 것을 놀이의 가장 큰 목적으로 여김

③ **학부모 참여의 제도화**

- 학부모들은 어린이집에서 주최하는 각종 프로그램에 참여하는 것을 당연한 권리이자 의무로 인식함
- 매일 학부모가 직접 등하원을 담당하며, 정기적으로 학부모와 교사가 함께하는 티타임을 갖기도 함
- 어린이집과 학부모가 아동에 대하여 끊임없이 상호 소통하는 구조를 가지고 있기 때문에 상호 높은 신뢰도가 형성됨

출처: 백선정(2016).

스웨덴의 보육정책은 양질의 교사수급 및 처우, 어린이집과 학부모 간 신뢰관계, 국가의 어린이집 재정지원방법 등의 측면에서 한국의 보육정책에 시사점을 줄 수 있다. 특히 어린이집과 유치원 간 유보통합에 있어서도 이미 유보통합을 달성한 스웨덴은 좋은 사례가 될 수 있다.

PART Ⅱ

보육교직원의 역할 및 협력

새싹반 김 교사는 등원하는 영아를 맞이한다. 어머니로부터 가정에서 영아가 어떻게 지냈는지 특별한 사항은 없는지 전해 듣고 간단한 인사를 나눈 다음 영아를 데리고 보육실로 들어온다. 영아의 가방을 함께 정리하고 영아가 자유놀이에 참여할 수 있도록 격려한다. 영아들이 자유놀이를 하고 있을 때 교사는 영아의 놀이를 관찰하며 적절하게 지원한다. 자유놀이가 끝날 때 쯤 간식시간임을 알리고 간식 준비를 한다. 영아들이 간식을 먹을 수 있도록 돕고 간식 먹을 때 필요한 일상생활 지도를 한다. 이어서 영아들과 산책과 바깥놀이를 한다. 다시 보육실로 들어와 영아가 손을 씻고 식사할 준비를 할 수 있도록 돕는다. 식사를 하면서 영아들의 일상생활지도를 한다. 식사 후 자리 정리를 하고 손을 씻고 양치질을 할 수 있도록 도우며 영아가 잠자리 준비하는 것을 돕는다. 영아가 잠을 편안하게 잘 수 있도록 환경을 준비하고 영아들의 잠자리를 점검한다. 잠을 잠을 자고 난 후 스트레칭을 하며 영아가 기분 좋게 일어날 수 있도록 돕고 자연스럽게 오후활동에 참여할 수 있도록 격려한다. 오후 간식 먹는 것을 도우며 오후 자유놀이를 할 수 있도록 격려한다. 영아들의 귀가준비를 돕고 영아가 개별적으로 귀가할 때 오늘에 대한 평가와 더불어 내일에 대한 기대를 가지고 올 수 있도록 격려한다.

보육교사는 많은 역할을 수행한다. 영유아의 하루일과에 모두 관여하며 이때 교사가 어떤 신념과 지식, 기술을 가지고 임하는지, 얼마나 자신의 역할 수행을 바람직하게 하는지는 결국 보육의 질과 관련되어 있다. 보육교사로 대표되는 보육교직원의 역할은 그래서 보육의 질을 좌우할 만큼 중요하다. 더불어 보육교직원은 부모, 지역사회와 함께 보육운영을 공유하고 이에 대해 의사소통할 때 좀 더 풍부한 경험을 영유아들에게 제공할 수 있으며, 좀 더 일관된 보육을 제공할 수 있게 된다. II부에서는 이러한 보육교직원의 중요한 역할과 자질, 보육교직원과 부모 지역사회의 협력 과정을 통한 보육의 효율적인 운영에 관한 내용을 살펴보기로 한다.

학습목표

- 보육교직원의 특성에 대해 이해한다.
- 보육교직원의 자격요건에 대해 이해한다.
- 보육교직원의 역할 및 자질에 대해 이해한다.
- 보육교직원의 윤리에 대해 이해한다.
- 보육교직원의 전문성 향상에 대해 이해한다.
- 어린이집과 부모 및 지역사회협력에 대해 이해한다.

주요 용어

보육교직원, 보육교직원자격, 보육교직원 역할, 보육교직원 자질, 보육교직원 윤리, 보육교사 전문성, 부모 및 지역사회협력

Chapter 04

보육교직원의 자격

보육교직원은 전문직이므로 전문 자격을 갖추어야 한다. 우리나라는 보육교직원, 특히 보육교사를 위한 국가수준의 자격기준이 명확히 제시되어 있으며, 보육교사가 되고자 하는 사람은 이 과정을 이수해야 한다. 보육교직원은 어떤 직무를 수행하며 이러한 직무를 전문적으로 수행하기 위해서는 어떤 자격을 갖추어야 하는지를 이해하는 것은 보육교사가 되기 위한 중요한 내용이다. 여기서는 보육교사의 다양한 직무 관련 역할을 알아보며 이를 수행하기 위해 갖추어야 할 자격요건에 대해 알아보고자 한다.

1. 보육교직원의 특성 및 역할 이해

보육교직원이란 어린이집에서 보육 관련 업무를 하는 사람을 말한다. 보육교직원은 보육교사와 원장 외에도 장애영유아를 위한 보육교사, 특수교사, 치료사, 간호사, 영양사, 조리원(조리사)가 모두를 포함한다. 보육교직원과 배치기준을 살펴보면 표 4-1과 같다.

표 4-1 보육교직원과 배치기준

보육교직원	배치기준
어린이집 원장	영유아 20명 이하를 보육하는 어린이집은 어린이집의 원장이 보육교사를 겸임할 수 있다.
보육교사	• 만 1세 미만의 영아 3명당 1명을 원칙으로 한다. • 만 1세 이상 만 2세 미만의 영아 5명당 1명을 원칙으로 한다. • 만 2세 이상 만 3세 미만의 영아 7명당 1명을 원칙으로 한다. • 만 3세 이상 만 4세 미만의 유아 15명당 1명을 원칙으로 한다. • 만 4세 이상 미취학 유아 20명당 1명을 원칙으로 한다. 이 경우 유아 40명당 1명은 보육교사 1급 자격을 가진 사람이어야 한다. • 취학아동 20명당 1명을 원칙으로 한다. • 장애아보육은 장애아 3명당 1명을 원칙으로 한다. 장애아 9명당 1명은 특수교사 자격소지자로 한다. • 연장보육교사는 다음의 구분에 따라 배치되어야 한다. – 만 3세 미만의 영아 5명당 1명을 원칙으로 한다. 다만, 만 1세 미만의 영아만을 대상으로 한는 경우에는 영유아 3명당 1명을 원칙으로 한다. – 만 3세 이상 미취학 유아 15명당 1명을 원칙으로 한다. – 장애아보육은 장애아 3명당 1명을 원칙으로 한다.
간호사	영유아 100명 이상을 보육하는 어린이집의 경우 간호사(간호조무사를 포함) 1명을 두어야 한다. ※ 어린이집의 원장이 간호사 자격이 있는 경우에는 겸직하게 할 수 있다.
영양사	영유아 100명 이상을 보육하는 어린이집의 경우 영양사 1명을 두는 것을 원칙으로 하되, 어린이집 단독으로 영양사를 두는 것이 곤란한 경우에는 같은 시, 군, 구의 5개 이내 어린이집이 공동으로 영양사를 둘 수 있다. ※ 어린이집의 원장이 영양사 자격이 있는 경우에는 겸직하게 할 수 있다.

보육교직원	배치기준
조리원	영유아 40명 이상 80명 이하를 보육하는 어린이집의 경우 조리원 1명을 두며, 영유아가 80명을 초과할 때마다 1명씩 증원한다.
그 밖의 보육교직원	어린이집의 규모와 특성에 따라 의사(또는 촉탁의사), 사회복지사, 사무원, 관리인, 위생원, 운전기사, 치료사 등의 보육교직원을 둘 수 있다.

이와 같이 어린이집에서 영유아를 위한 보육에 참여하고 있는 보육교직원은 다양하며 이들마다 다양한 역할을 수행하고 있다. 보육교직원별로 주요 역할을 살펴보면 다음과 같다.

1) 보육교사의 역할

보육교사의 직무와 역할은 아주 다양하다. 그중에서도 보육교사와 관련된 주요 업무 중심의 역할을 살펴보고자 한다. 주요업무에는 보육실 운영관리, 어린이집 환경관리, 어린이집 보육과정관리, 교수방법 운영관리, 부모 및 보육교직원 간의 관계 등이 포함되며 이를 각각 살펴보면 다음과 같다.

(1) 보육실 운영관리

어린이집에서 교사는 영유아들과 하루일과를 함께 보내며 다양한 역할을 수행한다. 영유아들의 발달을 지원하며 영유아들의 생활과 관련된 지도를 하게 된다. 어린이집의 하루일과는 영유아들의 발달에 적합하고 의미 있는 경험들로 구성되어 있으며 이를 잘 운영하는 것은 영유아들에게 중요한 경험으로 연결될 수 있다. 이를 위해서 보육교사는 하루일과를 잘 계획하고 적절하게 잘 운영할 수 있는 능력이 필요하다.

(2) 보육실 환경 구성

영유아는 놀이를 하며 학습한다. 다양한 놀잇감을 가지고 다양한 놀이를 하며 신체, 사회, 정서, 언어, 인지적으로 발달한다. 보육교사는 영유아의 발달에 적합하고 발달을 지원해 줄 수 있는 다양한 놀잇감들을 구성하고 제공함으로써 영유아들이 자발적으로 놀이를 하며 배워 나갈 수 있도록 도와야 한다. 영유아의 관심과 흥미를 반영한 놀이공간과 놀잇감이 적절하게 제공되면 영유아는 자발적으로 놀이하며 스스로 배운다. 교사가 직접적으로 가르치거나 지시하고 설명하지 않아도 좋은 환경에서 놀이를 하는 영유아들은 활발하게 놀이하는 과정에서 배울 수 있게 되는 것이다.

영아를 위한 실내 환경 구성은 신체영역, 언어영역, 탐색영역, 음률영역, 미술영역, 역할놀이 영역, 쌓기영역으로 이루어질 수 있다. 신체영역은 영아의 대소근육 발달을 지원하는 놀잇감들을 두어 영아의 신체운동발달을 지원하며, 언어영역에는 주로 책과 환경인쇄물, 끼적일 수 있는 종이와 도구 등을 두어 영아의 언어발달을 도모할 수 있다. 탐색영역엔 영아가 오감각을 활용하여 탐색할 수 있는 대상을 다양하게 구비하여 탐색을 통해 다양한 대상에 대한 학습이 일어날 수 있도록 도와줄 수 있다. 음률영역에는 리듬악기나 음악을 들을 수 있는 환경을 마련하여 음악적 능력을 기를 수 있으며 미술영역에서는 다양한 도구를 활용하여 표현해 볼 수 있는 환경을 구성하여 미적 능력을 지원할 수 있으며 역할영역에서는 인형이나 소꿉 등을 구비하여 다양한 모방놀이가 이루어질 수 있도록 도울 수 있다. 쌓기 영역에서는 다양한 블록들을 가지고 놀이하며 조작하고 구성하는 능력이 향상될 수 있도록 돕는다.

유아를 위한 실내환경 구성은 쌓기놀이영역, 언어영역, 역할놀이영역, 수조작영역, 과학영역, 음률영역, 미술영역으로 구성할 수 있으며 쌓기놀이 영역은 좀 더 다양하고 복잡한 구성을 할 수 있도록 블록을 제공하고 언어영역에서는 유아의 지적호기심과 언어활동을 자극할 수 있는 다양한 장르의 책을 구비해 두며, 수조작영역에서는 수활동, 조작활동을 통해 수학적 능력과 소근육 조작능력의 발달을 도모할 수 있다. 과학영역은 주제와 관련된 다양한 관심 대상을 관찰하고 조사해 볼 수 있는 대상들을 구성해 두며, 음률영역에서는 악기연주, 노래부르기, 음악감상 등이 이루어질 수 있도록 환경을 구성하고 미술영역에서는 다양한 도구로 그리고 만들어 볼 수 있는 기회를 제공하여 유아들의 표현 욕구를 충족시킬 수 있다. 좀 더 구체적인 환경구성의 실제는 10장에서 제시하고자 한다.

(3) 보육과정 계획 및 운영

어린이집의 보육과정은 국가수준의 표준보육과정에 기초해서 계획하고 운영한다. 제4차 어린이집 표준보육과정은 영유아 중심, 놀이 중심 보육과정을 강조하고 있으며 교사의 일방적인 계획과 운영을 지양한다. 교사는 영유아의 놀이 속에서 영유아의 관심과 흥미를 이해하고 이를 반영한 보육과정 계획과 운영을 해야 한다. 교사는 영유아의 놀이 속에서 영유아가 배우고 있는 것을 평가하여 이것을 지원하여 영유아의 배움이 확장되고 심화될 수 있도록 해야 한다. 교사는 영유아의 놀이를 관찰하여 영유아의 개별적인 관심과 흥미를 파악하고 영유아의 배움에 대한 이해를 통해 이를 영유아 주도적으로 지속하고 확장해 나갈 수 있도록 융통성 있는 보육계획과 운영을 해야 한다. 그러므로 보육계획안은 교사가 아닌 영유아 중심으로 수립되어야 한다. 영유아의 발달수준, 흥미를 반영하여 영유아의 주도성이 높아지도록 해야 한다. 즉, '영유아와 함께 만들어 가는' 보육과정이 되어야 하며 영유아의 놀이 속에서 발현적 보육과정이 운영될 수 있도록 해야 한다.

보육계획안은 연간, 월간, 주간, 일일 계획안으로 구성된다. 연간보육계획은 1년 동안 어린이집 각 반에서 이루어지는 보육과정에 대한 포괄적인 계획이다. 표준보육과정의 추구하는 인간상과 어린이집의 보육철학을 반영하고 영유아의 발달수준, 흥미를 고려하여 어린이집 실정에 맞는 자율적 계획을 세울 수 있다. 월간보육계획안은 연간계획에 근거하여 각 월별로 주제에 맞게 어떠한 활동이 이루어질 것인지를 계획하는 것이다. 이때 교사가 정한 주제와 활동이 있다고 하더라도 영유아의 놀이를 관찰하며 이를 반영한 영유아 놀이 지원 계획안으로 수정할 수 있다. 주간보육계획안은 월간보육계획안을 토대로 월별 주제를 소주제별로 나누어 하나의 소주제를 단위로 일주일 동안 실시하는 전반적인 보육활동을 정리해 놓은 것이다. 주간 보육계획과 운영 과정에서도 교사가 미리 계획한 것이 있다고 하더라도 영유아의 놀이가 교사의 계획대로 진행되지 않거나 영유아를 통해 추가된 놀이나 흥미를 반영해 나가는 것이 필요하며 이때 영유아의 놀이를 지원하는 계획안으로 수정해 나가는 과정이 필요하다. 또한 자율적 형태의 계획안 작성도 가능하여 영유아의 놀이를 기록하며 이를 통해 이후 놀이와 지원에 대한 내용을 기록하는 형태로도 계획안 작성이 이루어질 수 있다.

일일보육계획안은 영유아가 등원하면서부터 하원할 때까지의 하루일과를 계획하는 것이다. 주간보육계획에서 선정한 보육활동을 토대로 등원 및 맞이하기, 실내외 자유놀이, 활동, 간식 및 점심, 낮잠, 귀가 등이 통합적이고 연관성 있게 이루어지도록 한다. 하루일과가 규칙적이고 안정적으로 운영되도록 하되 그날그날의 영유아의 상태와 날씨와 행사 등에 따라 융통성 있게 운영될 수 있다. 일일보육계획안 역시 융통성 있게 작성할 수 있으며 중요한 것은 그날그날 영유아의 관심과 흥미에 따라 변화될 수 있다는 것이다.

(4) 부모와의 의사소통

보육교사는 영유아와 함께 생활하고 영유아를 지원하는 역할을 한다. 그런데 보육이 가정으로 연계되어 효율적으로 이루어지려면 부모와의 의사소통은 아주 중요하다. 영유아의 하루일과는 어떠했는지, 영유아의 성장과 발달은 어떻게 이루어지고 있는지, 영유아의 흥미과 관심은 무엇인지, 영유아에게 필요한 도움이 무엇인지 등에 관해 교사와 부모가 지속적으로 의사소통하고 공유하며 함께 관심을 가지고 협력할 때 영유아를 위한 보육이 좀 더 질적으로 이루어질 수 있다. 그러므로 보육교사는 늘 부모와 의사소통할 수 있는 태도를 가지고 적극적으로 부모와 함께 영유아를 위한 보육을 해 나가야 할 것이다.

부모와 의사소통하는 방법으로 등하원 시 상시 상담, 가정통신문, 정기 상담, 부모참관, 부모참여 등의 방법이 있는데 교사는 다양한 방법으로 부모와 의사소통하여 영유아를 함께 키워 나가며 협력해 가는 파트너로서 부모와 의사소통해야 한다.

(5) 동료교사와의 협력

보육교사는 영유아를 보육하는 데 있어서 늘 다른 사람의 의견에 귀를 기울이고 또한 의견을 나눌 수 있어야 한다. 영유아를 보육하는 데 생겨나는 어려움, 보육과정과 관련된 문제, 도움이 필요한 영유아를 위한 적절한 지원 등에 대해 늘 동료교사와 의논하고 공유하며 적절하고 더 나은 해결책을 찾을 수 있다면 좀 더 효율적으로 보육할 수 있다. 더불어 보육교사가 동료교사와 서로 도움을 주고받으며 좋은 관계를 맺는 것은 교사 자신의 행복감에도 중요한 요소가 되며 나아가 어린이집과 영유아들을 위해서도 긍정적인 영향을 미칠 수 있다.

2) 어린이집 원장의 역할

어린이집 원장은 어린이집을 전체적으로 관리하고 보육교사와 그 외 보육교직원을 지도, 감독하며 영유아를 보육하는 역할을 담당한다. 또한 어린이집 원장은 예산편성, 시설관리, 보육교직원 관리, 기록보관, 원아모집 및 접수 업무, 프로그램 개발과 운영, 지역사회와의 협력, 영양관리, 아동보호 등의 광범위한 역할을 담당한다. 이처럼 어린이집 원장은 어린이집 운영과 보육 관련된 거의 모든 일을 총괄한다고 볼 수 있다. 어린이집 원장의 역할을 좀 더 구체적으로 살펴보면 다음과 같다(김규수 재인용, 2014).

첫째, 기본적 운영목표인 보육철학 제시, 보육운영 계획수립 및 평가, 예산계획 및 집행의 역할을 수행한다.

둘째, 어린이집 보육교직원의 인력관리 역할을 하여 긍정적인 분위기에서 일을 하도록 도와준다.

셋째, 보육교직원의 전문성 증진을 위해 교육 및 개선방법을 강구한다.

넷째, 가정과 지역사회 간의 연계 및 교류를 추진하는 역할을 한다.

다섯째, 보육의 효과를 높이기 위한 부모의 요구를 파악하고, 부모참여 및 부모교육 등을 통해 부모와 밀접한 관계를 유지하는 역할을 한다.

여섯째, 보육교직원 및 기타 관련 인사와의 의사교환 및 회의 참여 등의 영역과 관련된 역할을 수행한다.

3) 기타 보육교직원의 역할

(1) 특수교사

어린이집에서 장애아를 보육할 경우 장애아 3인당 1인의 교사가 필요하며 장애아 9인당 1인의 특수교사를 반드시 배치해야 한다. 특수교사는 장애아에 대한 지식을 갖고 전문적으로 장애아를 돌보는 역할을 하게 된다.

(2) 간호사

영유아 100인 이상을 보육하는 어린이집에서는 간호사 또는 간호조무사를 두도록 되어 있다. 간호사는 영유아의 신체적 성장과 운동발달에 관한 정기적인 검사, 건강진단, 전염성 질환 예방, 안전사고의 예방과 치료, 투약, 응급처치를 위한 비상약품 및 의료기구의 구비 및 관리, 어린이집 보육교직원과 학부모 대상으로 한 응급처치요령에 대한 교육 등의 역할을 담당한다.

(3) 영양사

영유아 100인 이상을 보육하는 어린이집의 경우 영양사를 두도록 한다. 영양사는 식단작성, 검식 및 배식관리, 구매식품의 검수 및 관리, 급식시설의 위생적 관리, 어린이집 보육교직원 대상 영양 및 위생에 관한 교육 등의 업무에 관여한다. 특히 어린이집에서 영양사는 영유아의 건강증진을 위해 질 좋은 영양을 공급하는 데 주의를 기울여야 할 뿐만 아니라 영양 및 식생활 개선에 관한 교육과 어린이집 보육교직원과 학부모 대상으로 영유아의 건강, 영양, 식습관에 관한 상담 등의 역할도 수행해야 한다.

(4) 조리원

영유아 40인 이상을 보육하는 어린이집의 경우 조리원을 두도록 규정되어 있다. 조리사는 영유아와 보육교직원을 위한 식사와 간식을 성실하게 만들어 제공하며, 조리실의 식기와 식재료 등을 위생적으로 보관하고 관리할 뿐만 아니라 영양사와의 충분한 의사소통을 통해 영유아들이 음식을 잘 먹도록 돕는 역할을 수행한다.

2. 보육교직원의 자격기준

1) 어린이집 보육교사의 자격기준 및 양성과정

(1) 보육교사 자격기준

보육교사는 자격기준에 해당하는 자로서 보건복지부 장관이 검정 · 수여하는 국가자격증을 받은 자이어야 한다. 보육교사 자격 기준('14.3.1. 시행)은 다음과 같다.

표 4-2 **보육교사 자격기준**

등급	자격기준
보육교사 1급	1. 보육교사 2급 자격을 취득한 후 3년 이상의 보육 업무경력이 있는 사람으로서 보건복지부장관이 정하는 승급교육을 받은 사람 2. 보육교사 2급 자격을 취득한 후 보육 관련 대학원에서 석사학위 이상을 취득하고 1년 이상의 보육 업무 경력이 있는 사람으로서 보건복지부장관이 정하는 승급교육을 받은 사람
보육교사 2급	1. 전문대학 또는 이와 같은 수준 이상의 학교에서 보건복지부령으로 정하는 보육 관련 교과목 및 학점을 이수하고 졸업한 사람 2. 보육교사 3급 자격을 취득한 후 2년 이상의 보육 업무경력이 있는 사람으로서 보건복지부장관이 정하는 승급교육을 받은 사람
보육교사 3급	고등학교 또는 이와 같은 수준 이상의 학교를 졸업한 사람으로서 보건복지부령으로 정하는 교육훈련시설에서 정해진 교육과정을 수료한 사람

※ 보육 관련 대학원이란
① 학과(전공) 및 학위명에 '보육, (영)유아, 아동'의 단어가 포함된 대학원
② ①의 경우가 해당되지 않을 경우 보육 관련 교과목 이수기준으로 인정
(보육 관련 교과목 최소 15학점 이상 이수 여부를 확인하여 인정)

(2) 보육교사 2급 자격취득을 위한 보육 관련 교과목 및 학점 기준

① 보육교사 2급 자격취득 적용대상

- 「고등교육법」에 의한 전문대학, 대학 등에서 보육 관련 교과목 및 학점을 이수하고 전문학사학위 이상을 취득한 사람
- 「학점인정 등에 관한 법률」에 따라 학점은행제로 보육 관련 교과목 및 학점을 이수하고 전문학사학위 이상을 취득한 사람
- 다른 법률에서 졸업 시 전문대학 이상의 학력이 인정되는 시설에서 보육 관련 교과목 및 학점을 이수하고 전문학사학위 이상을 취득한 사람

② 교과목 및 학점 기준

교과목 및 학점 기준('16.8.1. 시행)은 시행규칙 제12조제1항 규정에 의한 보육 관

련 교과목 중 총 17과목 51학점이상 이수하고 졸업하는 경우 보육교사 2급 자격증 취득 가능하다. 구체적인 과목과 학점은 다음과 같다.

표 4-3 보육교사 2급 자격 취득을 위한 교과목 및 학점기준

구분		교과목	이수과목(학점)
교사 인성 영역	필수 교과목	보육교사(인성)론, 아동권리와 복지	2과목 (6학점)
보육 지식과 기술영역	필수 교과목	보육학개론, 보육과정, 영유아발달, 영유아교수방법론, 놀이지도, 언어지도, 아동음악(또는 아동동작, 아동미술), 아동수학지도(또는 아동과학지도), 아동안전관리(또는 아동생활지도)	9과목 (27학점)
	선택 교과목	아동건강교육, 영유아 사회정서지도, 아동문학교육, 아동상담론, 장애아 지도, 특수아동 이해, 어린이집 운영관리, 영유아보육프로그램 개발과 평가, 보육정책론, 정신건강론, 인간행동과 사회환경, 아동간호학, 아동영양학, 부모교육론, 가족복지론, 가족관계론, 지역사회복지론	4과목 (12학점) 이상
보육 실무영역	필수 교과목	아동관찰 및 행동연구, 보육실습	2과목 (6학점)
전체		17과목 51학점 이상	

※ 교과목 인정사항
- 각 과목은 3학점을 기준으로 하며 최소 2학점 이상이어야 한다.
- 상기 교과목 이외에 교과목 명칭이 동일하지 않더라도 교과 내용이 동일하다고 인정받고자 하는 경우, 동일교과목 심의를 보육교직원 자격검정위원회로 요청하여 동일과목으로 인정받아야 하며, 심의 절차는 자격검정위원회 운영규정에 따른다.

(3) 보육교사 자격 취득을 위한 보육실습 기준

① 보육실습 교과목 및 학점 기준

- 보육실습은 '보육실습'이라는 교과목으로 이수하는 것이 원칙(보육실습은 현장실습과 이론수업으로 구성되어야 함)이다. 따라서, 성적증명서를 통하여 교과목 확인이 가능하여야 한다.

- 다만, 교과목 명칭이 다르더라도 다음의 유사교과목을 이수한 경우로서 실습기관과 실습기간의 조건을 만족하는 경우에는 보육실습 교과목을 이수한 것으로 인정한다.

> ※ **유사교과목 인정 범위:** 보육현장실습, 교육실습, 학교현장실습
> - 보육실습 교과목은 반드시 3학점 이상으로 이수하여야 하고, 평가점수가 80점 이상(B학점)인 경우에만 실습을 이수한 것으로 인정하므로, 80점(B학점) 이상의 성적을 취득하여야 한다.
>
> ※ **「영유아보육법 시행규칙」 부칙(보건복지부령 제392호) 제3조(보육 관련 교과목 및 학점에 관한 경과조치)에 따른 종전 규정(12과목 35학점)** 대상자의 경우 보육실습 교과목 2학점으로 이수 가능

② 보육실습 실시 기준

- 보육교사 자격증 취득을 위해서는 보육실습 교과목을 이수하고 어린이집, 「유아교육법」에 따른 교육과정과 방과후 과정을 운영하는 유치원에서 보육실습을 실시하여야 하며, 대면교과목 중 보육실습에 관한 기준은 다음을 따른다.

가. 실습기관

- 실습 시작 당시 정원 15인 이상으로 평가제 평가결과 A, B 등급
  - 「영유아보육법」에 따라 평가받은 어린이집에서 보육실습을 실시하는 경우, 평가결과가 A등급 또는 B등급인 어린이집에서 보육실습을 실시해야 한다.
  - 다만, 종전의 규정에 따라 평가인증을 받은 어린이집에서 보육실습을 실시한 경우에는 평가인증 유효기간 내에 보육실습을 실시한다.

> ※ 2017.1.1.이후부터 어린이집에서 보육실습을 시작하는 경우 인가받은 정원 15명 이상으로 평가인증을 받은 어린이집에서 보육실습을 실시해야 한다.
> 단, 2018.1.1. 이후 「학점인정 등에 관한 법률」에 따라 전문학사 이상을 취득하는 사람이 2017.3.1. 전 보육실습 교과목을 이수한 경우에는 종전기준 적용
>
> ※ 평가인증 어린이집 확인방법: 임신육아종합포털 아이사랑 홈페이지(http://www.childcare.go.kr) 내 "어린이집〉 어린이집 찾기" 또는 어린이집정보공개포털(http://info.childcare.go.kr) 내 "통합정보공시 〉 어린이집·유치원찾기 〉 어린이집 검색"을 통해 확인

나. 실습기간

- 6주, 240시간 이상을 원칙으로 하되, 2회에 나누어 실시할 수 있다.

> ※ 2017.1.1. 전에 대학 등에 입학한 사람이 보육실습을 2016.12월부터 시작한 경우 4주 160시간 실시 가능
> ※ 학점인정 방식으로 2018.1.1. 이후 전문학사 이상 학위를 취득하는 사람이 2017.3.1. 전에 보육실습 교과목을 이수한 경우 4주 160시간 실시 가능

- 다만, 종전기준에 따라 4주, 160시간을 실시하는 경우 야간대학, 한국방송통신대학, 원격대학에 한해 2회에 나누어 보육실습을 실시할 수 있다.

다. 실습 인정시간

- 보육실습의 한 회는 연속하여 평일 오전 9시부터 오후 7시 사이에 한 경우에만 인정하며, 보육실습시간은 하루 8시간을 초과할 수 없다.
  - 다만, 부득이한 사유로 1일 8시간의 실습시간을 충족하지 못한 경우, 증빙서류를 제출하고 1일 6시간 이상 실습한 경우에 한하여 인정한다.

라. 실습시기

- 실습은 보육실습 교과목이 개설된 학기(직전후 방학 포함)에 실시

마. 실습 지도교사

- 실습 지도교사는 실습지도 이전에 보육교사 1급 또는 유치원 정교사 1급 자격증을 소지한 사람이어야 한다.
- 실습 지도교사는 동일한 실습 기간 내에 1명당 보육실습생을 3명 이내로 지도하여야 한다.

바. 보육실습 확인서

- 보육교사 자격증을 발급받고자 하는 사람은 보육교사 자격증 발급 신청 시 보육실습 내용의 적절성을 증명하는 보육실습확인서를 제출해야 한다.

사. 실습관리 시스템을 통한 보육실습 관리

- 2013. 3. 1. 이후 어린이집에서 보육실습을 이수하는 경우, 어린이집지원시스템에 보육실습 내용을 등록, 제출해야 한다.

> **※ 어린이집지원시스템을 통한 보육실습 내용 등록 제출방법**
> ① 보육실습 내용 등록방법: 어린이집지원시스템→[교육관리]→[보육실습생관리]→[등록]에서 보육실습생 정보와 실습지도교사 정보를 입력→[저장]하여 등록 완료
> ② 보육실습 내용 제출방법: 어린이집지원시스템→[교육관리]→[보육실습생관리]→대상자 조회 수 [선택]→[제출]→[확인]하여 제출 완료

앞의 내용을 정리하면 다음과 같다.

표 4-4 보육교사 자격 취득을 위한 보육실습의 운영기준

구분	기준
실습 운영	이론수업과 보육현장실습으로 운영
실습기간	6주 240시간(2회에 나누어 실시 가능)
실습기관	• 정원 15명 이상으로 평가인증을 유지하는 어린이집 • 방과후 과정을 운영하는 유치원
실습 지도교사	• 보육교사 1급 또는 유치원 정교사 1급 • 실습 지도교사 1명당 보육실습생 3명 이내 지도
실습 인정시간	• 평일(월요일~금요일) 오전 9시 ~ 오후 7시 • 실습시간은 하루에 8시간을 초과할 수 없음
실습의 평가	• 보육실습일지와 실습평가서 작성 • 평가점수 80점 이상

2) 어린이집 원장의 자격기준

어린이집 원장 자격기준에 해당하는 자로서 보건복지부 장관이 검정, 수여하는 국가자격증을 받은 사람이어야 한다. 어린이집 원장 자격 기준('14.3.1. 시행)을 구체적으로 살펴보면 다음과 같다.

표 4-5 어린이집 원장 자격기준

등급	자격기준
일반 어린이집 원장 (일반기준)	• 보육교사 1급 자격을 취득한 후 3년 이상의 보육 등 아동복지업무 경력이 있는 사람 • 「유아교육법」에 따른 유치원 정교사 1급 자격을 취득한 후 3년 이상의 보육 등 아동복지업무 경력이 있는 사람 • 유치원 원장의 자격을 가진 사람 • 「초 · 중등교육법」에 따른 초등학교 정교사 자격을 취득한 후 5년 이상의 보육 등 아동복지업무 경력이 있는 사람 • 「사회복지사업법」에 따른 사회복지사 1급 자격을 취득한 후 5년 이상의 보육 등 아동복지업무 경력이 있는 사람 • 「의료법」에 따른 간호사 면허를 취득한 후 7년 이상의 보육 등 아동복지업무 경력이 있는 사람 • 국가 또는 지방자치단체에서 7급 이상의 공무원으로 보육 등 아동복지업무에 5년 이상의 근무한 경력이 있는 사람
가정 어린이집 원장	• 일반기준에서 정한 자격을 갖춘 사람 • 보육교사 1급 이상 자격을 취득한 후 1년 이상의 보육업무 경력이 있는 사람
영아전담 어린이집 원장	• 일반기준에서 정한 자격을 갖춘 사람 • 간호사 면허를 취득한 후 5년 이상의 아동간호업무 경력이 있는 사람
장애아전문 어린이집 원장	• 일반기준에서 정한 자격을 갖춘 사람으로서 다음의 어느 하나에 해당하는 사람 – 대학(전문대학을 포함)에서 장애인복지 및 재활 관련 학과를 전공한 사람 – 장애영유아 어린이집에서 2년 이상의 보육업무 경력이 있는 사람

(1) 일반기준

- 보육교사 1급 자격을 취득한 후 3년 이상의 보육 등 아동복지업무 경력이 있는 사람
- 「유아교육법」에 따른 유치원정교사 1급 자격을 취득한 후 3년 이상의 보육 등 아동복지업무 경력이 있는 사람
- 유치원 원장의 자격을 가진 사람
- 「초 · 중등교육법」에 따른 초등학교 정교사 자격을 취득한 후 5년 이상의 보육 등 아동복지업무 경력이 있는 사람
- 「사회복지사업법」에 따른 사회복지사 1급 자격을 취득한 후 5년 이상의 보육 등 아동복지업무 경력이 있는 사람

- 「의료법」에 따른 간호사 면허를 취득한 후 7년 이상의 보육 등 아동복지업무 경력이 있는 사람
- 국가 또는 지방자치단체에서 7급 이상의 공무원으로 보육 등 아동복지업무에 5년 이상 근무한 경력이 있는 사람

※ 보육 등 아동복지 업무란?

가. 다음의 어느 하나에 해당하는 경력
  1) 어린이집에서 어린이집의 원장, 보육교사, 특수교사[「초 · 중등교육법」제21조제2항에 따라 특수학교의 정교사, 준교사 또는 실기교사(담당과목이 재활복지과목인 경우만 해당한다)의 자격증을 가진 사람과 이에 준하는 사람으로 보건복지부장관이 인정하는 사람을 말한다. 이하 같다] 또는 치료사로 근무한 경력
  2) 육아종합지원센터에서 육아종합지원센터의 장, 보육전문요원, 특수교사, 대체교사 또는 일시보육 담당보육교사로 근무한 경력
  3) 법 제8조에 따른 한국보육진흥원에서 임원 및 보건복지부장관이 정하여 고시한 정규직 근로자로 근부한 경력
  4) 법 제26조의2제2항에따른 시간제보육서비스지정기관에서 기관의 장 또는 시간제 보육 담당 보육교사로 근무한 경력

나. 「유아교육법」에 따른 유치원에서 원장, 원감, 수석교사, 교사 또는 기간제 교사로 근무한 경력

다. 「아동복지법」에 따른 아동복지시설에서 시설장, 총무, 보육사, 생활복지사, 상담지도원 또는 자립지원 전담요원으로 근무한 경력

라. 「장애인복지법」에 따른 장애영유아 거주시설에서 장애영유아와 관련된 업무에 종사한 경력

마. 「장애인 등에 대한 특수교육법」에 따른 특수교육지원센터에서 특수교육 분야의 전문인력으로 근무한 경력

바. 「유아교육법」및 「초 · 중등교육법」에 따른 특수학교(유치원 과정)에서 특수학교 교원으로 근무한 경력

사. 법률 제7120호 「유아교육법」 제정으로 폐지되기 전 「유아교육진흥법」에 따른 새마을유아원에서 근무한 경력

아. 가목부터 바목까지의 아동복지업무를 수행하는 시설 등에서 간호사로 근무한 경력

자. 국가 또는 지방자치단체에서 7급 이상의 공무원으로 보육 등 아동복지에 관한 행정업무에 종사한 경력

(2) 가정 어린이집

- 일반기준에서 정한 자격을 갖춘 사람
- 보육교사 1급 이상 자격을 취득한 후 1년 이상의 보육업무 경력이 있는 사람

> **※ 보육업무 경력**
> 가. 다음의 어느 하나에 해당하는 경력
> 1) 어린이집에서 어린이집의 원장, 보육교사, 특수교사 또는 치료사로 근무한 경력
> 2) 육아종합지원센터에서 육아종합지원센터의 장, 보육전문요원, 특수교사, 대체교사 또는 일시보육 담당보육교사로 근무한 경력
> 3) 법 제8조에 따른 한국보육진흥원에서 임원 및 보건복지부 장관이 정하여 고시한 정규직 근로자로 근무한 경력
> 4) 법 제26조의2제2항에 따른 일시보육서비스지정기관에서 기관의 장 또는 시간제보육담당 보육교사로 근무한 경력
> 나. 「유아교육법」에 따른 교육과정과 방과후 과정을 운영하는 유치원에서 원장, 원감, 수석교사, 교사 또는 기간제교사로 근무한 경력

(3) 영아전담어린이집

- 일반기준에서 정한 자격을 갖춘 사람
- 간호사 면허를 취득한 후 5년 이상의 아동간호업무 경력이 있는 사람

> **※ 아동간호업무 경력**
> • 병원의 소아청소년과나 신생아실, 보건소 모자보건센터, 초등학교 보건실 등에서 근무한 경력

(4) 장애아전문어린이집

- 일반기준에서 정한 자격을 갖춘 사람으로서 다음의 어느 하나에 해당하는 사람
  - 대학(전문대학을 포함)에서 장애인복지 및 재활 관련 학과를 전공한 사람
  - 장애영유아 어린이집에서 2년 이상의 보육업무 경력이 있는 사람

(5) 「고등교육법」에 따른 대학(전문대학을 포함한다) 또는 법 제21조제2항제2호에 따른 규정에 의한 교육훈련시설이 운영(위탁 또는 부설운영을 말한다)하는 어린이집

- 일반기준에서 정한 자격을 갖춘 사람
- 어린이집을 운영하는 대학의 조교수 또는 교육훈련시설의 전임교수 이상으로서 보육 관련 교과목에 대하여 3년 이상의 교육경력이 있는 사람

(6) 1)~4)까지의 어느 하나에 해당하는 사람은 보건복지부령으로 정하는 사전직무교육을 받아야 한다.

Chapter 05

보육교직원의 역할과 자질

어린이집에 다니는 영유아들은 보육교직원의 영향을 많이 받는다. 보육교직원이 보육에 대한 올바른 인식과 영유아에 대한 올바른 이해를 통해 적절한 지원을 할 때 영유아는 행복하게 자랄 수 있게 된다. 특히 어린이집 원장과 보육교사는 영유아의 발달에 직접적인 영향을 미치는 사람이다. 원장이 어떤 철학과 방침을 가지고 어린이집을 운영하고, 또 어떤 보육내용과 프로그램으로 영유아를 지원하는지에 따라 영유아의 경험은 달라질 것이다. 더불어 교사가 어떤 철학과 신념으로 영유아를 대하며 어떤 내용과 교수학습방법으로 영유아를 보육하느냐에 따라 영유아의 경험의 질이 달라질 것이다. 그렇다면 영유아를 위한 바람직한 보육교사의 역할과 자질에 대해 알아보며 영유아에게 긍정적인 영향을 줄 수 있는 보육교사의 모습에 대해 좀 더 생각해 보기로 한다.

1. 보육교직원의 역할 및 자질

보육교직원은 어린이집에서 근무하는 원장과 보육교사, 영양사, 간호사, 조리사 등을 포함한다. 여기서는 특히 원장과 보육교사의 역할 및 자질에 대해 알아보고자 한다.

1) 어린이집 원장의 역할 및 자질

(1) 어린이집 원장의 역할

어린이집 원장의 역할은 다양하다. 어린이집 운영 전반에 관련된 역할을 수행하며, 보육과정 편성 및 운영, 시설 관리, 보육교직원 관리 등 다양한 역할을 수행하게 된다. 이와 관련된 몇 가지 중요한 어린이집 원장의 역할에 대해 살펴보기로 한다.

① 보육운영 계획 수립 및 평가

보육은 체계적이고 계획적으로 이루어지는 과정이다. 따라서 어린이집 운영은 체계적으로 계획하고 계획에 따라 운영하는 것이 중요하다. 어린이집 원장은 바람직한 운영철학을 가지고 보육운영 전반에 관한 계획을 수립하여 보육프로그램, 인적자원, 물적자원을 잘 관리해야 한다. 더불어 계획에 따라 운영하고 난 후 더 나은 운영을 위해 계획에 따라 바람직하게 운영되고 있는지에 대해 평가를 해 내어야 한다. 이러한 과정을 통해 어린이집에서 일어나는 보육이 좀 더 가치 있고 의미 있게 이루어질 수 있을 것이다.

② 보육과정 편성 및 운영

어린이집에서는 국가수준의 표준보육과정에 따라 1년 동안의 보육과정을 구성하는데, 이때 어린이집의 실정에 적합한 보육과정을 구성하는 것이 중요하다. 원장은 어린이집 모든 연령과 반의 보육과정이 잘 구성될 수 있도록 편성하는 과정에 참여하고 이것이 어린이집 실정에 적합하게 이루어질 수 있도록 도와야 한다. 더불어 표준보육과정과 어린이집의 주제에 맞는 보육과정 운영이 이루어질 수 있도록 자료 및 환경관리에 신경을 써야 한다. 보육과정은 보육내용이 되므로 어린이집 영유아가 어떤 내용의 교육과 양육을 받게 될지를 결정짓는 중요한 요소이다. 어린이집 원장은 이에 대한 관심을 가지고 전 연령과 반의 영유아들이 질적인 보육내용을 경험할 수 있도록 운영과정에 적극적으로 참여하여야 한다.

③ 시설 및 설비 관리

효율적인 보육이 이루어지고 좀 더 질적인 보육내용이 영유아에게 전달되기 위해서는 이와 관련된 물리적 환경 또한 잘 구비되어야 한다. 어린이집 원장은 어린이집 전체의 시설 및 설비가 안전하게 구비되고 이것이 질적인 보육환경을 구성하는 데 중요한 요소가 될 수 있도록 철저히 관리하여야 한다. 특히 영유아들의 건강과 안전을 위해 이와 관련된 시설과 설비가 건강과 안전에 적절한지 늘 관리하여야 한다. 예를 들면, 놀이시설, 보육실 안전 환경, 조리실 환경 및 기타 화장실 등의 환경을 살피고 영유아의 건강과 안전에 긍정적인 환경이 될 수 있도록 관리하고 평가해야 한다.

④ 보육교직원 관리 및 전문성 강화

보육의 질은 곧 교사의 질과 같다고 할 정도로 보육교사의 질은 보육 전체의 질을 좌우하는 중요한 요소이다. 이에 원장은 어린이집의 교사와 어린이집에서 근무하는 보육교직원 전체를 잘 관리하여 영유아에게 질적인 보육을 제공할 수 있도록 적극적으로 지원해야 한다. 특히 보육교사의 전문성은 영유아의 보육 경험의 질을 높이는 데 아주 중요한 요소이다. 보육교사의 전문성을 향상시키기 위해 원장은 보육교사에 대한 평가를 통해 교사가 발전할 수 있는 교육이나 장학 등의 기회를 제공할 수 있어야 한다. 보육과 관련된 다양한 교육이나 워크숍이 이루어지는데 이때 원장은 교사들에게 적합하고 도움이 될 만한 교육이나 워크숍 등에 교사가 참여할 수 있도록 해야 한다. 더불어 어린이집 자체적으로 장학을 통해 교사들이 자신을 돌아보고 더 발전할 수 있는 계기가 될 수 있도록 지원해야 한다. 이를 통해 보육교사는 자신의 발전에 대한 자부심도 가질 수 있으며 영유아에게 긍정적인 영향을 미칠 수 있게 된다.

그림 5-1 **보육교직원들이 보육과정에 대해 논의하고 있는 모습**

⑤ 가정연계 및 지역사회 자원 활용

보육은 어린이집에서만 이루어지는 것이 아니다. 가정과 의사소통하고 보육에 관해 공유할 때 좀 더 일관적이고 질적인 보육이 이루어질 수 있다. 어린이집의 보육과정에 대한 전반적인 것을 가정과 소통하고 나눌 때 가정은 어린이집에 좀 더 관심을 가지고 적극적으로 영유아의 보육에 관심을 가지고 참여할 수 있다. 이렇게 어린이집과 가정이 협력하여 일관된 보육과 양육을 영유아에게 제공할 때 영유아는 좀 더 질적인 보육경험을 할 수 있게 된다. 더불어 어린이집 안에서만 보육자료와 환경을 제공하려고 하지 말고 지역사회의 자원을 충분히 활용하여 어린이집의 보육 경험을 좀 더 확장할 수 있다. 예를 들면, 지역사회의 인사를 초대하여 전문분야에 관한 이야기를 듣거나 지역사회의 의미 있는 곳에 견학을 가서 주제와 관련된 경험을 할 수 있도록 돕는다면 영유아의 보육경험은 좀 더 활동적이고 확장될 수 있을 것이다. 어린이집 원장은 이러한 기회를 많이 줄 수 있도록 다양한 지역사회의 자원을 활용할 방안을 모색해야 한다.

그림 5-2 지역사회 인적자원을 활용하여 숲체험을 하는 영유아들

그림 5-3 지역사회 기관을 방문하여 체험을 하고 있는 영유아들

(2) 어린이집 원장의 자질

어린이집 원장이 보육운영 계획 수립 및 평가, 보육과정 편성 및 운영, 시설 및 설비 관리, 보육교직원 관리 및 전문성 강화, 가정연계 및 지역사회 자원 활용의 역할을 수행하려면 다음과 같은 자질이 필요하다.

① 영유아에 대한 사랑과 보육교직원을 존중하는 태도

어린이집 원장은 영유아에 대한 진정한 관심과 사랑을 갖고 있어야 한다. 이를 토대로 영유아의 건강과 행복을 위한 보육을 운영해야 한다. 보육운영과 관련된 모든 것들이 영유아들을 위한 것이어야 하며 이러한 영유아에 대한 관심과 사랑을 바탕으로 이루어진 보육이 진정한 의미의 보육이 될 수 있을 것이다. 더불어 보육교직원에 대한 관심과 존중 또한 필요하다. 이들에 대한 관심과 신뢰, 존중은 보육교직원들이 자신의 역할 수행을 효능감 있게 수행할 수 있도록 도울 것이다. 보육교직원의 효능감은 곧 영유아들을 위한 보육 수행에 긍정적인 영향을 미칠 수 있게 된다. 어린이집 원장은 영유아와 보육교직원 모두에 대한 관심과 사랑, 존중을 통해 즐겁고 건강한 어린이집 환경을 만들어 나갈 수 있을 것이다.

② 자기계발과 자기발전을 위한 노력

보육과 관련된 프로그램과 자료, 환경 등은 변화한다. 어린이집 원장은 이러한 변화에 관심을 가지고 늘 새롭고 발전적인 보육프로그램과 자료, 환경 등을 활용하기 위해 노력해야 한다. 이러한 노력을 통해 어린이집이 발전하고 더불어 영유아를 위한 보육 또한 발전할 것이다. 더불어 어린이집 원장은 늘 보육에 대해 고민하고 공부하는 태도가 필요하다. 보육에 관한 정책과 제도뿐만 아니라 보육의 근본 철학에 관한 지속적인 관심과 공부가 이어질 때 보육을 좀 더 다양한 시각에서 바라보고 발전적인 보육이 이루어질 수 있도록 할 수 있을 것이다. 어린이집의 보육과정과 환경에 늘 관심을 가지고 발전시키려고 하는 원장의 노력이 곧 어린이집 원장 자신의 자기발전과 같은 맥락에 있는 것이며 이러한 노력을 통해 자신과 어린이집은 지속적으로 발전할 수 있을 것이다.

③ 보육에 대한 신념

어린이집 원장은 영유아를 위한 보육이 영유아에게 어떤 영향을 미치는지 이해하고 긍정적인 영향을 통해 영유아의 삶이 좀 더 행복해질 수 있다는 신념을 가지고 어린이집을 운영할 필요가 있다. 개인의 영리 목적이 아니라 진정한 보육은 영유아와 가정의 건강한 삶을 위해서라는 신념과 철학이 있을 때 보육이 더 발전할 수 있게 된다. 어린이집 원장이 어떤 환경을 제공하고 어떤 보육과정을 구성하느냐에 따라 영유아의 현재 삶과 미래의 삶에 지대한 영향을 미칠 수 있음을 알고 가치 있는 보육에 대한 신념을 가질 필요가 있다.

2) 보육교사의 역할 및 자질

(1) 보육교사의 역할

보육교사는 영유아와 함께 생활하며 영유아의 발달과 성장에 가장 큰 영향을 미치는 사람이다. 영유아의 하루일과를 살펴보며 영유아의 요구를 민감하게 파악하여 지원하는 것은 보육교사의 가장 큰 역할이자 이를 통해 영유아는 건강하게 성장할 수 있다. 영유아의 하루일과별 교사의 역할에 대해 살펴보면 다음과 같다.

① 하루일과 운영

가. 등원

등원은 영유아가 어린이집에서의 하루를 여는 시간이다. 부모와는 헤어지는 시간이고 교사와는 만나는 시간이다. 부모와 안정되게 헤어지고 교사와 즐겁게 만날 때 영유아의 어린이집 하루가 기분 좋게 시작될 수 있다. 이때 교사는 영유아, 부모와 함께 영유아의 상태나 유의할 점 등에 대해 이야기를 나누고, 오늘 일과 중 아이의 흥미를 끌 만한 이야기를 꺼내 자연스럽게 교실로 전이될 수 있도록 배려해야 한다. 부모에게서 아이에 대한 특별한 사항이 있으면 체크하고 교사는 부모도 아이와 안정되게 헤어질 수 있도록 배려해야 할 것이다. 어린이집에서의 하루를 즐겁고 편안하게 시작할 때 영유아는 교실과 교사, 또래로 무난하게 전이할 수 있을 것이다. 교사는 영유아를 진심 어린 마음으로 반갑게 맞이할 수 있도록 표정과 눈높이 등 섬세한 부분까지 신경을 써야 할 것이다.

나. 실내 자유 놀이

교실로 들어온 영유아들이 자신이 선택한 놀이를 자유롭게 하는 시간이다. 교사는 영유아의 발달에 적합한 교실 영역과 각각의 영역에 맞는 교재교구를 두어 놀이를 격려해야 한다. 교사는 영유아들과 함께 진행하고 있는 주제와 영유아들의 평소 관심과 흥미 등을 고려하여 교실 영역을 구성하고 구성요소들을 관련 있는 것들로 배치해 두어야 한다. 또한 영유아가 어느 영역에서, 어떤 놀이감을 가지고 어떤 놀이를 하는지 자세히 관찰하여 영유아의 관심과 흥미, 그리고 영역과 교재교구의 적절성을 검토해야 할 것이다. 영유아가 놀이하는 과정에서 특히 교사는 적절한 역할을 수행하며 영유아들과 놀이를 공유하는 역할도 해야 한다. 영유아가 자신의 관심과 흥미대로 놀이를 할 수 있을 때, 영유아는 좀 더 적극적으로 놀이할 것이므로 교사는 실내 자유 놀이 운영에 세심한 배려를 해야 할 것이다.

그림 5-4 실내 놀이를 하고 있는 영아들

다. 배변과 손 씻기

영유아에게 있어서 생리적 욕구를 충족하는 일은 아주 중요한 것이다. 영유아의 경우 배변을 잘 조절하지 못하거나 하여 적절히 충족하지 못할 수 있으므로 교사는 배변시간을 일정한 간격을 두고 배정할 필요가 있다. 배변훈련이 잘 이루어지지 않은 영아의 경우는 화장실과 그 외 환경들이 영아의 배변훈련을 배려할 수 있는 것이어야 하며, 교사 또한 서두르기보다 영아의 발달을 읽으며 편안하게 진행될 수 있도록 해야 한다. 특히 영아 개개인별로 배변하고 싶은 욕구를 잘 파악하고 발달 정도를 파악하는 개별적 지도가 필요하다. 유아의 경우도 자신의 놀이나 기타 관심 있는 활동에 집중하는 경우 배변할 타이밍을 놓칠 수 있으므로 일과와 일과 사이 유아의 주의를 환기시켜 화장실에 다녀올 수 있도록 배려해야 한다.

씻기는 영유아가 자신의 위생과 건강을 위해 지켜야 할 중요한 사항이므로 영유아에게 습관이 될 수 있도록 일과 중간중간에 환기시킬 필요가 있다. 간식 및 점심 식사 전, 놀이감을 만지고 논 후, 화장실을 다녀온 후, 바깥에 다녀온 후 등 손 씻기가 필요한 상황에 일관되게 이루어질 수 있도록 교사는 유의해야 할 것이다.

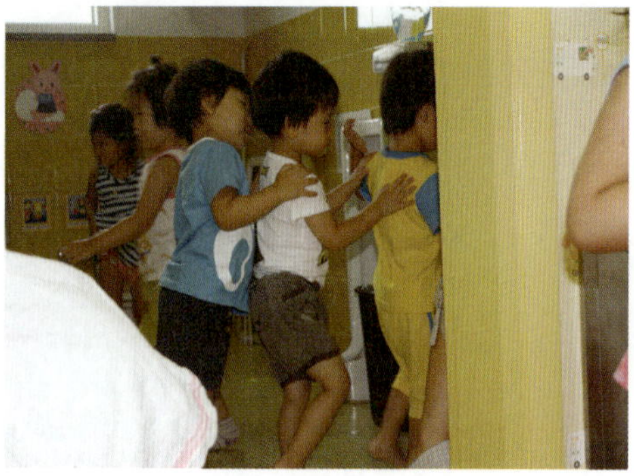

그림 5-5 손 씻기를 하기 위해 기다리는 영아들

라. 간식

영유아는 한 번에 많은 음식을 먹어 소화할 수 있는 능력이 부족하므로 조금씩 자주 먹고 필요한 영양을 섭취할 수 있도록 배려해야 한다. 그러므로 아침과 점심 사이, 점심과 저녁 사이 먹는 간식은 식사시간 만큼이나 영유아들의 영양을 신경 써야 하는 시간이다. 특히 영유아는 활동량이 많다. 이러한 활동량을 충족시키려면 충분한 음식과 영양소를 섭취해야 하는데 간식 또한 중요한 요소 중의 하나이다. 간식은 식사와 식사 사이에 하루 영양을 고려하여 소화하기 쉽고 영양도 풍부한 음식을 제공해야 한다. 이때 간식 시간이나 양이 식사에 방해가 될 만큼 제공되면 오히려 영유아의 식사습관과 건강에 부정적인 영향을 줄 수 있으므로 식사에 방해가 되지 않는 적절한 양을 적절한 시간에 제공하는 것이 필요하겠다.

그림 5-6 간식 먹고 있는 영아들

마. 전이 활동

전이 시간은 한 활동에서 다른 활동으로 변화되는 과정을 의미한다. 자유놀이를 하다가 간식을 먹게 되는 과정, 대소집단 활동을 하다가 점심을 먹게 되는 과정, 실내 활동을 하다가 실외 활동을 하게 되는 과정, 활동을 하다가 낮잠을 자게 되는 과정 등을 모두 전이시간이라고 한다. 이 외에도 어린이집 일과 중에는 전이 시간이 많다. 교사는 전이 시간을 충분히 두어 영유아가 한 활동에서 다른 활동으로 여유롭게 옮겨 갈 수 있도록 배려해야 한다. 영유아는 상황이나 행동을 변화시키는 데 시간이 많이 필요하므로 교사가 영유아를 다그치거나 교사 중심으로 끌고 가는 형식으로 전이가 일어나면 안 될 것이다. 영유아가 한 활동을 차분하게 마무리하고 다른 활동으로 자연스럽게 옮겨 갈 수 있도록 배려하는 시간이 전이 시간이므로 하루일과를 구성할 때 전이 시간에 대한 고려가 꼭 필요하다.

바. 대소집단 활동

대소집단 활동은 영유아들이 소집단이나 대집단으로 함께 한 활동을 하는 것이다. 영아의 경우 대집단 활동보다는 개별 활동이나 소집단 활동으로 이루어지는 경우가 많으며 유아의 경우 대소집단 활동을 의도적으로 배치하여 또래들과 함께 놀이를 공유할 수 있는 시간을 가질 수 있도록 배려한다. 집단 활동에는 미술활동,

음률활동, 동화감상, 게임활동 등이 있는데 교사는 주제와 영유아들의 관심과 관련 있고, 영유아들에게 의미 있는 활동을 구성하여 공유할 수 있도록 한다. 집단 활동은 또래들과 함께 의견을 나누고 문제해결을 함께 하며 서로 협동할 수 있는 기회를 제공하고 자신과 다른 의견을 듣고 생각할 수 있는 기회를 제공할 수 있다는 장점이 있다. 교사는 영유아들과 다양한 활동을 공유할 수 있도록 주제의 흐름에 맞고, 영유아들의 관심과 흥미가 관련되어 있으며, 영유아들의 발달에 의미가 있는 활동들을 구성하여 지원할 수 있도록 해야 한다. 또한 미술, 문학, 음악, 동작, 수과학 등의 교과와 영역이 통합되어 균형된 활동들로 구성될 수 있도록 해야 할 것이다.

그림 5-7 대소집단 활동으로 신체운동놀이를 하고 있는 유아들

그림 5-8 요리활동을 소집단으로 하고 있는 유아들

사. 실외 놀이

영유아는 움직이는 것을 좋아해서 활동량이 많다. 특히 대근육 움직임이 많아서 하루 중 실외 놀이를 제공하고 영유아가 마음껏 뛰어놀 수 있는 시간을 배려해야 한다. 특히 요즈음 영유아들은 실외에서 뛰어노는 시간보다 실내에서 생활하는 시간이 훨씬 많다. 어린이집에서 영유아들이 바깥에서 충분히 자유롭게 뛰어놀 수 있도록 배려하는 것은 영유아들의 활동성이나 건강에 긍정적인 영향을 미칠 수 있

다. 다양한 놀이기구를 활용하고 다양한 놀이활동을 통해 실외 놀이를 하게 되면 실내에서 할 수 없는 다양한 경험들을 할 수 있게 된다. 교사는 실내에서 할 수 없는 다양한 활동들도 계획하여 실외 놀이가 좀 더 짜임새 있게 운영될 수 있도록 하면 더욱 좋겠다. 어린이집 주변을 가볍게 산책하며 다양한 대상을 살피고 느끼며 탐색하는 등의 놀이도 함께 이루어지면 실외 놀이를 더욱 풍부하게 할 수 있을 것이다. 영유아들이 자주 볼 수 없는 자연적인 요소를 경험할 수 있는 기회를 제공하는 것도 실외 놀이에서 배려할 수 있는 특별한 요소이다.

그림 5-9 **바깥놀이 하고 있는 영유아들**

아. 점심식사

점심식사는 영유아들의 건강과 영양에 있어서 중요한 시간이다. 점심식사 시간을 여유롭게 구성되어야 하며, 영유아들을 위한 점심식사는 영유아의 건강과 영양에 필요한 요소를 갖춘 질적인 구성이 될 수 있도록 해야 한다. 음식의 영양뿐만 아니라 식사 시 예절이나 질서 등에 대해서도 경험할 수 있는 시간이므로 교사는 늘 식사 시 모범을 보이고 영유아가 바른 태도로 식사에 임할 수 있도록 한다. 영유아들의 식사 전에 손을 씻고 식사 후에 정리하는 등의 직간접적 경험은 식사 전후에 지켜야 할 중요한 과정에 대한 인식을 할 수 있는 기회가 될 것이다.

또한 식사시간은 즐거워야 한다. 영유아가 즐겁게 식사할 때 식사시간은 의미 있는 시간이며 영양이나 기타 건강 등과 관련된 이야기를 나눌 수 있는 계기를 마련할 수 있게 된다.

그림 5-10 식사하고 있는 영아들

자. 낮잠 및 휴식

영유아는 활동량이 많다. 어린이집에서 장시간 생활하는 가운데 피로감을 느낄 수도 있으며 이러한 피로감은 영유아의 건강과 정서에도 영향을 미친다. 영유아가 적절한 휴식을 취하고 이후의 활동에 좀 더 편안하고 적극적으로 참여할 수 있도록 배려하는 시간이 낮잠 및 휴식시간이다. 영유아는 자신의 피로감을 조절하는 데 어려움이 있으며 일과 중 이러한 시간을 배려하고 지도하여 영유아가 자신의 몸을 위해 낮잠과 휴식을 활용할 수 있도록 해야 할 것이다.

낮잠은 보통 하루 중 점심식사 후에 이루어지며 교사는 영유아가 편안하게 잠들 수 있는 환경을 만들어 주어야 한다. 영유아 개인의 침구를 준비하고 조용한 분위기를 만들어 편안하게 잠들 수 있도록 배려해야 한다.

또한 하루 중 어느 때나 피로감을 느끼고 쉬고 싶을 때 쉴 수 있도록 교실환경 구성에서 편안한 공간을 만들어 주어야 한다.

그림 5-11 낮잠 자고 있는 영아들

차. 귀가

영유아가 어린이집에서의 하루일과를 마치고 집으로 가는 시간이므로 즐거운 마음으로 일과를 마무리하고 또한 부모님과 즐겁게 만날 수 있도록 배려해야 한다. 하루 중에 있었던 일들을 이야기 나눈다거나 하여 편안한 마음으로 일과를 회상하고 마무리할 수 있도록 해야 할 것이다. 영유아의 복장을 정돈해 준다거나 머리를 빗겨 주는 등의 시간을 통해 하루일과를 마치고 집에 가는 것에 대한 기대감과 성취감을 지원하는 것도 중요하겠다.

② 연령별 교사의 역할

연령별 발달특성과 지원방법이 다르다. 교사는 자신이 맡은 연령의 발달특성을 이해하고 발달에 적합한 지원을 해야 한다. 영아반과 유아반으로 나누어 교사의 역할을 살펴보면 다음과 같다.

가. 영아반 교사의 역할

영아반을 맡는 교사는 영아의 발달특성에 맞는 역할과 자질을 갖추고 있어야 한다. 영아기에 요구되는 보육의 내용을 이해하고 영아기에 적합한 보육을 실행할 때 영아가 좀 더 행복한 어린이집 생활을 할 수 있을 것이다. 여기서는 영아반 보육교사의 역할과 자질을 나누어 각각 제시하고자 하며 이를 통해 영아반 보육교사로서 갖추어야 하고 지원해야 하는 주요 내용을 점검해 보고자 한다.

영아반 교사로서의 역할로는 영아기의 주요 특성과 발달과업과 관련하여 안전한 환경을 제공하고, 신체발달을 위한 지원, 안정애착형성, 비언어적인 의사소통, 기본생활습관과 관련된 내용을 제시하고자 한다. 이러한 역할은 영아들의 건강한 발달을 위해 교사로서 반드시 이해하고 실천해야 하는 역할들이다.

㉠ 안전한 환경 제공

영아의 안전을 보장해 주는 것은 보육교사로서의 가장 기본적인 역할이다. 특히 영아는 안전에 대한 인식이 미흡하여 교사가 민감하게 환경을 점검하고, 영아의 행동을 살피는 것이 필요하다. 놀잇감을 입으로 가져간다거나 놀잇감을 던진다거나 하는 놀잇감에 적합하지 않은 방법으로 놀이를 하는 영아들이 많아서 이것이 안전사고로 이어지는 경우가 많다.

교사는 우선 보육실 내 놀잇감과 기타 환경들을 늘 점검하여 영아가 혹시나 다치거나 위험해질 수 있는 환경을 제거하고 안전하게 지낼 수 있는 환경을 준비해야 한다. 더불어 영아는 갑작스럽게 놀잇감을 던지거나 놀잇감으로 부적절한 행동을 할 수 있으므로 영아의 행동을 섬세하게 관찰하고 살펴보아야 하겠다. 영아는 신체적으로 아직 균형감각이나 조절력이 부족하여 움직이다가 다치는 경우가 많으므로 주변 환경에 위험요소를 제거하고 영아가 안전한 환경에서 자유롭게 도전해 볼 수 있도록 한다.

그림 5-12 안전한 환경 속에서 자유롭게 놀이하는 영아

㉡ 애착 형성

영아기는 애착 형성의 결정적 시기이다. 어린이집에 다니는 영아는 부모뿐 아니라 하루종일 보내는 어린이집 교사와 애착을 형성할 수 있을 때 어린이집 생활을 편안하고 안정되게 할 수 있을 것이다. 특히 가정에서보다 어린이집에서 더 많은 시간을 보내는 영아들은 교사와 지내는 시간이 늘어났고, 이때 영아와 교사의 관계는 아주 중요한 영아발달의 요인이 되었다. 영아기 애착형성은 우선 어린이집에서 안정적으로 생활하기 위한 기초이며, 이후 영아가 또래와 그리고 더 넓은 사회적 관계를 하는 데 있어서 아주 중요한 요인이 되므로 교사는 영아와 애착형성을 위한 노력을 하여야 할 것이다. 영아를 많이 바라 봐 주고, 영아를 많이 안아 주며, 영아의 이름을 다정하게 불러 주며, 영아와 신체적 접촉을 많이 하는 등의 노력을 통해 교사는 영아와 안정애착을 형성할 수 있을 것이다.

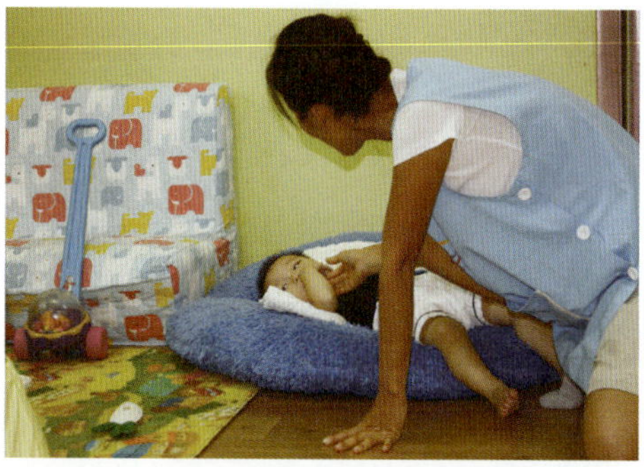

그림 5-13 **영아와의 긴밀한 관계를 형성하는 교사**

㉢ 신체발달을 위한 지원

영아기는 신체성장 급등기라고 할 만큼 눈에 띄게 신체적으로 성장하고 발달한다. 이때 중요한 것은 균형적인 영양섭취, 휴식, 배설 등의 일상생활과 영아의 신체발달을 위한 프로그램이나 활동 등의 교육적 지원 등이다.

영아의 어린이집 생활을 보면 먹고, 자고, 배변하는 일상이 대부분이다. 이러한 일상생활을 건강하게 할 때 영아는 건강하게 자랄 수 있으며, 신체활동이나 프로그램 등을 통한 전문적이면서도 교육적인 지원이 이루어질 때 영아의 신체발달을 적절하게 지원할 수 있을 것이다.

그림 5-14 신체발달 지원을 돕는 교사

㉣ 비언어적 의사소통

영아는 비언어적 소통을 많이 한다. 언어가 발달하는 과정에서 영아는 눈짓, 몸짓, 표정, 손으로 가리키기 등의 비언어적인 방법으로 의사소통 시도를 많이 한다. 이때 교사는 민감하게 영아의 신호를 읽고 영아의 입장에서 다시 말해 줌으로써 영아가 교사와 소통하고 있다고 느끼고 더불어 언어발달에도 도움을 줄 수 있을 것이다.

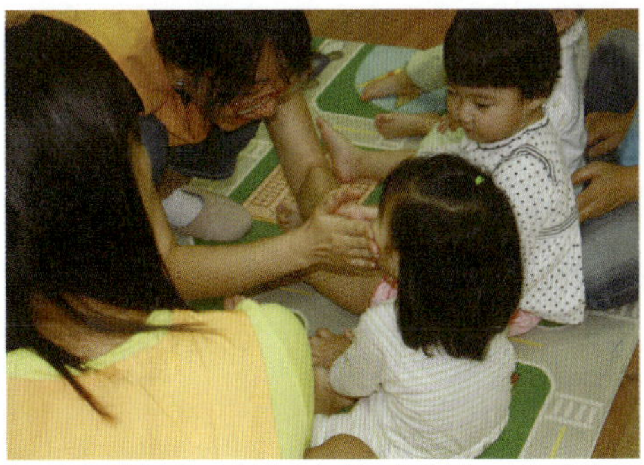

그림 5-15 신체적 접촉을 통해 의사소통하는 교사

㉤ 기본생활 습관 형성 지원

영아기는 기본생활이 형성되어 가는 과정에 있다. 어린이집에서 매일의 일상 속에서 기본적인 생활을 반복하고 일관되게 해 봄으로써 점차 이러한 생활이 습관화되어 지속적으로 영아의 건강한 습관 형성에 도움을 줄 수 있게 된다. 영아반 교사는 기본생활을 잘하도록 강요하기보다는 일과 속에서 자연스럽게 반복해 봄으로써 조금씩 기본생활에 대한 태도와 습관이 형성될 수 있도록 모범을 보이고 도움을 줄 필요가 있다.

그림 5-16 **안전하게 계단을 올라갈 수 있도록 지도하는 교사**

나. 유아반 교사의 역할

유아반 교사의 역할이 영아반과 많이 다른 것은 아니다. 단 유아기의 발달특성과 관련하여 좀 더 관심을 가져야 하는 부분이 있다. 유아기는 지적호기심이 늘어나고 주도적으로 학습해 가려는 태도가 발달한다. 이 과정에서 사고발달이 이루어지는데 이러한 특성과 관련하여 교사의 역할이 좀 더 필요하다. 더불어 유아기는 사회적 기술이 많이 발달하는데 또래들과의 일상생활과 놀이를 통해 다양한 관계를 경험하고 이 과정에서 갈등과 협력을 학습하게 된다. 이때 교사의 역할을 중요한 영향을 미칠 수 있다.

이와 같이 유아반은 연령이 증가함에 따라 이 시기에 특히 발달하는 부분이 있는

데 이에 교사는 관심을 가지고 중요한 역할을 해야 한다. 여기서는 사고발달을 지원하는 역할, 사회관계 기술을 돕는 역할, 놀이촉진자로서의 역할, 정서발달을 지원하는 역할, 평가자로서의 역할에 대해 알아보기로 한다.

㉠ 사고발달 지원

유아기에는 지적호기심이 발달한다. 자신이 관심 있는 분야에 대해 좀 더 많이 알고자 하고 좀 더 깊이 이해하고자 한다. 유아는 자신이 관심 분야를 해 나가는 과정에서 성취감을 느끼고 주도적으로 학습한 내용에 대해 좀 더 확장하고자 한다. 그러므로 교사는 유아의 관심과 흥미를 반영하여 자신의 관심과 흥미를 주도적으로 알아 나갈 수 있는 기회를 제공하고, 유아가 필요한 자료나 환경을 제공하는 역할을 해야 한다. 이때 유아는 자신의 학습과정에서 적극적으로 사고하게 된다. 또한 학습 과정에서 생기는 지적호기심에 대해 교사가 직접적으로 알려 주거나 하기보다는 유아 스스로 알아내 보려는 동기부여를 통해 학습의 과정을 즐기고 사고하고 발전시키는 태도를 기르고 성취감을 느낄 수 있도록 지원해야 한다.

그림 5-17 경사면을 활용한 실험을 통해 유아들의 사고 확장을 돕는 교사

ⓛ 사회관계 기술 지원

유아기는 사회적 관계가 확장된다. 함께 놀고 함께 의논하고 함께 학습하는 기회가 많아지며 이를 즐긴다. 그러나 이 과정에서 갈등도 많이 일어난다. 자신의 생각과 다른 또래와 갈등을 빚으며 속상하기도 하고 또 화나기도 한다. 그래서 공격적인 말이나 행동이 나타나기도 한다. 교사는 이때 유아들의 갈등 상황을 잘 이해하고 적절한 중재를 함으로써 유아들이 갈등 과정에서 어떻게 갈등을 해결해야 하는지에 관해 학습할 수 있도록 도와야 할 것이다. 더불어 교사는 유아들끼리 함께 할 수 있는 활동의 기회를 제공하여 서로의 생각을 나누고 이해하고 협의해 보는 기회를 주고 이를 통해 유아의 사회기술이 발전할 수 있도록 도와야 한다.

그림 5-18 사회극놀이를 하고 있는 유아

ⓒ 놀이촉진자로서의 역할

유아기에는 활발한 놀이활동을 통해 다양한 학습의 기회를 갖게 된다. 즉, 놀이를 통해 학습하고 놀이를 통해 학습한 내용이 확장되고 심화되어 간다. 교사는 놀이를 통해 다양한 학습이 이루어질 수 있도록 유아의 관심과 흥미에 맞는 놀이 활동이나 환경을 제공해야겠다. 또한 유아들의 자연스런 놀이과정을 잘 살피고 유아들의 놀이가 좀 더 확장되고 심화될 수 있도록 적절한 상호작용과 발문을 해야 한다. 유아들의 놀이 속에 담겨진 교육적 의미를 잘 분석하여 이를 발전시켜 줄 수 있는 환경과 활동, 상호작용 등을 적극적으로 제공해야 한다.

그림 5-19 유아의 놀이를 촉진하고 있는 교사

㉣ 정서발달 지원

어린이집에서 오랜 시간 일상생활을 하고 놀이활동을 하며 유아는 다양한 정서를 표현하게 된다. 이 과정에서 유아가 자신이 느끼는 정서를 적절하게 표현하여 정서를 잘 조절할 수 있도록 도와야 한다. 유아기에는 주도적으로 하고자 하는 것들이 많아지고, 또래와의 관계도 다양해지며, 지적 욕구들도 많이 생겨난다. 이를 해 나가는 과정에서 다양하게 느끼는 정서를 인정해 주고 적절하게 표현하며 조절할 수 있도록 교사가 모범을 보이고 적절히 지원해 주어야 한다.

㉤ 평가자로서의 역할

유아의 일상생활과 다양한 활동 과정에서 나타나는 유아들의 말과 행동 등을 잘 관찰하고, 더불어 교사가 계획한 활동들이 진행되어 가는 과정 등을 평가하여 이후 유아에게 좀 더 적합하고 발전적인 활동과 프로그램을 제공할 수 있도록 한다. 평가란 유아를 좀 더 잘 이해할 수 있고 이러한 이해를 바탕으로 유아의 발달에 적합하고 발달을 지원할 수 있는 더 나은 활동과 환경을 제공하는 데 중요한 자료가 될 수 있다.

그림 5-20 유아의 놀이를 관찰하고 있는 교사

(2) 보육교사의 자질

교사는 다른 분야에서 일하는 사람들과 다른 어린 영유아를 돌보는 일을 하는 사람이다. 영유아를 건강하게 돌보고 발달을 지원하기 위해서는 보육교사가 갖추고 있어야 하는 자질이 있다. 교사가 바람직한 자질을 갖추고 있을 때 영유아는 교사의 긍정적인 영향을 받을 수 있게 된다. 여기서는 보육교사의 자질을 개인적 자질과 전문적 자질로 나누어 살펴보고자 한다.

① 개인적 자질

가. 영유아에 대한 사랑과 관심

보육교사가 영유아에 대한 관심과 사랑을 가지고 있을 때 영유아에 대해 잘 이해하고 영유아를 위한 적합한 보육경험과 환경을 제공할 수 있게 된다. 형식적인 일이 아니라 진정으로 영유아에 대한 관심과 사랑을 가지고 이들을 이해하려고 적극적으로 관찰하고 평가하며 이를 통해 영유아가 좀 더 건강하게 자랄 수 있도록 도울 수 있을 것이다. 보육교사가 담당한 영유아들 개개인에 관심을 가지고 영유아의 개별성을 존중하고 인정하는 태도는 영유아와의 관계 형성에 도움을 줄 수 있고 효율적인 보육이 이루어지는 초석이 될 수 있다.

그림 5-21 교사의 관심과 사랑 속에 활동에 적극적으로 참여하는 영아들

나. 건강

보육교사는 무엇보다 건강해야 한다. 물론 신체적 정신적으로 모두 건강해야 한다. 영유아를 보육하는 과정에서 교사는 늘 신체적으로 돌보아야 할 일들이 많다. 영유아들의 일상생활지도 과정에서 교사는 지속적으로 신체를 움직이고 자신의 신체를 이용하여 영유아를 도와주어야 할 일이 많다. 더불어 영유아의 정서 변화에 함께 공감하고 인정해 주어야 하는 일도 많다. 교사가 심리적으로 불안정하거나 건강하지 않으면 감정기복이 많은 영유아들의 감정을 인정하고 이해하는 과정이 힘들고 불편할 수 있다. 그러므로 교사는 신체적으로 정신적으로 건강해야 하며 자신에 대한 지속적이 관리를 해야 한다. 교사 자신의 건강은 영유아의 건강과 깊은 관계가 있기 때문이다.

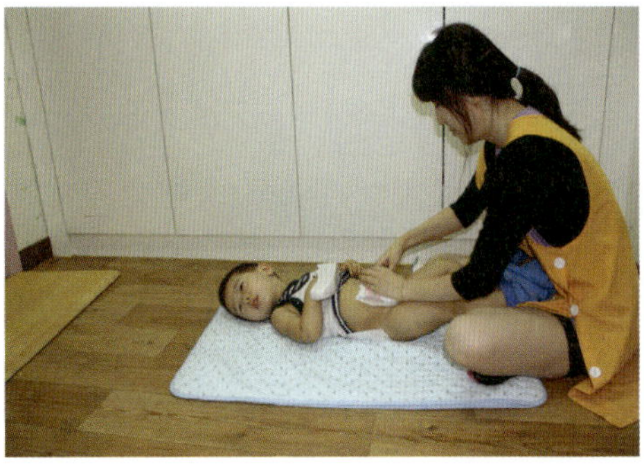

그림 5-22 영아를 돌보고 있는 교사

다. 인성

보육교사의 인성은 곧 영유아의 건강한 삶과 통한다고 할 정도로 영유아가 건강하게 자라기 위해서는 인성적인 교사를 만나는 것이 중요하다. 그러나 인성을 명확하게 측정하기 쉽지 않다. 교사는 늘 자신이 영유아에게 아주 중요한 사람이라는 것을 인식하고 자신의 인성이 곧 영유아에게 직접적인 영향을 미칠 수 있음을 이해하고 있어야 한다. 더불어 노력이 필요하다. 인성을 갑자기 향상시키기는 어렵다. 그러나 교사는 자신이 교사로서의 인성에 적합하게 영유아를 대하고 있는지 늘 평가하고 반성하며 노력해야 한다.

그림 5-23 좋은 인성을 갖춘 교사는 영유아와 좋은 관계를 맺을 수 있다

라. 성실성

보육교사는 해야 할 일이 많다. 물론 영유아를 위한 질적인 보육을 하기 위해 해야 할 일들이다. 이러한 일들을 힘들어 하고 불편해 하며 피하려고 한다면 교사 생활을 지속하기 어렵다. 영유아에게도 긍정적인 영향을 주기 힘들다. 보육을 해야 할 일이 아니라 교사 자신과 영유아를 위해 가치 있는 일이라고 생각하며 적극적으로 모든 일에 임하는 성실성이 있을 때 보육 현장이 발전적으로 변화해 갈 수 있을 것이다.

마. 자기효능감

자기효능감이란 자신에 대한 평가와 더불어 자신의 수행에 관한 긍정적인 평가를 통해 좀 더 발전적으로 역할을 수행해 나갈 수 있는 힘이다. 자기효능감을 가진 교사는 자신에 대한 평가를 잘 해내며 자신이 선택하고 수행하는 일에 대해 긍정적이고 자신감 있게 해내게 되며 이를 통해 성취감을 느끼고 발전적인 방향으로 나아갈 수 있다. 보육교사는 자기효능감을 통해, 자신에 대한 지속적인 평가를 통해 반성적 사고 과정을 거치며 이를 통해 자신이 잘할 수 있고 즐겁게 할 수 있는 일들에 대한 적극적인 수행을 할 수 있게 된다. 이러한 교사는 보육을 즐겁고 행복하게 수행할 수 있으며 이는 영유아를 위한 보육이 좀 더 잘 이루어질 수 있도록 할 수 있다.

② 전문적 자질

가. 영유아 발달 관련 지식

영유아에 대해 잘 알고 있는 교사는 영유아를 위한 적합한 보육 경험을 제공할 수 있다. 영유아에 대한 관심, 사랑과 더불어 영유아의 발달에 관해 전문적으로 잘 이해하고 있을 때 영유아에게 적합한 보육을 할 수 있게 되는 것이다. 영유아가 연령별로 어떤 특성을 갖고 있는지, 영유아가 좋아하는 것은 무엇인지, 영유아가 앞으로 어떻게 발달 성장해 나가는지를 잘 이해하고 있는 교사는 영유아의 발달특성에 맞는 보육을 할 수 있고 영유아가 좋아하는 환경을 제공하고 앞으로의 발달과정에 대한 철저한 준비를 할 수 있게 된다. 그러므로 교사는 영유아 발달에 관한 구체적이고 객관적인 지식를 겸비함으로써 영유아의 발달에 도움이 되는 교사가 될 수 있다.

나. 영유아 교수학습방법에 대한 지식 및 기술

영유아의 발달을 이해하고 이를 지원하려며 영유아를 위한 적절한 교수학습방법에 대해 이해하고 있어야 한다. 교사가 영유아의 발달을 지식으로만 갖고 이에 대한 적절한 대응이나 지원이 없다면 교사 수행을 못하는 것이다. 영유아의 발달을 토대로 한 바람직한 보육내용을 적절하게 영유아에게 제공하기 위해 영유아를 위한 효율적인 교수학습방법을 알고 있어야만 하겠다. 가치 있고 의미 있는 보육내용이 영유아에게 적합한 방식으로 전달되고 공유될 때 영유아는 비로소 질적인 보육경험을 하게 되는 것이다.

그림 5-24 영아에게 적합한 감각탐색 활동을 제공하고 있는 교사

다. 보육교사로서의 윤리의식

보육교사는 영유아의 건강한 성장을 지원하기 위해 존재한다. 그렇다면 영유아의 건강한 성장에 위해가 되는 사람은 보육교사로서의 윤리의식이 없는 교사이다. 보육교사의 언행과 보육 수행은 영유아의 발달과 성장에 직접적인 영향을 미친다. 이런 점에서 보육교사는 영유아의 입장과 영유아의 행복한 삶이라는 관점에서 생각하고 행동해야 한다. 보육교사의 윤리의식이란 바로 이러한 영유아의 행복과 권리라는 입장에서 얼마나 교사가 인식하고 있으며 더불어 긍정적인 영향을 주는 사람으로서 언행과 보육의 과정이 적합한지를 평가해 보는 것이다. 교사의 언행으로 인해 영유아가 상처를 받거나 영유아의 건강에 위해를 가한다면 이는 윤리적으로 바람직한 교사라 할 수 없다. 교사는 늘 자신이 영유아에게 지대한 영향을 미치는 사람이라는 것을 잊지 말아야 한다.

2. 보육교직원의 윤리

보육교직원의 윤리는 영유아의 삶에 중요한 영향을 미칠 수 있다. 보육교직원이 윤리적이지 않을 때 영유아에게 부정적인 영향을 미칠 수 있으며, 보육교직원이 윤리적일 때 영유아는 긍정적인 영향을 받을 수 있다. 윤리란 강제성은 없으나 개인생활이나 사회생활에서 꼭 지켜야 할 도덕적 실천이며, 이는 생활을 바르게 이끌어 줄 수 있다. 그러므로 교사의 윤리는 보육에 있어서 중요한 요소라 할 수 있다.

1) 보육교직원의 윤리의 필요성

윤리를 다시 정의해 보면 사회적 의식의 한 형태로 인간이 마땅히 따라야 할 행위 규범이며, 인간이 다른 사람과 더불어 사는 가운데 인간관계, 사회관계 속에서 지켜야 할 것으로 기대되는 사회적 규범이다. 그렇다면 보육교사의 윤리란 보육교사 직무 수행을 함에 있어서 지켜야 할 규범이며 어린이집에서의 인간관계, 특히 영유아와의 관계 속에서 지켜야 할 것으로 기대되는 사회적 규범이라고 할 수 있겠다. 그런데 보육교사는 초중고 교사와는 달리 특별한 윤리의식이 필요하다. 바로 발달이 가장 빠르고 왕성하게 일어나는 시기의 영유아를 지도한다는 점에서 다르며 교사의 영향을 가장 많이 받을 수 있다는 점에서 교사의 윤리의식은 더욱 중요하다. 보육교직원의 윤리가 필요한 이유를 살펴보면 다음과 같다.

첫째, 보육교직원은 힘과 지위를 가진다는 점이다. 보육교직원이 자신의 힘과 지위를 이용하여 영유아에게 상처를 준다거나 영유아를 좌절시킨다거나 한다면 힘과 지위를 가지지 못한 영유아에게 치명적인 영향을 줄 수 있다. 그러므로 보육교직원이 올바른 윤리 의식을 가지고 영유아의 인권 입장에서 영유아들의 권리를 존중하고 보호하도록 해야 한다.

둘째, 영유아의 개별성을 인정하고 이에 적합한 보육과정과 프로그램을 구성한다는 측면에서 보육교직원의 윤리가 필요하다. 영유아의 서로 다름을 비교하거나 차별하지 않고 영유아 개개인으로서 존중받고 인정받을 권리가 있음을 인정하고 이에 적합한 보육과정과 프로그램을 구성하여 제공해야 한다. 영유아가 자신의 개별성을 존중받고 자신에게 적합하고 가치 있는 보육과정과 프로그램을 제공받는 것은 영유아의 권리이다. 보육교직원은 자신이 영유아에 대한 차별이나 영유아에게 해가 될 만한 보육프로그램을 제공하지 않는지 늘 평가하고 이것이 영유아에게 부정적 영향을 미칠 수 있다는 인식이 필요하다. 이에 대한 판단이 보육교직원의 윤리와 관련되어 있다.

셋째, 보육 현장의 다양성이라는 측면에서 필요하다. 보육이 이루어지기 위해서는 보육교직원은 다양한 역할을 수행해야 하고 이를 가정과 연계해야 한다. 이 과정에서 보육교직원과 부모역할의 충돌, 갈등이 일어날 수 있다. 이때 소통과정과 합의과정이 필요하다. 이 과정은 물론 영유아의 건강한 성장과 발달과 관련되어 있어야 한다. 보육교직원의 윤리는 이러한 상황에서 가장 적절한 판단을 내릴 수 있도록 하는 데 중요한 역할을 한다.

넷째, 전문직으로서의 보육교직원의 특성 측면에서 필요하다. 보육교직원은 전문직이다. 특히 영유아의 성장과 발달을 다루고 있으므로 다른 전문직보다 높은 윤리성이 요구된다. 영유아와 많은 시간을 보내며 영유아에게 중요한 영향을 미치는 사람으로서 책임감과 윤리의식이 투철할 때 영유아를 위한 최선의 선택과 최선의 노력을 할 수 있을 것이다.

2) 보육교직원의 윤리강령

윤리강령이란 전문직의 이상, 가치, 책무를 설명한 것으로 전문직 단체들에 의해 공식적으로 받아들여진 문서를 뜻한다. 그렇다면 보육교직원의 윤리강령이란 보육교직원이 갖추어야 할 이상, 가치, 책무를 설명한 것으로 보육전문단체에 의해 공식적으로 받아들여진 문서를 의미한다. 여기서는 특별히 어린이집 원장과 보육교사의 윤리강령에 대해 살펴보고자 한다. 앞에서 보육교직원이 윤리 의식을 가지고 있어야 하고 윤리가 필요한 이유가 여러 가지 측면에서 있다고 했다. 그렇다면 윤리적인 판단이 필요할 때 구체적으로 이에 대한 지침을 제공하는 것이 윤리강령이라고 볼 수 있겠다.

알아보기 어린이집 윤리강령 전문

모든 영유아는 불가침의 인권을 가진 존재임을 확인하고, 보호의 대상이기 이전에 한 사람의 사회구성원으로서 「헌법」이 정한 인간의 존엄과 가치를 가지고 있음을 인식하여, 유엔아동권리협약의 이념에 따라 보육의 윤리원칙을 정하고, 이에 준거한 보육윤리강령을 준수할 것을 다짐한다.

하나 영유아 한 사람, 한 사람을 독립된 인격체로 존중한다.
하나 보육의 과정에서 영유아의 이익을 최우선으로 고려한다.
하나 영유아의 어떠한 이유로도 차별하지 않고 평등하게 대한다.
하나 영유아의 바람과 감정이 무엇인지 항상 귀 기울인다.
하나 영유아가 보육경험을 통해 세상에 대한 신뢰를 형성하도록 돕는다.
하나 부모가 자신의 양육책임을 잘 수행하도록 협력적 관계에서 보육을 수행한다.
하나 동료를 공정하고 포용적인 태도로 존중하고 민주적인 조직문화를 조성한다.
하나 보육업무의 가치에 자긍심을 가지고 보육철학, 지식, 기술을 지속적으로 키워 나간다.

제1장 영유아에 대한 윤리

① 영유아를 독립된 인격체로 존중하고 건강하고 행복한 사회 구성원으로 성장하도록 돕는다.
② 영유아를 성별, 종교, 문화, 장애, 가정배경 등에 따라 차별하지 않고 평등하게 대한다.
③ 영유아의 신체적, 심리적 발달에 부정적인 영향을 주는 행위를 하지 않고 안전하게 보호한다.
④ 영유아의 발달특성을 이해하고 영유아 개인의 흥미와 요구, 의견을 존중한다.

⑤ 놀이가 영유아의 권리임을 인식하고 충분히 놀이할 수 있도록 지원한다.
⑥ 영유아가 학대나 방임에 노출되어 있는지 민감하게 관찰하고 필요한 조치를 한다.
⑦ 특별한 보호와 지원이 필요한 영유아에게 관심을 가지고 적절한 서비스를 받도록 한다.
⑧ 영유아의 사생활을 존중하고, 개인정보에 관한 비밀을 보장한다.

제2장 가족에 대한 윤리

① 양육의 1차적 책임이 부모에게 있음을 인식하고, 그들과 협력적 관계에서 보육을 수행한다.
② 개별가족의 양육가치와 신념, 가족의 사회문화적 다양성과 고유성을 이해하고 존중한다.
③ 어린이집 보육철학, 프로그램 특성을 가족과 공유함으로써 보육에 대한 이해를 돕는다.
④ 영유아의 보육경험과 발달특성, 건강 및 안전 상황에 관한 정보를 가족과 공유한다.
⑤ 어린이집을 가족에게 개방하고, 보육에 대한 가족의 참여를 보장한다.
⑥ 가족의 사생활과 비밀보장에 대한 권리를 존중한다.

제3장 동료에 대한 윤리

▶ 보육교직원

① 서로의 자율성과 다양성을 인정하고 존중과 신뢰를 바탕으로 협력한다.
② 갈등이나 의견 차이를 개방적이고 수용적인 태도로 해결한다.
③ 어린이집의 철학과 신념을 공유하여 프로그램을 지속적으로 개선시킨다.
④ 서로의 지식과, 경험, 자원을 공유하고 전문성 향상을 위해 노력한다.

▶ 원장

⑤ 보육교직원의 업무를 명확히 안내하고 업무기준을 준수한다.
⑥ 근로여건을 보장하고 최적의 인적, 물적 업무환경을 조성한다.
⑦ 민주적으로 의견을 개진하고 상호협력하는 조직문화를 조성한다.
⑧ 원내외 교육, 학습공동체, 코칭 등으로 보육교직원의 전문성 향상을 지원한다.

제4장 나와 사회에 대한 윤리

① 보육의 사회적 책임을 인식하고 질 높은 보육을 제공한다.
② 영유아와 보육교직원의 권익을 위한 제도의 수립과 개선에 적극 참여한다.
③ 아동친화적인 양육환경 조성을 위해 지역사회 관련 기관들과 협력한다.
④ 보육교직원으로서 사명감을 갖고 사회적 위상을 높이기 위해 노력한다.

3. 보육교사의 전문성 향상

보육교사는 전문직이며 그래서 전문성을 가진다. 전문성이란 어떤 직업에 종사하는 한 개인이 가지고 있는 특성, 태도, 행동, 신념, 가치를 의미하며, 여기에는 어떤 직업이 갖고 있는 고유한 지식이나 기능의 의미를 포함한다. 보육교사는 보육 분야의 전문적 지식과 기능을 가진 사람으로 자신의 특성, 태도, 행동, 신념, 가치 등에 따라 보육 수행의 내용과 질이 달라질 수 있다. 그러므로 보육교사의 전문성에 따라 보육의 내용과 질이 달라질 수 있다는 점에서 보육교사는 자신의 전문성 향상을 위해 노력해야 한다.

보육교사의 전문적 자질과 관련하여 앞에서 살펴본 내용을 보면 보육교사는 영유아의 발달에 대한 지식을 갖추고 있어야 하며, 영유아에 적합한 교수학습방법에 대한 지식과 기술이 필요하며 윤리의식이 필요하다는 것이다. 이러한 전문적 자질의 중요성은 바로 보육의 질이 보육교사의 전문적 자질과 관련이 있다는 점이다. 즉, 보육교사가 전문성을 갖추고 있을 때 보육내용과 교수학습방법 그리고 보육의 전반적인 발전이 이루어질 수 있으며, 무엇보다도 영유아의 건강한 삶에 긍정적인 영향을 미칠 수 있다는 것이다. 보육교사는 자신의 전문성을 인식하고 좀 더 전문적인 면모를 갖추기 위해 노력해야 한다. 이러한 노력은 보육교사 자신의 효능감과 성취감을 향상시키며 더불어 보육의 질과 영유아 삶의 질을 향상시킬 수 있게 된다.

그렇다면 보육교사의 전문성 향상을 위해 어떤 노력이 필요할까? 여기서는 크게 국가 중심의 보육교사 현직교육과 어린이집과 개인 중심의 자율 장학에 대해 살펴보고자 한다.

1) 국가 중심의 현직교육

보육교사 자격증을 받고 교사가 된 것으로 교사의 전문성이 다 갖추어졌다고 할 수 없다. 물론 기본적인 보육 수행과 관련된 전문지식과 기술 등을 갖추긴 했지만 보육의 특성상 보육 대상인 영유아와 부모, 그리고 지역사회와 보육환경 등이 지속적으로 변화한다는 점에서 교사는 이에 대한 관심과 연구가 필요하다. 보육교사는 보육현장에 자신의 지식과 기술을 적용하는 기술이 필요하며 적절한 적용과 활용이 보육의 질을 좌우할 수 있다. 이러한 보육교사의 전문성을 향상시켜 주기 위해 국가에서는 보육교사를 위한 현직교육을 마련하고 있다. 우리나라에서는 법에 근거하여 현직교육으로 어린이집 원장과 보육교사의 자질 향상을 위한 보수교육을 규정하고 있다.

보수교육은 직무교육과 승급교육으로 구분된다. 직무교육은 보육에 필요한 지식과 능력을 발전시키기 위해 정기적으로 받는 교육이며, 승급교육은 보육교사가 상위 등급의 자격을 갖추기 위해 받아야 하는 교육이다. 이러한 보수교육을 통해 보육교사는 보육과 관련된 이론과 실제를 강화하고 자신의 현재 역할 수행에 대해 점검하고 평가하여 부족한 점에 대해 보완하고 앞으로 효율적인 보육 수행을 위해 필요한 다양한 지식과 기술을 이해하고 갖추어 나가게 된다.

보육교사를 위한 보수교육의 내용은 다음과 같다.

표 5-1 보수교육 종류

<table>
<tr><th colspan="6">직무교육</th><th colspan="2">승급교육</th></tr>
<tr><th colspan="3">일반직무교육</th><th colspan="3">특별직무교육</th><td rowspan="2">2급
보육교사
승급교육</td><td rowspan="2">1급
보육교사
승급교육</td></tr>
<tr><td>보육교사
직무교육</td><td>어린이집
원장
직무교육</td><td>장기
미종사자
교육</td><td>영아보육
직무교육</td><td>장애아
보육
직무교육</td><td>방과후
보육
직무교육</td></tr>
</table>

표 5-2 **보수교육 과정**

과정명			교육대상	교육시간
직무교육 과정	일반직무 교육	보육교사	현직에 종사하고 있는 보육교사로서 보육업무 경력이 만 2년 이상 지난 사람과 보육교사 직무교육(승급교육 포함)을 받은 해부터 만 2년이 지난 사람	40
		어린이집 원장	현직에 종사하고 있는 어린이집 원장으로서 어린이집 원장 직무를 담당한 때부터 만 2년 지난 사람과 어린이집의 원장 직무교육을 받은 해부터 만 2년이 지난 사람	40
		장기미 종사자	어린이집 원장의 자격 또는 보육교사 자격을 가진 사람으로서 만 2년 이상 보육업무에 종사하지 않다가 다시 그 업무에 종사하는 사람	40
	특별직무 교육	영아보육	영아보육을 담당하고 있는 일반직무교육 대상자와 영아보육을 담당하려는 보육교사 및 어린이집 원장	40
		장애아 보육	장애아보육을 담당하고 있는 일반직무교육 대상자와 장애아보육을 담당하려는 보육교사 및 어린이집 원장	40
		방과후 보육	방과후보육을 담당하고 있는 일반직무교육 대상자와 방과후보육을 담당하려는 보육교사 및 어린이집 원장	40
승급교육 과정	2급 승급교육		3급 보육교사 자격 취득 후 보육업무 경력이 만 1년이 지난 사람	80
	1급 승급교육		2급 보육교사 자격 취득 후 보육업무 경력이 만 2년 경과한 사람. 다만, 보육교사 2급 자격 취득 후 보육 관련 대학원에서 석사학위 이상을 취득한 경우는 보육업무 경력이 만 6개월이 지난 사람	80

이와 같이 보육교사를 위한 직무교육과 승급교육은 보육교사가 자신의 전문성 향상을 위해 보육내용과 교수학습방법, 환경 구성 및 기타 보육 관련 정책, 현황 등에 대해 제대로 이해하고 이에 대한 지식과 기술 등을 발전시켜 나갈 수 있는 내용으로 구성되어 있다.

2) 어린이집과 교사 개인 중심의 자율장학

국가 주도의 보수교육뿐만 아니라 보육교사의 전문성 향상을 위해 어린이집 자체적으로 교사 연수 프로그램을 개발하거나 마련하여 교사 교육을 할 수도 있다. 또한 동료교사들과 수업이나 보육과정 운영에 대해 평가하고 토론하며 공유하는 과정을 통해 보육교사의 전문성 향상을 도모할 수 있다. 어린이집과 보육교직원의 필요에 따라 적절한 프로그램을 마련하고 자율적으로 진행할 수 있다는 점에서 국가 주도의 보수교육보다 좀 더 필요한 교육이 일어날 수 있다는 장점이 있다. 어린이집에서 주도하는 현직교육으로는 원장이나 전문가가 교육관련 주제에 대해 교육하는 방법과 교사가 스스로 교육과 관련된 주제를 선택하여 연구, 발표하는 교사세미나, 교구개발 등의 다양한 형태로 이루어질 수 있다(성미영 외, 2015). 어린이집 중심으로 이루어지는 교사 전문성 향상 방법에 대해 살펴보면 다음과 같다.

첫째, 원장과 교사가 필요한 주제를 선정하여 그와 관련된 전문가를 초빙하여 강의를 듣거나 관심 주제와 관련된 강연회나 워크숍이 열릴 때 교사들이 직접 찾아가 강의를 듣거나 워크숍에 참여하는 방법이 있다. 이 경우 교사들과 어린이집의 관심과 관련된 주제에 참여할 수 있으므로 좀 더 적극적이고 의미 있는 참여가 이루어질 수 있다. 또한 이를 계기로 어린이집의 교사들이 함께 주제에 관련된 내용을 논의하고 어린이집 운영에 반영하는 등의 과정으로 이어질 수 있다. 교사는 자신이 궁금해하고 어려워하는 주제와 관련된 강의나 워크숍을 통해 자신에 대한 평가와 더불어 자신의 보육에 대한 좀 더 적극적인 관심을 자극시키며 앞으로 개선될 수 있는 가능성이 생길 수 있게 되는 것이다.

둘째, 교사들이 자신의 수업이나 보육과정 운영 전반에 관해 개선하고자 연구수업을 하거나 다른 교사의 수업을 참관하는 형태로 이루어질 수 있다. 이 경우 교사들은 다른 교사의 수업을 참관하며 자신에 대한 평가나 동료교사에 대한 평가를 나눌 수 있고 이를 통해 자신의 수업이 개선될 수 있도록 할 수 있다. 더불어 교사들이 관심 있어 하는 주제의 수업을 계획하고 연구수업을 해 봄으로써 수업 내용과 질에 대한 평가를 나누며 수업의 질이 향상될 수 있는 계기가 될 수 있다.

이 외에도 교사 개인적으로 자신의 전문성 향상을 위해 노력할 수 있다. 교사 자신의 수업을 녹화해 분석해 보거나 교실에서 개선이 요구되는 문제를 정해 현장연구를 해 볼 수도 있다. 더불어 전문서적을 읽거나 전문가를 방문하거나 상담할 수 있으며 각종 연구 발표회에 참여해 볼 수도 있다. 마지막으로 상급학교로 진학해서 자신의 전문성 향상을 도모할 수도 있다. 이와 같은 방법은 교사가 자신의 전문성 향상에 관심을 가지고 적극적으로 노력하는 과정이며 이러한 교사는 발전하고 스스로 자부심과 성취감을 느낄 수 있으며 나아가 보육의 질을 향상시키는 중요한 인적자원으로서의 역할을 수행할 수 있게 된다.

Chapter 06

어린이집과 부모 및 지역사회와 협력

어린이집에서의 보육이 좀 더 효율적으로 이루어지기 위해서는 부모 및 지역사회와 협력하는 것이 필요하다. 우선 어린이집과 부모와의 관계에서 어린이집의 보육과 가정에서의 양육이 서로 연계되어 일관성 있게 이루어질 때 영유아의 발달에 긍정적인 영향을 줄 수 있다. 어린이집과 부모는 항상 의사소통하며 영유아의 건강한 발달에 대한 의견을 나누어야 하며 이러한 과정을 통해 일관된 양육과 보육이 이루어질 수 있다. 어린이집은 영유아의 보육에 대한 의견을 부모에게 전달하기 위해 상담이나 교육을 하며 부모가 참여할 수 있는 기회를 제공할 때 부모는 어린이집을 신뢰하고 어린이집의 보육이 가정으로 연계될 수 있다. 이렇게 부모가 어린이집의 보육에 대해 이해하고 적극적으로 참여하게 되면 영유아의 발달에 긍정적인 영향을 미치게 된다. 부모가 자녀의 발달과 보육에 관해 이해하고 이를 가정에서 연계되도록 양육하게 되면서 부모는 양육효능감이 높아지며 자녀양육에 대한 긍정적인 태도가 형성될 수 있을 것이다.

그러므로 어린이집에서만 좋은 보육을 하겠다는 생각보다는 이러한 보육이 가정으로 이어져 가정에서도 좋은 양육이 이루어질 수 있도록 할 때 영유아는 안정적인 분위기 속에서 건강하게 성장할 수 있을 것이다.

더불어 어린이집은 지역사회 안에 있다. 모든 자원과 자극을 교사 혼자서 다 제공하겠다는 생각보다는 좀 더 효율적으로 자원을 활용하고 도움을 받을 수 있다면 영유아들에게 좀 더 풍부한 경험과 자극을 줄 수 있을 것이다. 지역사회에는 인적, 물적 환경이 많이 있다. 이를 적극적으로 활용함으로써 영유아가 주변 환경을 이해하고 이에 적응할 수 있는 능력을 길러 줄 수 있다. 영유아는 주변 환경의 영향을 받으며 자란다. 가장 가까이에는 가족이 있고 나아가 영유아를 둘러싸고 있는 다양한 환경 중 지역사회는 영유아에게 직간접적으로 중요한 영향을 미치고 있으므로 이를 적극적으로 활용한다면 좋은 교육자료로 활용할 수 있을 것이다.

이 장에서는 부모와 지역사회 협력의 중요성과 더불어 구체적인 실천방법에 대해 제시해 보고자 한다.

1. 어린이집과 부모 협력

1) 어린이집과 부모 협력의 중요성

보육을 운영하는 데 있어서 영유아들을 위해 좀 더 적합하고 좀 더 효율적인 운영을 하기 위해 부모 협력이 반드시 필요하다. 영유아의 양육은 교사 혼자 이루어 내는 것이 아니다. 가장 주된 양육자는 부모이며 부모가 아이를 잘 이해하고 적합한 양육을 할 때 영유아는 건강하게 자랄 수 있으며 더불어 어린이집에서의 생활 또한 더욱 편안하고 즐거워질 수 있을 것이다. 어린이집은 부모들이 아이에 대해 더욱 잘 이해할 수 있도록 지원할 뿐만 아니라 부모들이 적극적으로 아이들의 보육에 관심을 가지고 일관된 양육을 할 수 있도록 지원함으로써 어린이집과 가정과의 연계가 제대로 이루어질 수 있을 것이다.

결국 보육운영에 있어서 부모 참여 및 협력의 중요성은 무엇보다 어린이집과 가정이 연계하여 영유아에게 일관된 양육을 하고 서로 간에 영유아에 대한 이해를 위해 정보를 교환하고 문제를 해결함으로써 효율적인 보육을 실행할 수 있다는 점에 있다. 이를 통해 영유아가 좀 더 행복하게 성장할 수 있도록 가정과 어린이집이 함께 힘쓰는 것을 의미한다.

2) 어린이집과 부모 협력의 방법

어린이집에서는 보육을 하는 데 부모를 참여시켜 어린이집의 보육에 대해 좀 더 잘 이해하고 적극적으로 협조할 수 있도록 많은 노력을 한다. 특히 어린이집과 부모들의 사정과 상황에 따라 다양한 방법으로 부모 협력체계를 구축함으로써 부모들의 참여와 협력을 적극 권장하고 있는 편이다. 부모 협력의 방법은 크게 부모교육과 부모참여로 나누어 볼 수 있다(이순형 외, 2008). 부모교육에는 부모 오리엔테이션과 강연회, 워크숍, 가정통신문, 홈페이지 등의 방법이 있으며, 부모참여 방법에는 부모면담과 수업참관과 참여, 부모게시판, 부모자원봉사, 어린이집 운영에 대한 부모 참여 등을 들 수 있다. 하나씩 살펴보도록 하겠다.

표 6-1 부모참여활동의 예

시기	활동명	유형 및 방법	대상	내용
2월 중	부모 오리엔테이션	강연회	전체 부모	운영안내 • 교육과정과 운영지침 안내, 교사소개 • 학급별 교사-부모 간담회
3월 중	신입원아 적응프로그램	가족참여	신입 원아 부모	연령별 적응프로그램을 통한 안정적인 어린이집 적응 돕기
4월 중	적응보고서 배부 및 부모개별면담	부모통신 개별면담	신입 원아부모 전체 부모	영유아의 어린이집 적응에 관한 교사의 관찰기록 배부(신입 대상) 및 전체면담
5월 중	아빠 참여수업	가족참여	아빠 참여	아빠와 함께하는 강연회와 놀이 활동
5월 중	학급별 부모 간담회	간담회	전체 부모	○○○보육프로그램에 대한 소개 및 학급별 간담회(집단 면담)
6월 중	부모 강연회	강연회	전체 부모	영유아 발달 및 양육에 대한 전문가 초청 강연회
10월 중	○○○ 가족 잔치	가족참여	전체 원아의 가족	가족이 함께하는 원내외 놀이와 활동 • 가족참여수업, 운동회 형식 등
11월 중	강연회 및 학급별 부모간담회	강연회 간담회	전체 부모	특정 주제에 대한 강연을 들은 후 학급별 간담회(집단면담)
12월 중	학급 가족잔치	가족참여	전체 부모	놀이와 공연으로 구성된 학급 가족잔치
1월 중	부모 개별면담	개별면담	전체 부모	일 년간의 발달 및 생활에 관한 교사와의 개별면담
2월 말	신입원아/재원아 부모 오리엔테이션	강연회	전체 부모	운영안내 • 교육과정과 운영지침 안내, 교사 소개

(1) 부모교육 및 의사소통

① 부모 오리엔테이션

한 해의 새학기를 시작하기 전 영유아들의 부모를 대상으로 부모 오리엔테이션을 한다. 대부분 새롭게 어린이집에 입소하는 영유아들의 부모이지만 재원하는 영유아들의 부모들도 함께 한 해의 어린이집의 계획에 대해 들어 볼 수 있는 시간이다. 이를 통해 부모들은 아이를 어린이집에 보내면서 생기는 여러 가지 궁금증을 해결하고 어린이집과 보육과정에 대한 이해를 할 수 있는 기회를 얻는 셈이다.

부모 오리엔테이션의 내용을 보면 우선 어린이집의 철학 및 설립취지 등을 알린다. 어린이집이 어떤 철학적 기반 위에 설립되었는지에 관한 내용은 부모들이 어린이집을 신뢰할 수 있는 가장 기본적인 사항일 수 있다. 보통의 경우 어린이집 원장이 오리엔테이션의 전체적인 진행을 맡게 되는데, 이때 직접 어린이집이 추구하고 있는 기본적인 철학을 소신 있게 이야기함으로써 부모들 또한 동감하고 함께 일관된 양육을 할 수 있도록 지원할 수 있는 방법이라 볼 수 있다.

둘째, 어린이집의 보육내용 및 하루일과, 학급구성에 대한 내용을 소개한다. 어린이집에 대해 좀 더 구체적인 사항을 알려 주는 것이다. 어린이집에서 주로 어떤 내용을 담아 보육하는지, 이러한 내용이 보육과정의 내용과 비슷한 것인지, 하루일과는 어떻게 진행되고 교사는 어떻게 지원하는지 등에 관한 내용을 전달하며 어린이집의 전체 원아수 및 학급구성에 대한 내용을 이야기한다. 부모는 어린이집에 대한 좀 더 구체적인 내용을 들음으로써 어린이집에 대한 이해를 좀 더 할 수 있게 된다.

셋째, 어린이집의 건강, 안전, 영양, 위생 등에 관한 내용이다. 부모는 이 내용에 가장 많은 관심을 보인다. 영유아들이 어떤 음식을 먹게 되고 그러한 음식들을 정하게 된 이유와 영양적인 의미에 대해 이야기함으로써 부모들이 안심하고 영유아를 어린이집에 보낼 수 있도록 한다. 어린이집 곳곳의 위생관리에 대한 내용도 전달함으로써 영유아들이 다니는 어린이집에 얼마나 깨끗하게 관리되고 있는지에 대해 신뢰를 주고자 한다. 어린이집 실내와 놀이감과 놀이기구에 대한 안전과 관련된 내용도 이야기함으로써 영유아들이 안전한 환경에서 잘 생활하고 있음을 알려 준다.

넷째, 입소 시 준비해야 할 것에 대해 알려 준다. 특히 새롭게 어린이집에 입소한 영유아의 부모는 더욱 관심이 많을 것이다. 등하원은 언제쯤 하게 되며, 여벌옷은 어느 정도 준비해야 되는지 등의 내용을 포함해서 부모 또한 어린이집으로 아이를 입소시킨 후에 지켜야 할 사항에 대한 내용을 알려 준다. 예를 들면, 적응기간 동안의 부모의 태도 등에 관한 내용을 들 수 있다.

다섯째, 주요행사에 대한 소개를 한다. 어린이집은 1년 동안 다양한 행사를 하게 된다. 어린이날 행사, 운동회, 견학 등 어린이집의 1년 계획을 알려 줌으로써 부모들도 어린이집의 행사에 관심을 가질 수 있도록 한다.

여섯째, 교직원을 소개한다. 학급별 담임선생님에 대한 소개는 부모들이 자신의 아이를 맡게 될 교사와 처음으로 만나는 시간이므로 많은 기대를 하고 있다.

이렇게 부모 오리엔테이션을 통해 부모는 어린이집에 대해 좀 더 잘 알게 되는 계기를 마련하고 어린이집에 철학을 잘 이해할 수 있도록 지원하는 것이다.

② 강연회

부모의 역할이나 태도 등과 관련하여 관련 분야의 종사자나 전문가를 초대하여 강의를 듣는 것이다. 대개 주제를 정해 두고 1~2시간 정도의 강연을 듣게 되는데, 대부분 부모의 역할과 태도 등에 관련된 내용이다. 이 방법은 어린이집에서 가장 보편적으로 사용하는 방법이기도 하다. 준비하는 과정이 쉬운 편이고 많은 부모를 한번에 좋은 내용으로 교육할 수 있다는 장점이 있다. 그러나 강사의 일방적인 강의로 끝날 수 있어 부모와의 소통보다는 전달식의 성격이 강하다는 단점이 있다.

어린이집은 형식적으로 이러한 강연회를 준비할 것이 아니라 부모들과 사전에 의사소통하여 알고 싶은 내용이나 듣고 싶은 강의 주제 등을 조사한다면 더욱 부모들에게 의미 있는 강연이 될 수 있으리라 본다.

그림 6-1 **강연회 모습**

③ 워크숍

워크숍은 부모가 어린이집에서 영유아들이 하는 활동을 직접 경험해 보는 적극적인 형태의 부모교육이다. 부모는 영유아들이 하는 활동을 경험함으로써 어린이집의 보육내용에 대한 이해를 하게 되고 영유아들의 어린이집에서의 생활 정도를 직접적으로 파악할 수 있게 된다. 더불어 영유아의 경험에 대한 이해를 통해 가정에서 좀 더 질적인 상호작용이 일어나고 자녀와 가정에서도 즐거운 활동들을 함께 하며 즐거움을 나눌 수 있도록 하는 것이다. 강연회와 달리 부모가 직접적으로 참여하는 것이라 부모의 참여도가 높으며 영유아들과 실천할 수 있다는 점이 장점이다.

그림 6-2 워크숍에 참여하는 부모

④ 가정통신문 및 게시판

가정통신문은 매주 발행되는 것이 대부분이다. 다음 보육계획과 더불어 보육내용, 특별한 행사 및 식단 등에 관한 내용을 통신문을 통해 알리는 것이다. 부모는 늘 아이를 통해 가정통신문이 전달되었는지 확인하고 어린이집의 보육내용과 특별한 행사 등에 대해 잘 이해하여 자녀와 함께 이를 공유할 수 있도록 해야 한다.

게시판은 어린이집에서 부모들에게 중요한 공지사항을 알리기 위해 부모가 쉽게 볼 수 있는 어린이집 현관 등에 설치한다. 등하원 시 부모가 아이와 함께 어린이집에 방문할 때 한눈에 쉽게 볼 수 있도록 부모가 잘 볼 수 있도록 중요한 내용을 게시하게 된다. 어린이집의 공지사항이나 중요한 행사 등의 정보를 전달하며 일반적으로 가정통신문이나 소식지 등을 통해 전달한 정보들을 재확인시키는 역할을 한다.

⑤ 홈페이지

요즈음은 어린이집에서 홈페이지를 많이 활용하고 있다. 홈페이지에 어린이집을 소개하고 어린이집의 행사와 정보를 공유하며 가정과 의사소통을 적극적으로 하려고 한다. 특별히 알릴 내용과 적절한 주제에 대한 글 등을 올리고 이를 확인하고 참여하는 형태이다.

(2) 부모참여

① 면담

면담은 교사와 부모가 만나 영유아에 대해 이야기를 나누는 것으로 어린이집에서는 대개 1년에 2번 정도의 공식적인 면담을 계획하고 있으며, 이 외에도 늘 영유아에 대한 비공식적인 면담이 이루어지기도 한다. 공식적인 면담의 경우 1년을 새로이 시작하는 즈음과 마무리하는 즈음에 교사가 그동안 관찰한 내용을 토대로 영유아의 발달과 특성에 관한 내용을 이야기하고 부모는 이에 대한 의견 등을 나누는 형태로 이루어진다. 대개 미리 면담 날짜와 시간을 정해 놓고 부모들이 가능한 시간을 선택하고 약속된 시간에 어린이집에서 만나 이루어진다. 이때 교사는 되도록 영유아에 관한 생생한 정보를 가지고 부모와 공유할 수 있도록 하며 어느 한 쪽의 일방적인 이야기를 말하고 듣는 형태가 아닌 서로 영유아에 대한 정보와 생각을 나누는 의미 있는 시간이 되도록 노력해야 할 것이다.

비공식적인 면담의 경우는 등하원 시 내지는 기타 영유아에 관해 특별히 나누고 싶은 것이 있을 때 시간을 정해 놓기보다는 그 당시에 하는 것을 의미한다. 주로 등하원 시 부모와 교사는 지난날에 대한, 또는 요즈음의 문제나 변화된 점에 관한 내용을 수시로 나누며 영유아에 관한 정보를 교환한다. 이러한 비공식적인 면담은 영유아에 관한 내용을 상황과 맥락 속에서 즉각 이야기 나누어 문제나 의견을 나누는 데 있어서 좀 더 용이하다는 장점이 있을 수 있다.

공식적이든 비공식적이든 부모는 교사와 함께 자녀와 양육에 대한 이야기를 나누며 정서적 지원을 받게 되고, 나아가 자녀에 대해 좀 더 잘 이해할 수 있는 계기를 마련할 수 있게 된다.

② 수업참관 및 참여

수업참관이란 부모가 직접 어린이집의 자녀 반을 방문하고 교사와 영유아가 함께 활동하는 모습을 지켜보는 것이다. 부모는 교사와 영유아가 함께 활동하는 모습을 보며 자신의 자녀의 다양한 모습을 보게 되며 나아가 보육의 내용을 이해하게 되는 계기를 가질 수 있게 된다. 어린이집의 보육과정과 보육내용에 대해 막연하게 생각하던 부모는 실제 직접 참관함으로써 이를 좀 더 구체적으로 이해하게 되고, 어린이집과 교사의 보육과정 운영에 더욱 관심을 보이게 된다. 수업참여란 부모가 직접 자녀와 함께 수업의 일부에 참여해 보는 것이다. 참관만 하기보다는 직접 해봄으로써 보육과정에 대한 이해를 좀 더 구체적으로 할 수 있게 된다. 어린이집은 대개 1년에 정기적으로 수업참관 및 참여를 할 수 있는 기회를 제공하고 부모가 좀 더 적극적으로 보육과정 운영에 관심을 가지고 협조할 수 있도록 지원한다.

그림 6-3 일상생활 지도에 함께 참여하고 있는 부모

③ 부모 자원봉사

부모가 교사를 도와주는 역할을 하는 것으로 교사는 사전에 부모들의 관심분야와 활동분야에 관하여 정보를 얻고 특정주제와 관련하여 도움을 받을 수 있는 부분이 있으면 적극적으로 도움을 청하는 과정을 거친다. 부모들의 관심과 재능, 실제 활동분야는 좋은 자원이며, 교사가 줄 수 없는 생생한 정보나 주제를 이야기 나누고 실제 경험을 제공할 수도 있게 된다. 예를 들면, 악기 연주를 잘하는 부모가 음악과 관련하여 어린이집에 방문하여 연주를 들려주고 악기와 연주한 음악에 대한 이야기를 나누는 등의 활동을 하는 것을 들 수 있겠다. 이러한 형태의 부모참여는 부모에게는 자긍심과 더불어 효능감을 향상시킬 수 있는 기회이며 영유아들에겐 좀 더 생생하고 풍부한 경험을 할 수 있다는 점에서 장점이 있다.

그림 6-4 요리활동을 함께하고 있는 부모

이상과 같은 부모 협력 프로그램들을 잘 활용하고 늘 부모의 참여를 권장하고 잘 지원하는 어린이집은 부모들의 적극적인 협조를 얻어 낼 수 있으며, 부모들 또한 보육과 보육과정 운영에 대해 좀 더 구체적으로 이해하고 지속적으로 관심을 가지고 참여할 수 있도록 좋은 계기를 마련할 수 있게 될 것이다.

2. 어린이집과 지역사회 협력

지역사회 또한 자원이 풍부하다. 영유아들이 만날 수 있는 사람들이 있고 영유아들이 방문할 수 있는 장소가 있으며, 영유아가 관심 있어 하는 주제를 함께 나눌 수 있는 공간과 사람들이 있는 곳이 지역사회이다. 교사는 시야를 넓혀 교실 밖에서도 보육과정을 운영하기 위한 좋은 자원을 찾고 이를 연계할 수 있도록 노력해야 할 것이다.

1) 지역사회의 자원 파악

지역사회의 자원에는 물적자원과 인적자원이 있다. 물적자원은 지역사회 내의 기관이나 시설들을 의미하며 인적자원은 지역사회 내에서 일하는 모든 사람들이 여기에 해당된다. 물적자원의 경우는 영유아가 관심을 가지는 영역과 관련된 기관이나 시설에 직접 방문하여 그곳에서 일어나는 많은 일들을 조사하고 자료를 수집하는 등의 활동을 할 수 있는 자원이다. 여기에는 박물관, 은행, 시장, 미용실, 소방서, 우체국, 병원, 도서관 등이 해당된다. 교사는 영유아의 관심과 흥미에 따라 이러한 자원을 적극 활용함으로써 영유아들의 주제를 확장시키고 영유아가 적극적으로 참여할 수 있는 기회를 제공할 수 있게 된다.

2) 어린이집과 지역사회와의 협력 방안

(1) 지역사회 물적자원의 활용과 협력 방안

지역사회의 물적자원을 가장 잘 활용할 수 있는 방법은 견학이라 볼 수 있다. 견학이란 특별한 날에 아주 거창한 곳으로 다녀오는 것이라기보다는 영유아들의 진행주제와 관련되거나 흥미와 관심의 영역과 관련된 곳에 견학하고 궁금한 것을 물어보고 알아보는 활동이다. 그러므로 교사는 진행주제와 관련하여 영유아들의 경험의 폭을 넓혀 주고 좀 더 풍부하게 해 주기 위해서는 적절한 견학 일정을 잡아야 할 것이다.

예를 들어, 영유아들이 미용실에 대한 관심이 높아진다라고 했을 때 교사는 인근 미용실과 의견을 나누어 적당한 시간에 영유아들과 견학을 계획하고 실제 방문해 본다. 영유아들은 방문하기 전에 질문할 내용을 미리 정하고 방문했을 때 정중하게 자신들이 궁금한 점을 질문하고 조사하는 과정을 거친다. 이렇게 모아진 자료를 가지고 와서 자신들의 궁금증과 연결하여 자료를 정리하면 그 분야에 대한 다양한 지식과 심화된 지식과 정보를 얻는 셈이며 이는 나아가 다른 주제와 관심분야로까지 확장될 수 있다.

그림 6-5 지역사회 자연체험장을 활용하고 있는 유아

그림 6-6 지역사회 박물관을 방문한 유아들

그림 6-7 지역사회 마트를 방문한 유아들

(2) 지역사회 인적자원의 활용과 협력 방안

지역사회의 인적자원이란 지역사회 내에서 일하는 모든 사람이 속한다. 이들을 보육과정을 운영하는 데 포함시키고 지원을 받을 수 있다면 교사 혼자서 제공하는 경험보다 더 다양하고 풍부한 경험을 제공할 수 있을 것이다. 대표적으로 지역사회에서 일하는 특정분야의 사람들이 자원봉사자가 되어 어린이집의 보육과정 운영에 도움을 주는 것이다. 예를 들어, 영유아들이 책에 대한 관심이 높아질 때 도서관에서 일하시는 분이 직접 어린이집을 방문하여 영유아들과 함께 책에 관한 이야기를 나누거나 도서관의 다양한 책들을 소개해 주는 등의 역할을 수행할 수 있다. 또한 응급상황과 구조에 대한 관심이 높아질 때 지역사회의 구조대원이 어린이집을 방문하여 특별한 사례를 들려주기도 하고 구조대원의 역할에 대해 시범을 보여 주거나 하는 등의 역할을 하는 것이다. 이러한 자원봉사자는 자신의 전문분야와 관련하여 좀 더 생생하고 풍부한 정보를 줄 수 있으며, 영유아들의 반응도 대단해짐을 알 수 있다.

그림 6-8 지역사회 인적자원을 통해 자연체험을 하고 있는 유아

그림 6-9 지역사회 인적자원을 통해 직업과 하는 일에 대해 이야기 나누는 모습

이 외에도 지역사회에서 마련한 행사 등에 참여해서 영유아들이 즐거운 시간을 보내는 경우가 있다. 예를 들면, 구청에서 마련한 바자회에 참여하여 영유아가 안내

를 받고 자신이 원하는 것 등을 구입해 보는 등의 경험을 해 볼 수 있으며, 지역사회에서 마련한 축제나 공연 등에 영유아가 초대받아서 관람하는 등의 경험도 있을 수 있겠다.

PART III

영유아 보육과정

사랑반 이 교사는 오늘도 어김없이 하루일과를 마치고 영유아들의 놀이 상황을 기록하고 이를 지원하기 위한 계획을 세우고 있다. 현행 국가수준 보육과정과 영유아들의 놀이관찰을 바탕으로 사랑반 영유아들의 연령, 발달수준, 가정환경, 흥미, 장애 등을 반영하여 내일의 놀이지원을 계획한다. 어떻게 오전 놀이와 오후 놀이가 연계될 수 있을지, 보조인력이 있는지 없는지, 놀이공간이 실내인지 실외인지, 학기 초인지 말인지 등 일과를 운영하는 데 영향을 주는 다양한 요인을 고려하여 상황에 적합한 놀이지원 전략을 계획하고 놀이공간을 재구성하고 필요한 놀이자료를 준비한다. 이 교사는 이러한 보육과정의 계획과 운영을 통해 사랑반 영유아가 바람직한 지식, 기술, 태도 및 가치를 습득하고 심신이 건강한 아동으로 성장하기를 기대한다.

우리나라는 「영유아보육법」에 국가 수준의 '어린이집 표준보육과정'을 규정하고 있으며, 현재 제4차 어린이집 표준보육과정이 고시되어 적용되고 있다. 어린이집에서는 어린이집 표준보육과정의 보육목표와 내용에 기초하여 개별 어린이집의 영유아를 위한 구체적인 보육과정을 수립하여 운영할 수 있어야 한다.

Ⅲ장에서는 영유아들이 발달수준에 적합한 놀이와 활동을 균형 있게 경험함으로써 전인적 성장을 도모하도록 돕는 보육과정의 계획 및 실행, 평가에 대해 자세하게 알아볼 것이다.

학습목표

- 보육과정의 개념과 특성을 이해한다.
- 어린이집 표준보육과정의 구성과 내용을 이해한다.
- 효율적인 보육과정 운영을 위한 구체적인 방법을 습득한다.
- 영유아 보육과정 이해를 통해 바람직한 교사의 기본자질을 익힌다.

주요 용어

보육과정, 보육프로그램, 제4차 어린이집 표준보육과정

Chapter 07

보육과정의 개념과 특성

보육과정은 국가수준의 표준보육과정을 기초로 어린이집이 보육철학을 수립하여 영유아가 무엇을 어떻게 경험해야 할지를 조직하고 결정하는 것이다(보건복지부, 한국보육진흥원, 2020). 어린이집의 보육과정은 영유아가 경험하는 모든 것을 조직하는 행위이며, 영유아는 보육과정을 통해 발달수준에 적합한 보육내용을 균형 있게 경험함으로써 심신이 건강하게 성장하며, 바람직한 지식, 기술, 태도, 가치를 습득하게 된다. 7장에서는 보육교사로서 보육과정을 운영할 때 알아야 할 보육과정의 개념과 특성에 대한 전반적인 지식을 학습하게 될 것이다.

1. 보육과정의 개념

보육과정의 어원과 성격을 살펴봄으로써 보육과정을 정의하고 개념화할 수 있다.

1) 보육과정의 어원 및 개념

보육과정(curriculum)은 라틴어 '쿠레레(currere)'에서 차용해 온 개념으로, 쿠레레는 경마장에서 경주 말이 달려야 하는 경주로를 의미한다. 경주로에서 코치는 선수들이 소기의 목적을 달성하도록 훈련계획을 세우고 좋은 기록을 이끌어 낼 수 있도록 온 노력을 기울인다. 경주로에서 일어나는 일련의 과정은 어린이집에서 교사와 영유아 사이에서 일어나는 학습과정과 유사하다.

즉, 교사는 영유아들의 전인적 성장을 도모하기 위해 모든 보육경험을 체계적으로 계획하고 바람직한 행동을 이끌어 낼 수 있도록 온 노력을 기울인다. 이러한 과정에서 표 7-1과 같은 보육과정의 일반적 성격을 도출할 수 있다.

표 7-1 보육과정의 일반적 성격

구분	내용
계획적이다.	보육과정은 누가, 언제, 어디서, 무엇을, 왜, 어떻게 할 것인지에 관한 사전 준비 작업이 의도적으로 요구된다.
목적적이다.	보육과정은 합의된 목적이나 목표를 갖는다. 만약 분명한 목적이 설정되지 않는다면 보육의 방향성이 혼미해지고 교육적 가치를 판단할 수도 없게 된다.
공공성을 갖는다.	보육과정은 영유아, 부모, 사회가 기대하는 바람직한 행동을 이끌어 낼 수 있는 공공성을 갖는다.

보육과정의 어원과 보육과정의 일반적 성격을 반영하여 보육과정을 정의하면, 보육과정은 '영유아를 건강하고 안전하게 보호 · 양육하고 영유아의 발달특성에 맞는 교육을 제공하기 위한 보육의 기본설계도'이며, '영유아의 신체 · 인지 · 언어 · 사회 및 정서 발달을 증진시킬 수 있는 계획적이고, 목적적이며, 공공성이 있는 보육의 청사진'이라 할 수 있다. 쉽게 말하자면 보육과정은 '영유아의 전인적 성장과 발달을 돕기 위한 모든 종류의 보육 경험을 체계적으로 구성해 놓은 어린이집의 보육계획과 운영에 관한 설계도'라 할 수 있다. 건축가가 설계도를 토대로 건물을 짓듯이, 보육교사들은 보육과정을 토대로 영유아에게 의미 있는 보육경험을 계획하고 실행하며, 평가한다.

2) 보육과정과 보육프로그램

어린이집에서는 보육과정과 보육프로그램의 용어를 혼용하여 사용하는 경우가 많다. 그 이유는 보육과정과 보육프로그램이 같은 의미와 구성체계를 갖기 때문이다. 그러나 보육과정과 보육프로그램은 개념상 차이점이 있으며, 교사가 이러한 개념적 차이를 정확하게 이해한다면 좀 더 체계적으로 영유아를 위한 보육계획을 구성하고 운영할 수 있을 것이다. 먼저, 보육과정은 전인적인 인격체로서의 영유아를 위한 교육과정이며 현재 영유아가 살고 있는 문화권에 적합한 인간교육의 교육과정이다. 따라서 일반적이며 포괄적, 추상적, 장기적 접근이라 할 수 있다. 어린이집 표준보육과정이 보육과정의 대표적인 예이다. 이와 비교하여 보육프로그램은 국가수준의 보육과정의 바탕 위에 어린이집 단위별로 요구되는 특별한 성격의 교육과정이다. 보육과정의 한 형태이자 구체화된 현장 적용의 실천 사례이며, 협의의 보육과정이라 할 수 있다. 따라서 특수적이며 개별적, 구체적, 단기적 접근이라 할 수 있다. 특정 이론과 요구로 개발된 다양한 보육프로그램이 이에 해당된다. 표 7-2는 보육과정과 보육프로그램의 개념을 비교하여 정리한 것이다.

표 7-2 **보육과정과 보육프로그램의 개념 비교**

보육과정	보육프로그램
• 다양한 특성을 지닌 모든 영유아를 대상	• 어린이집의 특성 및 기관의 철학 등을 반영하여 그에 해당하는 영유아만을 대상
• 어떤 어린이집에서든지 적용될 수 있는 일반적이고 보편적인 원칙을 제시하며 이를 중시	• 어린이집 단위의 보육활동에서 요구되는 특징적이고 구체적인 원칙을 중시
• 영유아의 행복과 안녕, 가족복지를 위해 기본적이고 필수적인 보육의 대원칙을 제시	• 보육과정에서 제시한 대원칙을 토대로 어린이집의 특성을 적절히 살릴 수 있는 기관의 특성화 프로그램을 제시

어린이집에서는 이 두 가지 접근 중 어느 한 가지를 선택하는 것이 아니라 두 가지 접근 모두에 기초하여 운영되어야 한다. 즉, 보육교사는 모든 영유아를 대상으로 하는 일반적·포괄적·추상적 특성의 보육과정을 개별 어린이집과 영유아에게 적절한 보육프로그램으로 구체화하여 계획하고 운영할 수 있어야 한다.

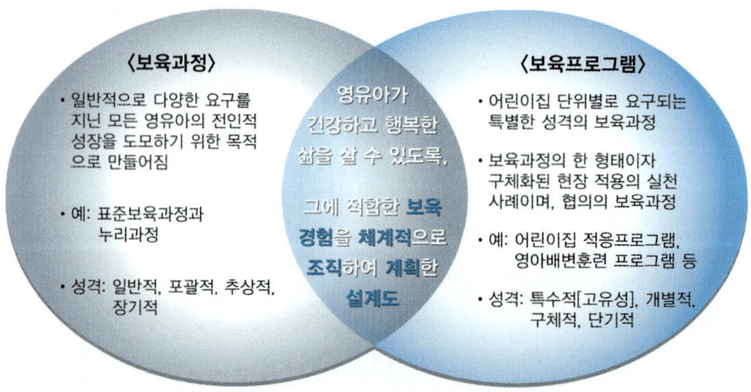

그림 7-1 **보육과정과 보육프로그램의 공통점과 차이점**

3) 보육과정의 중요성

건축가가 설계도를 토대로 건물을 짓듯이, 보육교사들은 보육과정을 토대로 영유아에게 의미 있는 보육 경험을 계획하고 실행하며 평가한다. 보육교사가 계획 없이 보육과정을 운영한다는 것은 무기 없이 전쟁터에 나가는 것과 같으며, 설계도 없이 집을 짓는 것과 같다고 할 수 있다. 질적인 보육을 위해서는 보육과정에 대한 계획을 수립하여 이에 기초하여 융통성 있게 보육과정을 운영하고, 적절성을 평가하여 그 결과를 다음 계획에 반영하는 순환적인 과정이 반드시 필요하다. 어린이집의 보육과정은 영유아가 경험하는 모든 것을 조직하는 행위이며, 어린이집에서 영유아가 경험하는 보육의 질은 보육과정이 어떻게 운영되는지에 따라 달라진다(보건복지부, 한국보육진흥원, 2020).

2. 보육과정의 특성

보육과정은 초등학교 이상 학교급의 교육과정과 차별화되는 특성이 있으며, 구체적으로 다음과 같은 특성을 가진다(박찬옥 외, 2015).

1) 양면성

보육과정은 보호와 교육의 두 가지 기능을 동시에 실현해야 하는 양면적 특성을 가지고 있다. 마치 동전의 양면처럼, 영유아를 위한 보호와 교육은 결코 분리할 수 없는 보육과정의 출발점이고 목표이며 내용이고 방법이다. 예를 들어, 영아교사는 영아의 기저귀를 갈거나 수유하면서 따뜻한 미소와 꼭 껴안아 주는 등 상호작용을 하면서 동시에 어제와 달라진 영아의 행동특성을 발견하고 적절한 지원을 하는 등의 교육적 역할을 한다. 박물관 견학 시 유아교사는 유아들이 과거와 현재, 미래를 엮는 관계적 사고와 함께 창의적 아이디어를 계발하도록 격려하는 교육적 역할을 하면서 예의 있고 안전하게 박물관 내부를 돌아보고 적절히 휴식과 간식을 취할 수 있도록 하는 등의 보호적 역할도 병행한다.

이처럼 영유아 보육에서는 보호와 교육의 구분은 적합하지 않으며 보육교사는 보호와 교육의 양면적 역할을 동시에 수행한다. 따라서 양면성의 특성을 반영하여 영유아 보유과정은 영유아 보호와 교육의 양면적 특성을 통합한 발달적 보육 또는 질적인 보육을 지향한다.

2) 기초성

보육과정은 생의 초기교육 및 보육으로서 다가올 학습과 영유아의 전인적 성장의 기틀을 마련하는 특성을 가지고 있다. 이는 지능의 50%가 4세 이전에, 80%가 8세 이전에 발달한다는 인지발달 측면과 영유아기가 각 생애 단계에 있어서 가장 비용효과가 크게 나타난다는 경제적 측면에서 생애 초기 기본학습능력의 중요성으로 이어져 세계 각국이 영유아 보육기회 평등, 기본학습능력의 보장 정책 등을 마련하게 하였다.

우리나라도 초등학교 교육과정과의 연계차원에서 영유아의 기본능력과 소양을 기르는 데 중심을 두고 2011년에는 5세 누리과정을, 2012년에는 3~5세 연령별 누리과정을 고시하여 2013년부터 3~5세를 위한 누리과정이 운영되고 있으며 0~1세 · 2세 보육과정과도 연계할 것을 강조하고 있다.

3) 포괄성

보육과정은 영유아 교육, 건강, 영양, 안전뿐만 아니라 부모참여 및 부모교육을 통한 가정지원을 포함하는 포괄적 특성을 가진다. 보육과정의 포괄성은 초등학교 이상의 교육과정과는 특히 차별화되는 특성이다. 이는 영유아가 건강하고 행복하게 성장·발달하는 데는 영유아만을 위한 보육으로는 한계가 있으며, 부모와의 협력 및 가정과의 연계를 통해 보육과정의 효율을 기할 수 있음을 의미한다.

현행 국가수준의 보육과정인 제4차 어린이집 표준보육과정에서는 영유아, 교사, 원장, 부모 및 지역사회가 함께 보육과정을 실현해 가는 것을 추구하며 가정과의 협력과 참여에 기반하여 운영할 것을 제시하고 있다(보건복지부, 2002). 이에 각 어린이집에서는 특수한 상황을 고려하여 가정통신, 전화면담, 부모상담, 어린이집 운영위원회, 수업참관, 일일교사, 자원봉사 등의 다양한 활동을 통해 가정과의 연계를 시도하고 있다.

4) 다양성

보육과정은 영유아의 연령, 발달수준, 장애여부, 기질적 성향 등의 개인적 특성뿐만 아니라 가족의 상황, 지역사회 조건 등에 따라 다양하게 구성되고 운영하여야 한다는 특성을 가진다. 실제로 표 7-3과 같이 다양한 기준에 의한 보육과정이 운영되고 있다.

표 7-3 다양한 기준의 보육과정 예시

기준	보육과정 예시
영유아 연령	영아반 보육과정, 유아반 보육과정 등
장애여부	완전통합, 부분통합, 역통합 보육과정 등
보육시간	(가족의 상황이 맞벌이부모, 한부모, 조부모, 다문화가정의 영유아인가, 아니면 요보호 상황의 영유아인가 등에 따라) 시간제, 반일제, 종일제, 연장제, 야간 및 24시간, 휴일, 방과후 보육과정 등
법에 의한 어린이집 유형	국공립 어린이집, 법인 어린이집, 민간 어린이집, 가정 어린이집, 직장 어린이집, 부모협동 어린이집(공동육아 어린이집) 보육과정 등

3. 보육과정의 구성요소와 구성 원리

1) 보육과정의 구성요소

보육과정은 보육목적과 목표의 설정–보육내용의 선정 및 조직–교수 · 학습방법–보육평가로 구성되며(Tyler, 1949), 보육목표–보육내용–보육방법–보육평가로 제시되기도 한다. 보육과정의 각 구성요소는 상호작용적, 순환적 관계로 제시되며, 이는 4가지 구성요소가 별개로 분리되어 구성되기보다는 서로 유기적으로 연결되어 순환되도록 구성해야 함을 의미한다. 즉, 보육목적과 목표를 설정하고, 설정된 보육목표를 달성하기 위한 보육내용을 선정 · 조직하고, 보육목표와 보육내용을 영유아에게 효과적으로 안내하는 최적의 보육방법을 모색한다. 그런 다음, 영유아의 행동 변화와 보육과정을 평가하고 그 결과를 다음 보육목표 설정 시 반영하여 보육과정이 상호작용적, 순환적 관계로 제시되도록 구성해야 함을 의미한다. 그림 7-2는 보육과정 구성요소와 관계를 나타낸 것이다.

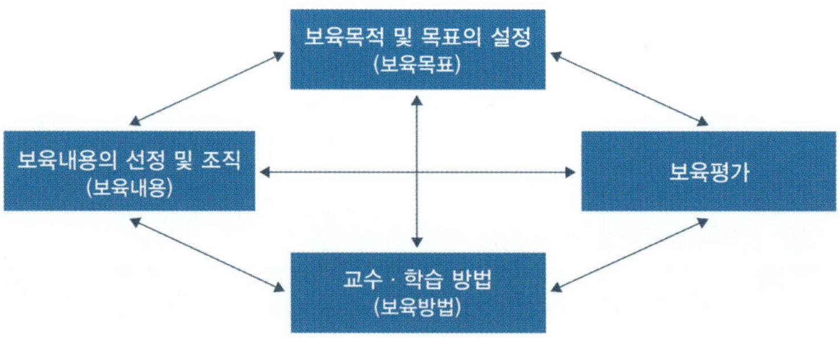

그림 7-2 보육과정 구성요소와 관계

'놀이를 통한 배움'을 강조하는 「제4차 어린이집 표준보육과정」은 교사가 미리 모든 것을 계획하여 그대로 실행하는 것을 지양하고 실행된 보육과정을 담는 것을 강조하여, 만들어진 보육과정이 아니라 만들어 가는 보육과정을 강조한다(교육부, 보건복지부, 2019). 이러한 이유로 타일러(Tyler)가 제시한 보육과정 구성원리대로 보육과정이 구성될 수도 있지만, 영유아의 놀이 및 흥미와 관심에 따라 다양하게 구성될 수도 있다. 즉, 교사가 미리 보육목표와 보육내용을 계획하여 제시할 수도 있으나, 영유아의 놀이는 교사가 계획한 대로 진행되는 것이 아니라 시시각각 변화하고 교사의 기대 이상으로 심화될 수 있으므로 영유아들의 놀이 진행 상황을 관찰 · 평가하고 이를 반영하여 보육목표와 보육내용이 새롭게 계획될 수도 있다. 이 경우 보육목표 설정이 보육과정 구성의 첫 번째 단계라기보다는 오히려 영유아들의 경험을 종합하는 마지막 단계로서의 의미가 더 강할 수도 있다. 따라서 교사는 보육과정의 형식적 구성에 구애됨 없이 영유아의 놀이 및 흥미와 관심에 따라 보육과정을 구성하고 실행할 수 있도록 보육과정 구성요소에 대한 이해를 명확히 할 필요가 있다. 이러한 의미에서 7장에서는 보육과정 구성에 도움을 주기 위해 타일러의 보육과정 구성체계에 따라 보육과정의 구성요소를 간략하게 알아보고자 한다.

(1) 보육목적 및 목표의 설정

일반적으로 보육을 수행하기 위한 보육과정 구성은 보육목적 및 목표를 설정하는 것에서 출발한다(박찬옥 외, 2020; 신동로, 2003; Tyler, 1949: 김경배 외, 2005에서 재인용). 보육목적 및 목표는 앞으로 나아가야 할 방향을 설정한 것으로, 설정된 목적과 목표에 따라 보육내용, 교수학습방법, 교사의 발문, 자료의 선정, 환경구성, 평가준비까지 전체 보육과정의 틀이 결정된다. 따라서 보육목적과 목표의 설정은 앞으로 일어날 보육과정의 방향을 잡아 주는 길잡이 역할을 하는 핵심적 · 기초적 기능을 한다고 할 수 있다. 교사는 보육목적과 목표를 분명하게 이해함으로써 효과적으로 보육과정을 구성하고 지속적으로 보육과정을 개선해 나가는 데 도움을 얻을 수 있을 것이다.

일반적으로 보육목적은 특정 집단이 교육에 대하여 가지고 있는 가치관을 표현한 것으로, 보육의 방향 또는 중점을 지극히 추상적이고 포괄적으로 진술한 것이다. 이와 비교하여 보육목표는 일반적으로 보육목적에서 도출되며 구체적인 행동지침을 제시하며 보육목적보다 구체적으로 진술된다. 어린이집 현장에서는 보육목적과 목표를 명확하게 구분하여 사용하지 않는 경우가 많으며 타일러 또한 보육목적과 목표를 혼용하여 사용하였다(김경배 외, 2005).

알아보기 **제4차 어린이집 표준과정의 목적과 목표**

표준보육과정의 목적은 영유아가 놀이를 통해 심신의 건강과 조화로운 발달을 이루고, 바른 인성과 민주 시민의 기초를 형성하는 데에 있다. 이를 실현하기 위한 목표는 다음과 같다.

가. 0~2세 보육과정 목표

1) 자신의 소중함을 알고, 건강하고 안전한 환경에서 즐겁게 생활한다.
2) 자신의 일을 스스로 하고자 한다.
3) 호기심을 가지고 탐색하며 상상력을 기른다.
4) 일상에서 아름다움에 관심을 가지고 감성을 기른다.
5) 사람과 자연을 존중하고 소통하는 데 관심을 가진다.

나. 3~5세 보육과정 목표

1) 자신의 소중함을 알고, 건강하고 안전한 생활 습관을 기른다.
2) 자신의 일을 스스로 해결하는 기초능력을 기른다.
3) 호기심과 탐구심을 가지고 상상력과 창의력을 기른다.
4) 일상에서 아름다움을 느끼고 문화적 감수성을 기른다.
5) 사람과 자연을 존중하고 배려하며 소통하는 태도를 기른다.

한편, 보육목적 및 목표는 보육철학, 학습자인 영유아, 사회문화적 요구, 보육과정 내용의 4가지 측면을 기초하여 설정된다. 우리나라 「헌법」에 제시되어 있는 국가 이념인 민주주의 철학과 「영유아보육법」에서 제시된 보육이념을 가장 상위에서 고려하여야 하며, 학습자인 영유아를 고려하여 보육목적 및 목표를 설정해야 한다. 그리고 현대사회의 사회적, 문화적 요구와 보육내용의 선정과 조직을 통해 달성될 수 있는지를 반영하여 보육목적 및 목표를 설정하여야 한다.

(2) 보육내용의 선정과 조직

보육의 목적과 목표를 설정한 후에는 이를 달성하기 위한 보육내용을 선정하여 조직한다. 어린이집에서는 영유아의 "행하면서 배우는(learning by doing)" 학습 특성 때문에 보육내용을 '보육활동'으로 더 많이 부른다. 보육내용 혹은 보육활동의 선정은 '무엇을' 가르칠 것인가에 대한 것이며, 보육내용 혹은 보육활동의 조직은 '어떤 순서로 가르칠 것인가'에 대한 것이다. 영유아가 어떤 내용을 어떤 순서로 경험하였는가에 따라 보육경험의 결과가 달라지기 때문에 보육내용의 선정 및 조직은 보육과정 구성에서 중요하다.

일반적으로 보육활동에는 주제에 대한 주요개념(지식), 기술, 태도 및 가치가 포함되며, 통합성의 원리에 의해 조직된다. 우리나라 국가수준의 어린이집 표준보육과정에 근거하여 보건복지부(2013)가 개발한 연령별 보육프로그램에서는 생활주제를 중심으로 영유아들이 의미 있는 경험내용을 통합적으로 조직하도록 권고하고 있다. 이에 따라 교사는 주제에 내포된 지식, 기술, 태도 및 가치를 통합적 · 반복적으로 경험하도록 놀이, 활동, 일상생활로 조직할 수 있다.

예 '개미 몸은 머리, 가슴, 배의 3부분으로 되어 있다'의 개념에 대한 보육내용 조직

- 언어놀이: 개미 몸에 대해 조사한 내용을 친구들과 함께 이야기 나누기
- 과학놀이: 실제 개미 또는 모형 관찰하기, 책이나 미디어를 통해 개미 몸 조사하기
- 신체놀이: 친구와 개미 부분 옷 입고 행진하기
- 미술놀이: 점토로 개미 만들기, 다양한 자료와 도구를 활용해 개미 그리기와 만들기

(3) 교수·학습방법

보육목표와 보육내용의 실천적 의미가 교수 · 학습방법에서 나타난다. 교수 · 학습방법은 보육과정의 효과를 극대화하기 위하여 영유아들로부터 학습동기를 이끌어 내거나 보육과정의 목표를 성취할 수 있도록 영유아들을 안내하는 매우 중요한 역할을 한다. 교사는 보육과정의 목적과 목표를 최적으로 달성하기 위하여 어떤 교수 · 학습방법을 사용해야 하는지를 숙고할 필요가 있으며, 보육과정의 목표와 내용, 영유아의 학습특성 등을 고려하여 최적의 교수 · 학습방법을 모색할 수 있어야 한다. 여기에서는 일반적으로 적용될 수 있는 영유아 교수 · 학습 원리와 영유아 교수 · 학습방법을 간략하게 알아보고자 한다.

① 영유아 교수 · 학습의 원리

- **놀이 중심의 원리**: 영유아는 놀이를 통해 배운다. 놀이는 지식 구성을 위한 탐색과 조작의 기회를 제공하며, 새로 습득한 기술과 지식을 자발적으로 연습할 수 있는 기회를 제공한다.
- **개별화의 원리**: 인간 발달과 학습은 영유아 개개인에 따라 다양하다. 따라서 보육과정 결정에서 있어서 가능한 한 개별화될 것을 요구한다.
- **탐구학습의 원리**: 영유아 자신의 감각을 통하여 현상을 직접 경험하고 스스로 탐색, 탐구하는 과정을 통하여 학습이 이루어진다.
- **생활중심의 원리**: 일상생활 속에서 일어나는 일들을 가치 있는 학습의 경험으로 연결시킨다.
- **통합의 원리**: 영유아들의 관심이 높은 주제를 선정하여 주제 중심의 활동이 영역별로 연결되도록 계획, 구성한다.

알아보기 NAEYC가 정리한 영유아 학습의 기본 원리(NAEYC, 1991)

NAEYC(1991)에서는 다양한 영유아 발달이론을 바탕으로 영유아 학습의 기본 원리를 다음과 같이 정리하여 제시하였다.

- 영유아는 신체적으로 욕구가 충족되고 심리적으로 안전하다고 느꼈을 때 가장 잘 학습한다. 발달에 적합한 보육과정에서는 영유아의 생리적 요구를 무시하기보다는 존중한다. 예를 들어, 바람직한 프로그램에서는 대부분의 시간을 영유아가 앉아서 성인의 강의를 듣거나 연습 지도를 하도록 요구하지 않는데 그 이유는 그러한 활동은 영유아의 신체적 욕구에 적합하지 않기 때문이다.
- 영유아는 환경과의 능동적인 상호작용을 통해 스스로 지식을 구성한다. 영유아의 능동적인 실험에서 중심이 되는 것은 많은 실수를 범하는 것이다. 성인이 보기에 틀린 이러한 생각들은 관계를 이해하고 자신의 경험에 기초하여 개념을 형성하고자 하는 영유아의 시도를 보여 주는 것이다.
- 영유아는 성인 및 다른 영유아들과의 사회적 상호작용을 통해 학습한다. 영유아의 건강한 발달은 타인과의 관계 속에서 시작된다. 부모-자녀의 관계는 어릴 때부터 영유아가 발달하고 학습해 가는 사회적 상호작용의 기초적인 예다. 영유아는 도움받을 수 있는 상황에서 어떤 것을 할 수 있으며, 그 후에 독립적으로 그리고 여러 상황에서 스스로 할 수 있게 되는 것이 학습의 원리다. 성인과 동료의 지원은 영유아로 하여금 독립적인 기능의 수준으로 발전해 갈 수 있도록 하는 데 필수적인 도움을 제공한다.
- 영유아의 학습과정은 인식에서 시작하여 탐색, 조사, 활용의 순환적인 주기를 따른다. 영유아가 무언가를 학습하려고 할 때 먼저 그 현상을 인식해야 한다. 그다음에는 탐색의 단계로 영유아가 활용 가능한 수단을 동원하여 학습하고자 하는 내용의 요소를 알아보는 것이다. 조사는 영유아가 자신의 행동이나 개념을 사회에서 관찰한 것과 비교하고 분석해 가는 과정이다. 활용은 영유아가 배운 것으로 새로운 상황에 적용시키는 것이다.
- 영유아는 놀이를 통해 배운다. 놀이는 지식 구성을 위한 탐색과 조작의 기회를 제공하며, 새로 습득한 기술과 지식을 자발적으로 연습할 수 있는 기회를 제공한다. 또한, 놀이는 영유아의 창의력을 발달시킬 수 있으며, 다른 사람과 놀이하는 과정에서 다른 사람과의 상호작용 방법과 감정을 조절하고 문제를 효과적으로 해결하는 방법을 배울 수 있다.
- 영유아의 흥미와 '알고자 하는 요구'는 학습을 자극한다. 영유아는 자신의 능력을 연습하고 자신의 경험을 이해하고자 하는 요구를 가지고 있다. 교사는 영유아에게 흥미를 자아내고 영유아의 흥미에 기초한 활동은 학습에 대한 내적 동기를 제공한다. 영유아의 흥미 그리고 알고자 하는 내적 동기에 기초한 보육과정은 창의성, 호기심, 주의력, 근면성, 능

률성과 같은 바람직한 성향과 느낌을 발달시키고 촉진한다.

- 인간 발달과 학습은 영유아 개개인에 따라 다양하다는 것이 그 특징이다. 이제까지 영유아라는 용어를 사용하면서 서술된 앞의 학습에 대한 가정은 마치 모든 영유아에게 똑같이 적용되는 일반화된 이론같이 보인다. 그러나 분명한 것은 어떠한 발달과 학습도 개인의 다양성 원리를 벗어날 수 없다는 것이다. 각 개인은 학습 형태뿐 아니라 성장과 발달에 있어서도 개별적인 형태와 시간, 속도를 갖는다. 또한, 개인의 사회문화적 배경도 다양하다. 이와 같은 개인적이며 다양성에 대한 인식은 교육과정 결정에 있어서도 가능한 한 개별화될 것을 요구하게 된다.

② 교수 · 학습방법

- **설명:** 교사가 교육내용을 영유아에게 일방적인 설명으로 전달하는 방법으로, 주로 대부분의 내용을 교사의 언어적 표현에 의존하여 대부분의 내용을 전달하게 되므로 교사의 입장에서 손쉽고 경제적이다. 그러나 구체적인 경험의 세계가 제한적인 영유아들의 경우 교사가 전달하는 지식을 피상적으로만 받아들일 수 있으며, 수동적으로 앉아서 듣기만 하기 때문에 수업에 흥미를 갖기 어려울 수 있다.
- **시범:** 영유아들이 배워야 할 기술이나 절차, 행동 등을 직접 보여 주고 관찰하게 하는 것으로, 영유아가 직접 활동하기보다는 누군가의 행동을 관찰하게 하는 방법이다. 영유아들의 직접 경험은 제한적일 수 있으나 동작교육이나 기본생활습관지도 등의 일정한 순서와 행동방법이 정해져 있어서 영유아들이 누군가로부터 배워서 따라 해야 하는 보육내용에 적합하다.
- **자기표현:** 영유아가 자연적인 발달 또는 의도적인 교수 · 학습의 결과로 얻게 된 느낌과 생각을 다양한 활동 형태로 표현하는 교수 · 학습방법이다. 자기표현의 방식으로는 행동적 표현(역할놀이, 구성 놀이, 게임, 신체표현 등), 조형적 표현(그리기, 만들기, 꾸미기, 전시하기 등) 및 언어적 표현(감정을 말로 표현하기, 문제해결 방안을 말로 표현하기, 지식을 이야기 나누기 등)이 있다.

- **문제해결 방법**: 영유아가 일상생활에서 부딪히는 문제상황으로는 신체 · 정서 · 대인관계 · 물리적인 것 등이 있으며, 이를 해결하기 위해서 문제인식, 정보수집 및 분석, 해결방법 선정 및 적용, 해결방법에 대한 평가가 이루어질 수 있다.
- **구성주의 방법**: 구성주의 방법을 활용하는 교사는 영유아에게 의도적으로 무엇인가를 가르치려고 하기보다는 놀이를 통해 영유아 스스로 학습의 의미를 발견하도록 도우며, 학습이 일어날 수 있는 환경과 적절한 상호작용을 제공한다. 영유아는 준비된 환경에서 자신이 가지고 있는 사전 개념을 적용하여 환경을 이해하려고 하기 때문에 시행착오를 할 수도 있다. 구성주의 교수 · 학습 방법의 첫 단계는 영유아의 사전지식을 알아보는 것이다. 영유아는 자신의 사전지식을 가지고 문제 상황에 접근하여 직접 경험과 반성적 사고를 통해 문제를 탐색한다. 여기서 영유아는 영유아 나름의 의미 있는 설명을 만들고, 명료화하면서 이해도를 넓히고 새로운 상황에 적용한다.

(4) 보육평가

보육평가는 어린이집에서 영유아의 전인적 발달과 성장을 돕기 위해 계획한 보육과정 전반에 대한 실현 정도를 알아보고 이를 바탕으로 다음 보육과정을 계획하는 데 필요한 정보를 수집하고 가치판단하는 모든 과정으로 보육과정을 구성하여 실제로 운영하고, 그 결과를 확인해 보는 일련의 과정이라 할 수 있다. 국가수준의 보육 · 교육과정인 제4차 어린이집 표준보육과정과 2019 개정 누리과정에서는 보육과정의 질을 진단하고 개선하기 위해 평가를 계획하고 실시해야 하며, 평가의 목적에 따라 적합한 방법을 사용하여 평가하고, 평가의 결과는 영유아에 대한 이해와 보육과정 운영 개선을 위한 자료로 활용하도록 하고 있다. 이러한 과정을 통해 보육과정은 순환될 수 있다.

일반적으로 보육평가는 영유아 평가와 보육과정 평가로 크게 나누어 실시된다.

영유아를 평가하는 일은 영유아가 지금 무엇을 하고 있으며 어떤 지식과 기술을 가지고 있는지 확인하여 영유아에게 적합한 보육과정을 계획하고 운영하기 위함이다. 보육과정 평가는 보육과정의 구성요소인 보육목표, 보육내용, 교수·학습방법, 보육평가에 대한 평가를 의미한다. 보육평가의 결과는 어린이집 보육교직원의 역할과 교수방법을 점검하게 하여 보육교사의 전문성을 높이고, 자질을 향상시키는 데 사용되며 다음 연도의 보육과정 수립에 반영된다.

보육평가에 대한 자세한 설명은 V부에서 이어진다.

2) 보육과정의 구성 원리

보육과정 구성 시 고려해야 할 원리에는 적기성의 원리, 적합성의 원리, 연속성의 원리, 계열성의 원리, 통합성의 원리, 영유아 중심의 원리가 있다(백혜리 외, 2013; 보건복지부, 1997; 서울시, 1997).

(1) 적기성 원리

영유아기는 인간의 생애 중에서 가장 급속한 발달이 이루어지는 시기이다. 따라서 양적, 질적 측면에서 그 차이가 매우 급격히 이루어지므로 각 발달 시기에 적절한 보육이 이루어질 수 있도록 세심한 배려가 있어야 한다. 이를 위해 시기별로 발달의 특성을 이해하고 시기별의 대표적인 발달 특징을 제시하여 적기에 보육 경험을 제공하여야 한다.

(2) 적합성 원리

영유아가 어린이집에서 경험하는 보육의 내용은 영유아에게 의미가 있는 적합한 보육경험과 내용이어야 한다. 이를 위해 영유아를 위한 보육과정은 영유아의 발달적 특성에 기반을 두고 구성되어야 한다.

(3) 연속성 원리

영유아 보육과정의 내용은 다른 발달적 단계의 보육내용과 자연스럽게 연결되어야 한다.

(4) 계열성 원리

보육과정의 내용을 조직함에 있어 가장 핵심적인 요소는 현재 영유아의 수준에서 시작하는 것이다. 이를 위한 영유아를 위한 보육의 내용은 이미 알고 있는 내용에서 앞으로 알아야 할 내용으로, 친숙한 내용에서 덜 친숙한 내용으로, 쉬운 내용에서 어려운 내용으로, 간단한 내용에서 복잡한 내용으로의 순서로 제시되도록 구성하여야 한다.

(5) 통합성 원리

어린이집에서는 초등학교 이상의 교육기관에서 활용하고 있는 분리된 교과형태가 아니라, 영유아들에게 의미 있는 상황 속에서 흥미로운 주제, 단원, 프로젝트를 중심으로 보육과정을 조직하는 통합적 접근방법을 활용한다. 통합적 접근은 보육과정의 다양한 영역의 내용, 개념 등을 전체적인 경험으로 제공할 수 있도록 조직하는 접근방법을 의미한다. 활동을 전개할 때에는 순서가 없고 영유아들의 관심과 정보, 사고의 전개에 따라 내용과 내용들이 서로 넘나들 수 있는 특징을 가진다. 영유아들은 통합적 접근을 통해 보육과정의 내용들을 복합적 · 반복적으로 경험해 나가면서 주제(혹은 단원, 프로젝트)에 내포되어 있는 의미 있는 지식, 기술, 태도를 형성한다.

보육과정의 통합적 접근은 영유아들에게 의미가 있는 상황 속에서 개념을 제시하지 않고 분리된 교과형식으로 가르친다면 영유아들이 개념을 이해하기가 어렵다는 것을 기본 가정으로 한다. 즉, 영유아는 자신의 흥미와 다르거나 자신의 삶과 분리된 지식에는 관심을 보이지 않으며, 교과를 분리된 형태로 학습하지도 않는다.

영유아는 자발적인 놀이와 활동을 통해 다양한 영역의 지식을 탐구하고 발견한다. 예를 들어, 크고 작은 통에 작은 물건을 담고 쏟기를 반복하던 영아는 통의 크기에 따라 들어가는 물건의 수와 소리가 달라진다는 것을 알게 되고 많은 양의 물건을 담기 위해서는 큰 통을 선택할 수 있게 된다. 보육과정의 통합적 접근 없이 지식, 기술, 태도를 수용하고자 한다면 영유아들은 단순한 기계적 학습자가 되고 말 것이다.

우리나라 국가수준의 어린이집 표준보육과정도 이러한 통합적 조직을 지향하며 이에 근거하여 보건복지부(2013)가 개발한 연령별 보육프로그램에서는 생활주제를 중심으로 영유아들이 의미 있는 경험내용을 조직한 것을 볼 수 있다.

(6) 영유아 중심의 원리

보육과정은 보육의 대상인 영유아 중심으로 구성되어야 한다는 영유아 중심 보육과정의 원리가 있다. 이 구성 원리에는 영유아에 대한 관점, 영유아와 환경과의 관계, 학습과 발달에 대한 관점 등이 포함된다.

① 영유아에 대한 관점

- 영유아는 자신 또는 보호자의 성, 연령, 종교, 사회적 신분, 재산, 장애 및 출생 지역 등에 따른 어떠한 종류의 차별도 받아서는 안 되며 인간으로서의 존엄성을 지녀야 한다.
- 모든 영유아는 어떤 상황이나 환경에서도 자신의 발달과 경험을 스스로 구성해 갈 수 있는 능력이 있다.

② 영유아와 환경과의 관계

- 환경은 영유아의 발달에 적합하고 우리나라 사회문화에 적합하며 개별적 흥미가 고려될 때 영유아에게 더 바람직한 영향을 미친다. 또한 영유아의 성장과 경험에는 가족뿐 아니라 보육 환경, 보육교사, 또래, 지역사회 구성원 등

여러 요인이 중요한 영향을 미친다.

- 질적으로 우사한 교사는 자연스런 상황에서 영유아에게 다양한 경험 기회를 제공하고 편안하고 안전하게 보호하며 영유아가 또래나 교재교구들과의 상호작용을 통해 새로운 지식이나 기술을 습득할 수 있도록 세심한 관찰로 개별적으로, 민감하게 지원하는 역할을 한다.
- 영유아에게 구체적 사물이 제공되어야 하고 경험과 체험이 강조되어야 한다.

③ 학습과 발달에 대한 관점

- 보육과정은 영유아의 발달수준에 적합해야 한다. 그리고 보육과정은 영유아의 연령, 성별, 특성에 따른 발달적 차이와 개인차를 고려해야 한다. 영유아는 자신의 학습속도와 기질, 상황, 사전 경험, 환경에 따라 개인차를 나타내며 이러한 개인차를 고려해 줄 때 자신의 잠재력을 최대한 발휘한다.
- 보육과정은 영유아의 발달적 요구를 충족시켜야 한다. 보육과정은 활동, 자극, 영양, 휴식, 섭식 등에 대한 영유아의 생물학적 욕구를 충족시켜야 하며 영유아의 신체적 안전 및 심리적 안정감을 도모해야 한다. 그리고 영유아의 발달은 신체, 인지, 언어, 사회, 정서 측면이 상호 연관되어 다차원적으로 관련되며 발달하므로 한 영역의 발달이나 경험만을 강조해서는 바람직한 성장과 발달을 이룰 수 없다.

4. 보육과정 운영

「영유아보육법」과 표준보육과정에서 보육과정 운영의 공통 기준을 제시하고 있다. 「영유아보육법」에서는 영유아의 이익을 최우선으로 고려하여 보육을 제공해야 하며, 영유아는 어떠한 차별도 받지 않아야 한다고 명시하여 영유아의 권리를 최우선으로 할 것을 제시하고 있다. 국가수준의 표준보육과정은 영유아의 권리를 존중하는 영유아 중심, 영유아에게 가장 적합한 배움의 방식인 놀이 중심을 강조하고, 일상생활을 하는 영유아의 개별 특성인 고유성을 존중하는 보육을 제공하도록 하고 있다. 또한 어린이집에 질적인 보육의 공통 기준을 제시하되 어린이집의 특성을 존중하여 보육과정 운영의 자율성도 강조하고 있다. 따라서 어린이집은 표준보육과정을 기초로 보육철학을 수립하여 자율적이면서도 질 높은 보육과정을 운영하여야 한다(보건복지부, 한국보육진흥원, 2020).

1) 보육과정의 운영 계획

어린이집은 국가 수준의 보육과정인 표준보육과정을 바탕으로 각 기관의 실정에 따라 적합한 계획을 수립하여 운영하여야 한다. 계획안에는 교사가 어린이집과 반 수준에서 영유아의 놀이를 지원하기 위해 필요한 사항을 미리 생각하여 준비하는 모든 과정이 포함될 수 있다. 일반적으로 어린이집에서 보육과정 운영 계획을 세울 때는 1년 동안 이루어지는 연간 보육계획, 월 단위의 월간 보육계획, 주 단위의 주간 보육계획, 하루 단위의 일일 보육계획으로 구체화된다.

그러나 2020년에 개정되어 고시된 현행 국가수준 보육과정인 「제4차 어린이집 표준보육과정」에서는 계획안 수립에 있어서 어린이집과 교사의 자율성을 강조하였다. 어린이집은 각 기관의 보육철학, 가정과 지역사회의 특성, 영유아의 요구 등을 반영하여 자율적으로 계획을 수립할 수 있다. 예를 들어, 어린이집 수준에서 매년 작성하는 연간 계획 이외에 월간과 주간, 주간과 일일 계획을 통합하거나 어린이집 및 반의 특성에 따라 간단한 일지 등을 활용하여 계획안을 작성할 수 있다(보건복지부, 2020). 이에 어린이집 평가제(보건복지부, 한국보육진흥원, 2020)에서는 어린이집의 특성을 반영하여 보육철학을 수립하고, 표준보육과정을 기초로 연간보육 계획을 수립한 후 어린이집의 특성에 맞춰 반별로 월간, 주간, 일일보육계획안 중 한 가지를 수립하도록 안내하고 있다. 이전과 비교해 보면 보육계획은 융통성이 높으며, 배움과 경험의 통합, 자율성을 강조하여 구성되기 때문에 기존의 문서양식보다 간소화되고 통합적인 특성을 보인다.

다음은 2019 개정 누리과정의 놀이실행자료(교육부, 보건복지부, 2019)에서 제시하고 있는 교육 · 보육계획안 작성의 안내로, 개별 어린이집에 공통적으로 적용될 수 있는 지침을 제공한다. 교사는 이를 참고하여 기존에 활용하였던 연간, 월간, 주간, 일일 계획안을 어린이집 및 반의 특성에 맞게끔 계획안의 종류나 형식, 분량을 자율적으로 조정하여 통합하거나 선택적으로 활용할 수 있다.

(1) 연간 보육계획

연간 보육계획은 개정 누리과정에서 추구하는 인간상, 기관의 철학, 지역사회의 특성, 개인 수준의 다양성을 고려하여 자율적으로 수립할 수 있다. 연간 보육계획은 반 차원보다는 기관 차원에서 수립하는 것이 일반적이며 일년 간의 중요한 경험(예: 기관 적응, 계절, 명절, 그 해의 특별한 국가적 행사, 기관 행사, 진급 등)을 미리 염두에 두고 계획한다. 연간 보육계획은 한 학급에서만 공유되는 것이 아니라 기관 전체의 구성원이 공유하는 자료이므로 기관 차원에서 연간 보육계획을 검토해야 한다. 또한, 영유아에게서 발현되는 놀이 주제가 학기를 진행하는 동안 즉각적으로 반영될 수 있도록 여지를 남기고 연간 보육계획을 작성한다. 보육과정은 영유아와 교사가 함께 '만들어 가는 보육과정'이기 때문에 연간 보육계획이 수립되었다 하더라도 영유아들의 놀이 경험에 따라 시기와 기간 등이 바뀔 수 있다.

표 7-4 연간 보육계획의 예시

월	주제	실제 진행된 주제	행사
3	어린이집과 친구		오리엔테이션
4	봄	나비	체력측정1
4~5	동식물과 자연	꽃	봄소풍
5	나와 가족	나의 꿈	가족참여수업 부모상담
6	우리 동네	동네 한 바퀴	
6~7	건강한 안전	더위	안전교육
7	여름	아이스크림	원내 여름캠프
7~8	교통기관	물놀이	안전교육 자전거 면허시험
8~9	우리나라	여행	민속의 날 행사
9	세계 여러 나라	추석	안전교육
10	가을과 열매	우리나라 음식	가을소풍
11	환경과 생활	단풍잎	안전교육
12	겨울과 놀이	메리 크리스마스	부모상담 구세군
1	생활도구	하얀 눈	안전교육 체력측정 2
2	형님이 되어요		수료식

출처: 어린이집 표준보육과정 4세 보육프로그램(보건복지부, 2013)에서 제시된 연간 보육계획을 수정·보완.

(2) 월간, 주간, 일일 보육계획

월간, 주간, 일일 보육계획은 기관과 교사의 필요에 맞게 형식이나 분량이 자율적으로 구성될 수 있다. 월간, 주간과 일일 보육계획을 모두 수립하여야 하는 것은 아니며 하나만 선택하여 작성할 수도 있다. 개정 표준보육과정은 교사가 영유아의 경험을 미리 조직하기보다 영유아의 놀이를 관찰하고 이를 지원하는 방식을 제안한다. 영유아의 놀이는 교사가 계획한 대로 진행되는 것이 아니라 시시각각 변화하고 교사의 기대 이상으로 심화될 수 있기 때문에 모든 놀이지원 계획을 미리 수립하기는 어렵다. 교사는 매일 진행된 영유아의 놀이를 기록하고 다음 날 지원할 내용을 간단히 계획할 수 있다. 매주 혹은 유아의 놀이 주제에 맞추어 지원 계획을 수립할 수도 있다. 계획안의 양식과 내용, 작성주기는 각 기관의 실정과 철학, 반의 상황 및 교사의 신념을 고려하여 자율적으로 결정하면 된다.

기존에 계획안을 자유선택활동, 대·소집단활동, 바깥놀이 등을 포함하는 정해진 형식에 맞추어 기술해 왔다면 개정 표준보육과정에서의 계획안은 영유아가 실제 놀이한 내용 및 놀이를 지원하는 내용을 포함하되 자율적인 형식으로 바꾸어 볼 수 있다. 이것은 영유아가 실제 경험한 놀이 내용과 그에 따른 교사의 놀이 지원 계획을 기술하는 형식으로, 기존의 방식에 비해 사전 계획을 최소화하여 계획을 수립한다는 특징이 있다. 교사는 필요에 따라 안전과 관련된 사항, 영유아 특성에 따라 개별적으로 지원해야 하는 사항 등을 계획할 수 있다. 또한 어린이집에서 배부하는 계획안은 영유아가 활동할 내용을 미리 계획하여 안내하는 방식에서 영유아가 실제 놀이한 내용과 배움에 대한 기록을 공유하는 방식으로 변화할 수도 있다.

교사는 계획안을 자율적으로 작성하고 사전 계획을 최소화함으로써 영유아가 주도하는 놀이를 적극적으로 지원할 수 있다. 단, 자율적인 계획 수립의 의미를 계획안을 작성하지 않아도 된다거나 단순히 업무를 줄이는 방식으로 이해하지 않도록 유의해야 한다.

표 7-5 놀이실행 및 지원을 기록한 주간 보육계획의 예

주제	우리 동네	목표	내가 살고 있는 곳에 대해 궁금한 것을 알아본다.
요일	실행		지원
…	…		…
목	• 교실 한 켠에 있는 지도에 대해 관심을 가지고 가장 빨리 가는 길에 대한 대화를 나눔.		• 인터넷을 활용하여 유아가 지도를 잘 볼 수 있도록 지원함.
금	• 인터넷으로 본 지도를 보며 그림으로 길을 표상함. • 교실에 있는 종이가 작다고 하면서 점점 더 큰 크기의 종이를 요청함.		• 더 큰 종이 제공함: 도화지 → 4절지 → 전지 → 전지 이어 붙여서 그림 그리기

월	• 지난주 금요일에 이어 길을 그림으로 표상함. 그림에서 일반도로뿐 아니라 다양한 길(예: 지하철, 고속도로 등)에 대한 표상이 나타남. • 종이를 이어 붙이는 것의 불편함과 더불어 이어 붙인 종이 위에 올라가서 그림을 그리자 다시 그릴 공간이 좁아지는 상황이 벌어짐.	• 문제 해결 방법에 대해 유아들과 토의하였고 복도에 나가서 그림을 그리기로 결정함. • 종이는 계속 이어 붙이기 어려워 바닥에 그림을 그리면 좋겠으나 바닥을 훼손하면 안 되므로 다음 날 교사와 함께 자료실에 가서 바닥에 그리기 적절한 그리기 도구가 있는지 찾아보기로 함.
화	• 자료실에 가서 바닥에 그리고 지우기 적절한 그리기 도구를 찾다가 우연히 테이프를 발견하고 테이프로 길을 만들자고 함. • 유아가 선택한 자료인 테이프로 유아는 복도에서 길을 만들기 시작함.	 • 교사와 유아가 함께 자료실에 가서 유아가 선택한 자료(절연 테이프)를 제공함. • 교실 외 놀이공간(복도) 활용함.
수	• 복도에서 이어서 놀이함. 길이 더 길어지고 커짐. • 색테이프를 요청함. • 테이프로 벽에도 표상을 시작함. 노랑-고속도로 파랑-1호선 초록-2호선 빨강-3호선 "아파트는 바닥×. 서 있잖아."	• 벽까지 올라가서 어떻게 다 떼어 정리하나 걱정도 되었지만 유아들의 놀이를 지켜보기로 함. • 요청에 따라 다양한 색깔의 테이프 추가 제공함. • 테이프로 만든 길 위에 입체적으로 동네를 구성할까 싶어 종이벽돌블록과 소품 일부를 제시해 보았음.
목	• 제시한 블록, 소품에 관심을 보이지 않음. 오로지 테이프로만 길 만들기에 집중함. • 복도도 테이프길로 거의 꽉 차고, 멈춰야 되는지 다른 공간으로 길을 확장해도 괜찮은지 묻기 시작함. • 유아들과 토의 후 계단, 강당까지 가기로 함. • 길/미로/경사로 관련 대화가 오감.	• 유아가 안전하게 놀이하도록 교사도 전체를 관찰하지만, 평소 놀이하던 공간이 아니고 다른 학급의 유아들도 오가는 공간이므로 안전하게 놀이할 수 있도록 안전에 대해 짧게 이야기를 나눔. • 유아들의 의견을 받아들여 복도에서 계단, 강당까지 기관 전체로 이어서 놀이하는 것으로 함.
금	• 테이프로 길 만드는 유아들이 줄어들고, 복도나 계단에서 길 만들기 놀이를 하기보다는 뛰어다니는 유아들이 많아짐. • 테이프를 떼어 정리하는 과정에서 돌돌 말린 테이프가 공처럼 되었고 테이프 공은 다시 유아들에게 새로운 놀잇감으로 보이기 시작함.	• 길 만들기 놀이에 대한 관심이 줄어들었음. • 정리도 유아와 함께 진행함. 정리하는 과정에서 새로운 놀이자료(테이프 공)를 발견함. • 테이프 공 활용하여 놀이할 수 있는 방법을 유아들 스스로 창안하기 시작함.

출처: 교육부, 보건복지부(2019: 108).

표 7-6 놀이계획과 실행을 함께 기록한 주간보육일지 작성 사례

일지 작성 tip

주간보육계획을 활용하되, 계획과 실행 기록을 통합하여 작성함

❶ 놀이 시간에 정리 및 전이 시간이 포함되므로 이를 고려하여 충분한 놀이시간을 확보 · 실시하고 계획된 놀이와 우연히 일어난 놀이 등의 실행(파란색으로 표시)을 중심으로 간단히 기록
❷ 낮잠 후 자연스럽게 실시되는 놀이를 실내외 구분 없이 기록
❸ 실행된 놀이에 대한 간단한 평가와 일과계획에서 그날 변동된 시간 등을 기록
❹ 한 주의 놀이평가를 바탕으로 다음 주 예상 놀이와 지원 계획 및 특이사항을 간략히 기록

보 육 일 지 (만○세)

담임	원장

기간	년 월 일 ~ 월 일				
일과(시간)	계획 및 실행				
	월	화	수	목	금
등원 및 통합보육 (7:30~9:00)					
오전간식 (9:00~9:20)					
❶ 오전 실내놀이 (9:20~10:40)	[데굴데굴 자동차를 굴려요] - 여러 가지 자동차와 자동차 사진을 준비함 • 자동차 굴리기에 관심을 보이며 여러 유아가 함께 자동차 굴리기를 함				
		[도로에서 볼 수 있는 것] - 신호등, 표지판 등 도로에서 볼 수 있는 교통관련 사진과 소품을 준비함 • 산책활동에서 살펴 본 신호등, 표지판을 만들어 도로 꾸미기 놀이를 함			
			[여러 가지 길] - 여러 가지 길을 만들 수 있는 블록 등을 준비함 • 블록을 높이 쌓아가며, 터널, 오르막, 내리막길 등에서 여러 가지 길에서 자동차 굴리기를 함(다양한 길에 관심을 보임)		
활동 (10:40~11:00)	-	【교통안전교육】 신호등을 보고 건너요	내가 만든 자동차를 소개해요	-	자동차길을 만들 때 조심해요
바깥놀이(대체) (11:00~12:20)	놀이터에서 자동차 굴리기, 산책하며 자동차길 살펴보기 (대체놀이 : 유희실, 복도에서 나동차 굴리기) 놀이터에서 자동차 굴리기를 하더니 산책을 통해 살펴본 자동차길을 구체적으로 만들어 놀이함				
점심식사 (12:20~13:20)	- 골고루 먹기 *유아들의 식사량이 크게 늘어남				
낮잠 및 휴식 (13:20~14:20)	- 조용한 음악을 들으면서 휴식을 취하거나 낮잠이 필요한 유아들은 낮잠 자기 • 미술영역에서 종이접기를 하며 휴식을 취함				
❷ 오후 놀이 (14:20~15:40)					
오후간식 (15:40~16:00)					
귀가 및 통합보육 (16:00~17:00)	- 자유롭게 놀이 후 순차적으로 귀가하기				

❸ **놀이 평가 및 다음날 지원계획**

월	화	수	목	금
한 유아가 자동차 굴리기를 하자 아이들이 점차 친구에게 관심을 보이며 주변으로 모여 놀이가 시작되었다. 자동차를 바닥에 굴리며 놀이하다가 블록으로 길을 만들어 그 위에서 움직이는 것으로 놀이가 변화하더니 놀이터에서도 자동차 굴리기가 계속되었다. 다양하고 넓은 공간에서 놀이해 볼 수 있도록 실외에서도 진행해보아야겠다.	미세먼지로 인해 실외놀이가 어려워 유희실에서 대체놀이가 진행되었다. 그에 따라 실내놀이 시간을 20분(9:20~11:00) 확대하고 바깥놀이 시간에 대체한 유희실 놀이는 1시간(11:20~12:20)으로 조정하여 진행하였다. 내일 미세먼지 수치가 낮아지면 충분한 바깥놀이 기회를 제공해주어야겠다.	오늘은 미세먼지 수치가 낮아져서 어제 하지 못한 바깥놀이를 1시간 30분(10:50~12:20)으로 조정하여 진행하였다. 확장된 실외 공간에서 자동차 길을 만들며 안전문제가 발생하기 시작함에 따라 안전하게 놀이할 수 있는 방법에 대해 유아들과 이야기를 나눌 필요가 있겠다.		

❹ 다음 주 예상 놀이 및 지원 계획	다음 주에는 계절에 맞는 놀이로 변경하여 진행하고자 한다. 날씨가 추워진 만큼 겨울이 다가왔음을 알고 유아들과 함께 겨울에 대해서 알아보며 관심을 가질 수 있도록 계획해야겠다. 그러나 이번 주까지 자동차 놀이에 관심을 많이 보인 만큼 유아들의 자동차 놀이에 대한 흥미가 지속된다면 관련 놀잇감을 계속 제공해 주고 유아들의 흥미가 줄어들면 정리해야겠다.
반 운영 특이사항	안전사고: ○○○ 바깥놀이 시 넘어져서 찰과상으로 소독 후 처치함

출처: 보건복지부, 중앙육아종합지원센터(2020).

표 7-7 일과를 일상생활, 놀이, 활동으로 구분한 보육일지 작성 사례

일지 작성 tip

일과를 일상생활, 놀이, 활동으로 구분하여 계획 및 실행 내용과 지원 계획을 작성함

❶ 놀이 시간에 정리 및 전이 시간이 포함되므로 이를 고려하여 충분한 놀이시간을 확보 · 실시하고 계획된 놀이와 우연히 일어난 놀이 상황을 기록

❷ 실행된 놀이에 대한 간단한 평가와 다음 날 지원 계획 및 반 운영 특이사항(부모면담, 안전사고, 감염병 발생 등)을 간략히 기록

<table>
<tr><td colspan="3">일 일 보 육 일 지 (만○세)</td><td rowspan="2">결재</td><td>담임</td><td>원장</td></tr>
<tr><td colspan="2">날 짜</td><td>년 월 일 ( ) 날씨:</td><td></td><td></td></tr>
<tr><td colspan="2">통합보육</td><td>등원 (7:30~9:00)</td><td colspan="3">하원 (16:00~17:00)</td></tr>
<tr><td colspan="2">일과(시간)</td><td colspan="4">계획 및 실행</td></tr>
<tr><td rowspan="3">일상생활</td><td>간식
(9:00~9:20)
(15:40~16:00)</td><td colspan="4"></td></tr>
<tr><td>점심식사
(12:20~13:20)</td><td colspan="4"></td></tr>
<tr><td>낮잠 및 휴식
(13:20~14:20)</td><td colspan="4"></td></tr>
<tr><td rowspan="2">놀이</td><td>실내놀이
(9:20~10:40)
(14:20~15:40)</td><td colspan="4">
• 놀이상황)
놀이터에서 진행한 나무껍질 딱지놀이를 교실에서도 계속 하기 희망함. 미술영역 등에서 다양한 재질의 종이를 찾더니 딱딱한 종이를 찾아 딱지접기를 함
• 놀이지원)
유아들이 딱지에 관심이 높아 기존 재료 외로 부족한 두꺼운 재질의 종이, 잡지 등을 추가로 제시함. 또한, 유아들이 이야기하는 딱지 크기에 맞추어 종이를 잘라서 딱지 접기를 지원함</td></tr>
<tr><td>바깥놀이
*대체
(11:00~12:20)</td><td colspan="4">
• 놀이상황)
놀이터에서 유아들이 나무 밑에 떨어진 나무껍질을 수집하며 딱딱한 성질을 발견하더니 한 유아가 "이거 딱지 같아"라고 이야기함. 유아들이 나무껍질을 모아 딱지놀이를 시작함</td></tr>
<tr><td colspan="2">활동
(10:40~11:00)</td><td colspan="4">• 교통안전교육
'신호등을 보고 건너요' 라는 주제로 안전교육이 이루어지면서 길을 건너는 상황에 따라 안전하게 신호등을 보고 건너는 방법을 알아 볼 수 있었음. 가정연계로 유아들이 부모님과 신호등을 보고 길을 건너 볼 수 있도록 안전교육 내용을 안내해야겠음</td></tr>
<tr><td colspan="2">놀이평가 및 다음날 지원 계획</td><td colspan="4">딱지놀이가 지속적으로 진행되면서 유아들이 자신이 만든 딱지를 어디에 보관해야할지 고민하는 모습을 볼 수 있었음. 내일은 유아들이 딱지 가방이나 보관함을 만들어 볼 수 있도록 종이상자, 리본끈 등의 조형재료를 추가로 제공해주어야겠음</td></tr>
<tr><td colspan="2">반 운영 특이사항</td><td colspan="4">부모 개별면담) OOO, OOO, OOO</td></tr>
</table>

출처: 보건복지부, 중앙육아종합지원센터(2020).

2) 보육과정의 운영

(1) 일과 운영

어린이집의 하루일과는 영유아의 놀이와 매일 반복되는 일상생활 그리고 활동으로 구성된다. 개정 표준보육과정에서는 일과에서 바깥놀이를 포함하여 영유아의 놀이가 충분히 이루어지도록 편성하여 운영할 것을 강조한다. 일과에는 놀이 외에도 등원과 하원, 간식과 점심, 손 씻기와 화장실 다녀오기, 안전에 대한 지도 등 매일 반복되는 일상생활도 포함된다. 또한, 교사는 영유아의 놀이를 지원하는 활동도 계획할 수 있다. 놀이, 일상생활, 활동이라는 일과는 교사가 미리 계획할 수 있지만 영유아와 의논하여 순서를 정할 수도 있고, 날씨의 변화나 놀이에 대한 흥미 지속 여부에 따라 달라질 수 있다. 교사는 영유아가 놀이에 충분히 몰입하고 진정한 배움이 일어날 수 있도록 놀이와 일상생활, 활동을 유연하게 운영할 수 있어야 한다.

어린이집에서 일과를 운영할 때는 다음의 사항에 유의하도록 한다(교육부, 보건복지부, 2019).

- 놀이 시간을 충분히 운영한다.

  바깥놀이를 포함한 놀이시간이 분절되지 않고 지속적으로 운영될 때, 영유아는 놀이에 몰입하면서 의미 있는 배움의 기회를 가질 수 있다. 그러므로 영유아들이 놀이의 흐름이 끊어지지 않고 충분히 놀았다고 느낄 수 있도록 놀이시간을 편성하는 것이 중요하다. 교사는 놀이의 흐름을 중단했을 때 중요한 배움의 순간을 놓칠 수 있다고 판단되면 놀이시간을 연장할 수 있다. 바깥놀이를 포함한 놀이시간은 일과 가운데 가장 우선으로 충분히 편성되어야 한다.

- 일상생활이 융통성 있고 영유아 주도적으로 이루어지도록 한다.

  일상생활은 기본적인 욕구를 충족시켜 주고 놀이를 잘 할 수 있는 심신의 건강을 제공하는 시간이므로 편안하고 즐겁게 이루어지도록 편성하고 운영한다. 영유아들은 놀이와 활동뿐 아니라 일상생활을 통해서도 기본생활습관, 안전, 인성 등 다양한 배움의 기회를 갖는다. 교사는 영유아가 자율적이고 주도적으로 일상생활을 할 수 있도록 충분한 시간을 허용해 주어 영유아가 편안함을 느끼는 가운데 즐거운 배움이 일어나도록 지원한다.

교사는 놀이의 흐름을 지속하기 위하여 영유아의 기본적인 요구를 방해하지 않는 범위 내에서 일상생활 운영방법, 일과 중 시간 배치 등의 변화를 시도해 볼 수 있다. 예를 들어, 간식이나 화장실 다녀오기 등의 일상생활은 놀이시간과 분리되어 일어나기도 하지만 놀이를 하는 과정에도 허용될 수 있도록 한다. 또한, 매일 반복되는 일상이지만 놀이와 같은 방식으로 일상생활을 즐길 수 있는 방법을 영유아와 함께 찾아보는 것도 좋다.

- 놀이와 연결하여 활동을 운영한다.

교사는 영유아의 놀이를 관찰하고, 놀이가 활발하게 이루어질 수 있도록 지원하는 과정에서 필요한 경우 이야기 나누기, 노래, 동화, 게임 등 적절한 유형의 활동을 연결하여 운영한다. 활동은 교사가 계획하여 제안할 수도 있고, 영유아가 다른 영유아들과 공유하기 위해 준비할 수도 있다. 활동에 참여하는 영유아는 반 전체가 될 수도 있고 관심 있는 소집단의 영유아가 될 수도 있다. 일과 중 활동 시간은 교사가 계획하여 실시하거나 놀이의 흐름을 위해 필요하다면 놀이 중간에 잠깐 모여서 활동을 실시하고 다시 놀이로 연결할 수 있다.

교사는 활동을 계획했다 하더라도 영유아의 흥미와 놀이진행 상황에 따라 내용과 방법을 변경하거나 운영하지 않을 수도 있다. 활동의 내용은 놀이를 지원하거나 놀이 중의 문제를 해결하기 위한 내용으로 구성하는 것이 좋다. 활동의 방법 또한 영유아·놀이 중심 보육과정을 실천할 수 있도록 영유아들이 즐겁게 참여할 수 있는 교수방법을 사용하여야 한다.

• 일과를 융통성 있게 운영한다.

교사는 영유아들이 놀이의 흐름이 끊어지지 않고 충분히 놀았다고 느낄 수 있도록 일과를 편성하는 것이 중요하다. 일과의 순서는 일관성이 있어야 하지만 융통성 있게 운영되어야 한다. 교사는 전날의 놀이 흐름에 대한 기록과 평가를 반영하여 다음 날의 일과를 다른 순서로 조직할 수 있다. 다른 연령과 놀이경험을 공유하기 위하여 교사들 간의 협의를 통하여 일과를 조정할 수도 있고 날씨나 자연현상에 따른 관심을 놀이에 반영하기 위해 일과 순서를 바꿀 수도 있다.

일과의 융통성 있는 운영은 영유아로 하여금 주도적으로 경험을 구성해 볼 수 있는 기회를 준다. 영유아와 함께 일과를 평가하고 다음 날의 일과 중 일부를 영유아 스스로 정해 보게 하는 것, 일과의 변화가 필요하다고 판단될 때 교사가 독단적으로 결정하지 않고 영유아의 의견을 반영해 주는 것 등의 방법을 시도해 볼 수 있다.

(2) 보육환경 구성

표준보육과정에서 보육환경은 놀이환경으로 대표되며, 놀이환경은 영유아가 놀이하는 실내외 모든 공간과 놀이자료를 포함한다. 영유아가 보고 듣고 만지며 자유롭게 표현할 수 있는 놀이환경은 놀이가 다양하게 이루어지도록 하는 중요한 교육적 자원이다. 따라서 교사는 다음의 지침을 참고하여 다양한 실내외 놀이환경과 풍부한 놀이자료를 제공하여 영유아의 놀이가 활성화되도록 도와야 한다(보건복지부, 2020).

• 다양하고 안전한 실내외 놀이공간을 구성하도록 한다.

보육실을 포함한 어린이집의 실내 공간은 영유아에게 가장 친숙한 놀이환경이다. 교사는 놀이공간을 구성하고 변형해 나가며 영유아의 자유로운 놀이를 지원할 수 있다. 보육실의 흥미 영역은 영유아들이 가장 좋아하는 놀이를 중심으로 구성하는 것이 좋으며, 영유아들이 흥미를 보이지 않는 영역은 다른 영역과 통합하여 재구성하거나 다른 영역으로 대체하는 것도 가능하다. 또한 영유아의 관심과 흥미, 요구에 따라 새로운 영역을 구성할 수 있으며, 이때 영유아가 주도적으로 놀이 영역을 창조할 수 있도록 지원해야 한다. 영아의 경우, 신체를 움직이며 탐색할 수 있는 충분한 공간을 구성해 주는 것이 필요하다. 보육실 밖의 복도나 계단, 구석진 공간 등 영유아가 놀이할 수 있는 실내 공간은 먼저 안전에 문제가 없는지 파악한 후에 놀이 공간으로 구성할 수 있다.

실외 공간은 영유아가 마음껏 뛰어놀며, 자연과 계절의 변화를 만나고 탐색할 수 있는 놀이환경이다. 교사는 영유아가 몸을 충분히 움직여 즐겁게 놀이하고 위험으로부터 자신을 안전하게 보호하는 능력을 기를 수 있도록 지원해야 한다. 이처럼 실외 놀이환경은 영유아가 안전하게 놀이할 수 있는 공간과 자료로 구성해야 한다. 또한 영유아들이 활발한 신체 움직임을 바탕으로 모험과 도전을 하면서 궁금한 것을 찾아 자유롭게 탐색하는 놀이를 다양하게 경험할 수 있는 놀이환경으로 구성한다. 실외 자투리 공간, 텃밭, 통로, 작은 마당 등은 공간의 특성과 안전을 고려하여 놀이환경으로 구성하며, 어린이집의 상황에 따라 인근 공원과 놀이터 등도 놀이공간으로 활용할 수 있다.

- 풍부한 놀이자료 제공하도록 한다.

놀이자료는 영유아가 놀이에 사용할 수 있는 놀잇감, 매체, 재료와 도구 등을 포함한다. 영유아에게 놀이자료는 자신의 감정과 생각, 상상 등을 자유롭게 표현하는 수단이자 세상에 대한 이해를 넓혀 나가는 데 중요한 역할을 하는 매개물이다. 특히 영아의 발달특성에 맞게 크기, 감촉, 모양, 색 등을 고려하여 놀이자료를 제공하여 주는 것이 좋다. 교사는 영유아에게 일상의 평범한 사물, 자연물, 악기, 미술재료, 그림책, 재활용품 등을 적절히 제공할 수 있으며 계절이나 행사, 국경일과 관련된 자료는 시기에 맞게 제공할 필요가 있다. 또한 비구조적인 열린 자료를 풍부하게 제공하여 영유아가 자신만의 방식으로 활용할 수 있도록 지원하며 영유아가 찾아낸 새로운 놀이자료나 창의적인 놀이 방식을 인정하고 존중해야 한다. 놀이자료를 제공할 때는 영유아가 자유롭게 탐색할 수 있도록 자료의 사용 방법이나 놀이 방식을 지나치게 제한하지 않도록 유의한다.

어린이집 놀이환경 구성에 대한 더 자세한 설명은 Ⅳ부에서 이어질 것이다.

표 7-8 어린이집 평가제에 제시된 흥미영역과 놀이영역의 예

놀이영역은 어린이집의 보육프로그램의 특성, 영유아의 흥미와 요구에 맞게 구성된 놀이공간이다. 놀이영역은 흥미영역으로도 구성가능하나 영유아의 놀이가 반영되어 있는 놀이영역이 우선되어야 한다. 놀이영역의 수는 어린이집의 프로그램 특성, 영유아의 흥미와 요구에 따라 다를 수 있다.

※ 연령별 흥미영역 구성의 예
- 만 0세: 신체영역, 언어영역, 감각 · 탐색영역,
- 만 1세: 신체영역, 언어영역, 감각 · 탐색영역, 역할 및 쌓기놀이 영역
- 만 2세: 신체영역, 언어영역, 감각 · 탐색영역, 미술영역, 음률영역, 역할 및 쌓기놀이 영역
- 만 3~5세: 언어영역, 미술영역, 음률영역, 수 · 조작영역, 과학영역, 역할놀이 영역, 쌓기놀이 영역

※ 놀이영역 구성의 예: 물감놀이, 점토놀이, 팽이놀이, 가게놀이, 공룡테마파크놀이 등

출처: 보건복지부, 한국보육진흥원(2020).

(3) 가정 및 지역사회와의 협력

제4차 어린이집 표준보육과정에서는 가정과 지역사회와의 협력과 참여에 기반하여 보육과정을 운영하도록 안내하고 있다. 영유아가 속해 있는 가정, 기관, 지역사회 등은 모두 보육과정의 주체이므로, 상호 연계하고 협력해야 한다. 영유아 · 놀이중심 보육과정을 운영하기 위해서는 무엇보다 부모의 역할이 중요하다. 부모는 영유아의 놀 권리와 즐겁게 놀이하며 배우는 놀이의 가치를 이해하여 가정에서 영유아의 놀이를 지원해야 한다. 이를 위해 어린이집에서는 부모 오리엔테이션, 강연회,

워크숍, 가정통신문, 전화면담, 부모상담, 어린이집 운영위원회, 수업참관, 일일교사, 자원봉사 등의 다양한 부모교육 및 참여 활동을 실행하여 부모의 역할을 지원할 수 있다.

지역사회는 영유아의 다양한 경험을 지원하는 풍부한 자원이다. 따라서 어린이집에서는 영유아들이 지역사회의 여러 기관이나 장소를 직접 경험하면서 지역사회에 관심을 가질 수 있도록 지원해야 한다. 예를 들어, 어린이집에서는 기관이 위치한 지역사회 특성에 따라 지역사회 문화예술단체와 시설, 공공기관 및 지역 인사 등을 활용하여 영유아의 경험을 확장할 수 있는 기회를 마련하고 지원할 수 있다. 또한 어린이집을 지원하는 공공기관과의 상호 협의를 통해 표준보육과정 운영이 원활히 이루어질 수 있도록 할 수 있다.

이 외에도 가정 및 지역사회와 협력하는 수많은 방법이 존재하므로 어린이집 실정에 맞는 방안을 찾는 노력이 필요할 것이다.

Chapter 08

어린이집 표준보육과정

현행 국가수준의 보육과정인 「제4차 어린이집 표준보육과정」은(보건복지부 고시 제 2020-75호) 2020년 4월 9일에 고시되어 9월 1일부터 시행되고 있다. 어린이집에서 운영하는 보육과정은 국가 수준의 보육목표와 영유아의 발달과 개인차를 고려하여 이들이 경험하게 될 보편적인 보육내용을 제시하고 있다.

1. 제4차 어린이집 표준보육과정의 고시 배경[1)]

1) 표준보육과정의 연혁

어린이집에서 운영하는 보육과정은 국가 수준의 보육목표와 영유아의 발달과 개인차를 고려하여 이들이 경험하게 될 보편적인 보육내용을 제시한다. 우리나라는 1991년 「영유아보육법」이 제정되어 보육의 법적 토대를 구축하였고, 2004년에 개정된 「영유아보육법」 제29조에 의거하여 표준보육과정 개발 및 보급을 위한 근거를 마련하였다. 그 이후 2005년 여성가족부가 「표준보육과정」을 연구, 개발하고 2006년 11월 10일에 「영유아보육법 시행규칙」 제30조 관련 표준보육과정령을 개정하였다. 이에 2007년 1월 3일 최초의 「표준보육과정의 구체적 보육내용」을 고시하기에 이르렀다.

「표준보육과정」이 고시됨에 따라 2007년부터 2세 미만 보육과정, 2세 보육과정, 3~5세 보육과정이 보육현장에 적용되어 왔다. 이후 점차 급변하는 사회와 보육 여건의 변화에 따라 「표준보육과정」에 대한 부분 개정의 필요성이 대두되었다. 이를 반영하여 2010년 6월 '표준보육과정 개정안 연구'가 시작되었고, 2011년 3월 공청회를 거쳐 고시를 앞두고 있었다. 그런데 2011년 5월 2일 정부는 어린이집과 유치원에서 이원화로 운영되던 「표준보육과정」과 「유치원 교육과정」을 통합한 공통과정을 제정하겠다고 발표하였다.

이로 인해 '표준보육과정' 개정안 고시는 잠시 유보되었고, 우선 최초의 어린이집, 유치원 공통과정인 「5세 누리과정」을 제정하여 2011년 9월에 고시하게 되었다. 2011년에 개정 고시를 앞두었던 「표준보육과정」에서 5세 유아를 위한 보육내용을 제외시키되 「5세 누리과정」과의 연계를 고려하여 재수정한 후 0~4세 영유아를 대상으로 한 「제2차 표준보육과정」을 2012년 2월에 고시하였다.

---

1) 제4차 어린이집 표준보육과정 해설서(보건복지부, 2020)에서 발췌함.

「5세 누리과정」 제정에 이어서, 2013년부터 3~4세까지 누리과정을 확대한다는 도입 계획이 발표되었다. 2012년 3월부터 「5세 누리과정」과 연계하여 「3~4세 연령별 누리과정」이 개발되어 2012년 7월에 고시되었고 동시에 기존의 「5세 누리과정」이 개정되었다.

어린이집 0~5세 영유아의 연속적 경험과 연령 간 발달적 연계를 위해서 「제2차 표준보육과정」 중 「3~5세 연령별 누리과정」의 목표와 내용을 고려하여 0~1세 보육과정, 2세 보육과정을 개정하였다. 이에 2013년 1월에 누리과정을 포함하여 「제3차 어린이집 표준보육과정」을 고시하였다.

2) 제4차 어린이집 표준보육과정 고시 배경

보건복지부는 2017년 12월, 제3차 중장기보육 기본계획(2018~2022)에서, '영유아의 행복한 성장을 위해 함께 하는 사회'라는 비전을 설정하였으며, 국정과제인 '보육·양육에 대한 사회적 책임 강화'를 실현하기 위한 4개 분야, 즉 보육의 공공성 강화, 보육체계 개편, 보육서비스의 품질 향상, 부모 양육지원 확대를 제시하였다. 영유아의 교육수요 변화 등을 고려하여 누리과정의 개편이 진행될 계획('18년~ 교육부·보건복지부)으로 0~2세 표준보육과정도 영아의 놀 권리 및 균형적 발달을 고려하여 개정을 추진한다고 발표하였다.

2019년 시행 계획에서는 누리과정 개정에 따라 영유아 특성에 맞춰 표준보육과정을 개선하고자 「제3차 어린이집 표준보육과정」 개정과 해설서 개발 등을 계획하였다.

2019년 말, 어린이집에 다니는 0~5세 대상 보육과정 중 3~5세를 위한 보육과정(누리과정)은 이미 개정되었고, 0~2세는 어린이집에만 해당되므로 보건복지부 주관으로 0~5세 영유아의 연속적 경험과 연령 간 발달적 연계를 위하여 누리과정 개정 방향 및 내용을 고려하여 「제3차 어린이집 표준보육과정」 중 0~1세 및 2세 보육과정의 개정이 필요한 상황이었다. 이를 위해 2019년 10월부터 누리과정 및 표준보육과정 연구진을 중심으로 '「제3차 어린이집 표준보육과정」(0~2세) 개정 연구'를 통해 0~1세 보육과정과 2세 보육과정의 영역별 내용을 개정하였고, 0~2세 보육과정과 3~5세 보육과정(누리과정으로 이미 개정됨)을 포괄하는 총론의 일부를 개정하여, 2020년 4월 9일에 「제4차 어린이집 표준보육과정」을 고시하였으며 2020년 9월 1일부터 시행되고 있다.

그리고 2020년 8월에 전국의 어린이집에서 교사들이 「제4차 어린이집 표준보육과정」의 고시 배경을 이해하고, 총론과 각론의 영역별 내용의 의미를 이해할 수 있도록 돕기 위해, 보건복지부는 「제4차 어린이집 표준보육과정」의 목적과 영역별 목표 및 내용을 설명할 『제4차 어린이집 표준보육과정 해설서』를 개발하였다. 『제4차 어린이집 표준보육과정 해설서』는 어린이집 보육교사가 0~1세 보육과정, 2세 보육과정에 근거하여 0~2세 영아의 보육계획을 수립하고 실행하는 과정을 지원하기 위한 것이고, 0~2세 영아가 지역이나 기관에 관계없이 양질의 보육서비스를 받을 수 있도록 지원하기 위한 것이다. 3~5세 보육과정(누리과정)의 내용은 2020년 3월에 보급된 『2019 개정 누리과정 해설서』를 활용하면 된다.

2. 제4차 어린이집 표준보육과정의 고시 특성

1) 3~5세 보육과정(누리과정) 고시 특성

교육부는 2017년 12월 7일 「유아교육 혁신 방안」을 문재인 정부의 「국정운영 5개년 계획」에 근거하여 발표하였다. 「유아교육 혁신 방안」은 '유아교육에 대한 국가책임 강화와 교육문화 혁신을 통해 교육의 공공선 실현'이라는 비전 아래 유아교육의 공공성 강화를 통한 교육의 희망사다리 복원, 교실혁명을 통한 유아 중심의 교육문화 조성, 교육공동체와 함께 유아의 건강한 발달 지원, 유아교육 혁신을 통한 행정시스템 구축을 추진과제로 한다.

누리과정의 개정 근거가 된 내용은 '교실혁명을 통한 유아 중심의 교육문화 조성' 과제 중 '유아가 중심이 되는 교육패러다임 전환'이다. 여기에 '유아가 중심이 되는 교육과정을 만들겠다.'는 내용이 제시되며, 놀이 중심, 유아 중심의 누리과정 혁신 방향으로 개별 유아의 다양한 특성을 고려한 내용 구성, 유아의 자유놀이 권장 및 관찰과 기록 등 유아와의 상호작용 강조, 현장자율성 존중을 위해 세부내용을 내용과 통합하여 축소하였다. 어린이집 3~5세 보육과정인 「2019 개정 누리과정」은 이상의 국정 방향을 충실히 반영하여 유아 중심, 놀이 중심, 교사의 자율성 강화를 기본 방향으로 하여 개정되었다.

3~5세 보육과정(누리과정)의 고시 특성을 정리하면 다음과 같다.

① 교육과정의 구성 체계를 확립하였다.

② 누리과정의 성격을 '공통의 교육과정'으로 명시하였다.

③ 기존의 구성 체계를 유지하고 5개 영역의 내용을 간략화하였다.

④ 유아 중심, 놀이 중심을 추구하였다.

⑤ 누리과정 실행력과 현장의 자율성을 강조하였다.

⑥ 평가를 간략화하였다.

2) 제4차 어린이집 표준보육과정 고시 특성

제4차 어린이집 표준보육과정은 2019년 개정 누리과정을 시작으로, 3~5세 보육과정(누리과정)의 총론과 각론 개정이 우선적으로 이루어졌다. 이어서 「제3차 어린이집 표준보육과정」을 개정하여 0~1세와 2세 보육과정 개정 및 0~5세 총론의 일부

용어(영유아, 표준보육과정 등)를 수정하고 영아 관련 내용을 부분 보완하였다. 「제4차 어린이집 표준보육과정」의 고시 특성을 정리하면 다음과 같다.

① 총론은 3~5세 보육과정(누리과정) 개정 방향과 취지를 수용하되 보육의 정체성 유지, 영아보육의 특성을 반영하였다.
② 0~2세 영역별 내용은 제3차 어린이집 표준보육과정을 토대로 영아보육의 특성을 반영하였다.
③ 기존의 연령 체계를 유지하여 0~1세 보육과정, 2세 보육과정, 3~5세 보육과정(누리과정)으로 제시하였다.
④ 구성 체계를 조정하여 영역, 내용범주, 내용 체계를 유지하고, 0~1세의 4수준, 2세의 2수준으로 구분하였던 세부내용을 내용과 통합하였다.
⑤ 0~2세 보육과정은 기존의 6개 영역을 유지하고 내용을 간략화하였다.
⑥ 전체적으로 영유아 중심, 놀이 중심을 추구하였다.
⑦ 영유아 기본 권리의 개별 보장을 중시하여 영유아는 개별적인 특성을 지닌 고유한 존재로 존중받아야 함을 강조하였다.

표 8-1 어린이집 표준보육과정의 개정 변천

	고시년도	법령	개정내용
제1차 표준보육 과정	2007년 1월	여성가족부 고시 제2007-1호	**표준보육과정의 구체적 보육내용 및 교사지침 고시** • 목적: 만 6세 미만 영유아의 잠재력을 최대한 발휘하고 완전한 어른으로 성장할 수 있는 자질을 갖춘다. • 구성: 기본생활, 신체운동, 사회관계, 의사소통, 자연탐구, 예술경험의 6개 영역 • 대상: 만 2세 미만(1, 2, 3수준), 만 2세(2수준), 만 3~5세(1, 2, 3수준)
제2차 표준보육 과정	2012년 2월	보건복지부 고시 제2012-28호	**만 5세 누리과정 제정과 더불어 0~4세를 포함하여 제2차 표준보육과정을 고시** • 5세 누리과정과의 연계를 고려하여 0~4세 영유아를 대상으로 함. • 만 2세 미만(1,2,3,4 수준)으로 세분화 • 총론 추가

	고시년도	법령	개정내용
제3차 어린이집 표준보육과정	2013년 1월	보건복지부 고시 제2013-8호	**만 3~5세 누리과정을 포함한 어린이집 표준보육과정을 개정 고시함.** • 대상: 어린이집에 다니는 모든 영유아 • 구성: 0~1세 보육과정, 2세 보육과정, 3~5세 보육과정(=누리과정) • 0~1세, 2세 보육과정은 6개영역(기본생활, 신체운동, 의사소통, 사회관계, 예술경험, 자연탐구) • 3~5세 보육과정은 5개영역(신체운동 · 건강, 의사소통, 사회관계, 예술경험, 자연탐구) • 특성: 0~2세 표준보육과정과 3~5세 연령별 누리과정을 연계하여 0~5세 영유아 연령별 · 수준별 보육내용 정립. 추구하는 인간상 제시
제4차 어린이집 표준보육과정	2020년 4월	보건복지부 고시 제2020-75호	**2019 개정 누리과정과 연계하여 0~2세 표준보육과정 개정, 2020년 9월부터 시행** • 영유아 중심 · 놀이 중심의 보육과정 • 누리과정의 개정 방향과 취지를 수용하되 보육의 정체성 유지, 영아보육의 특성을 반영 • 0~2세 영역별 내용은 제3차 어린이집 표준보육과정을 토대로 영아보육의 특성을 반영 • 기존의 연령 체계를 유지하여 0~1세 보육과정, 2세 보육과정, 3~5세 보육과정(누리과정)으로 제시 • 구성 체계를 조정하여 영역, 내용범주, 내용 체계를 유지하고, 0~1세의 4수준, 2세의 2수준으로 구분하였던 세부내용을 내용과 통합 • 0~2세 보육과정은 기존의 6개 영역을 유지하고 내용을 간략화

3. 제4차 어린이집 표준보육과정의 이해[2)]

표준보육과정의 성격

어린이집 표준보육과정(이하, '표준보육과정'이라 함)은 0~5세 영유아를 위한 국가 수준의 보육과정이며 0~1세 보육과정, 2세 보육과정, 3~5세 보육과정(누리과정)으로 구성한다.

가. 국가 수준의 공통성과 지역, 기관 및 개인 수준의 다양성을 동시에 추구한다.
나. 영유아의 전인적 발달과 행복을 추구한다.
다. 영유아 중심과 놀이 중심을 추구한다.
라. 영유아의 자율성과 창의성 신장을 추구한다.
마. 영유아, 교사, 원장, 부모 및 지역사회가 함께 실현해 가는 것을 추구한다.

제1장 총론

Ⅰ. 표준보육과정의 구성 방향

1. 추구하는 인간상

표준보육과정이 추구하는 인간상은 다음과 같다.

가. 건강한 사람
나. 자주적인 사람
다. 창의적인 사람
라. 감성이 풍부한 사람
마. 더불어 사는 사람

2) 「제4차 어린이집 표준보육과정」(보건복지부 고시 제2020-75호)의 내용

2. 목적과 목표

표준보육과정의 목적은 영유아가 놀이를 통해 심신의 건강과 조화로운 발달을 이루고, 바른 인성과 민주 시민의 기초를 형성하는 데에 있다. 이를 실현하기 위한 목표는 다음과 같다.

가. 0~2세 보육과정 목표

1) 자신의 소중함을 알고, 건강하고 안전한 환경에서 즐겁게 생활한다.
2) 자신의 일을 스스로 하고자 한다.
3) 호기심을 가지고 탐색하며 상상력을 기른다.
4) 일상에서 아름다움에 관심을 가지고 감성을 기른다.
5) 사람과 자연을 존중하고 소통하는 데 관심을 가진다.

나. 3~5세 보육과정 목표

1) 자신의 소중함을 알고, 건강하고 안전한 생활 습관을 기른다.
2) 자신의 일을 스스로 해결하는 기초능력을 기른다.
3) 호기심과 탐구심을 가지고 상상력과 창의력을 기른다.
4) 일상에서 아름다움을 느끼고 문화적 감수성을 기른다.
5) 사람과 자연을 존중하고 배려하며 소통하는 태도를 기른다.

3. 구성의 중점

표준보육과정 구성의 중점은 다음과 같다.

가. 영유아는 개별적인 특성을 지닌 고유한 존재임을 전제로 구성한다.
나. 0~5세 모든 영유아에게 적용할 수 있도록 구성한다.
다. 추구하는 인간상 구현을 위한 지식, 기능, 태도 및 가치를 반영하여 구성한다.
라. 표준보육과정은 다음의 영역을 중심으로 구성한다.

1) 0~1세 보육과정과 2세 보육과정은 기본생활, 신체운동, 의사소통, 사회관계, 예술경험, 자연탐구의 6개 영역을 중심으로 구성한다.

2) 3~5세 누리과정은 신체운동 · 건강, 의사소통, 사회관계, 예술경험, 자연탐구의 5개 영역을 중심으로 구성한다.

마. 0~5세 영유아가 경험해야 할 내용으로 구성한다.

바. 초등학교 교육과정과의 연계성을 고려하여 구성한다.

Ⅱ. 표준보육과정의 운영

1. 편성 · 운영

다음의 사항에 따라 표준보육과정을 편성 · 운영한다.

가. 어린이집의 운영 시간에 맞추어 편성한다.

나. 표준보육과정을 바탕으로 각 기관의 실정에 적합한 계획을 수립하여 운영한다.

다. 하루일과에서 바깥놀이를 포함하여 영유아의 놀이가 충분히 이루어지도록 편성하여 운영한다.

라. 성, 신체적 특성, 장애, 종교, 가족 및 문화적 배경 등에 따른 차별이 없도록 편성하여 운영한다.

마. 영유아의 발달과 장애 정도에 따라 조정하여 운영한다.

바. 가정과 지역사회와의 협력과 참여에 기반하여 운영한다.

사. 교사 연수를 통해 표준보육과정의 운영을 개선할 수 있도록 한다.

2. 교수 · 학습

교사는 다음 사항에 따라 영유아를 지원한다.

가. 영유아의 의사 표현을 존중하고 민감하게 반응한다.

나. 영유아가 흥미와 관심에 따라, 놀이에 자유롭게 참여하고 즐기도록 한다.

다. 영유아가 놀이를 통해 배우도록 한다.

라. 영유아가 다양한 놀이와 활동을 경험할 수 있도록 실내외 환경을 구성한다.
마. 영유아와 영유아, 영유아와 교사, 영유아와 환경 사이에 능동적인 상호작용이 이루어지도록 한다.
바. 각 영역의 내용이 통합적으로 영유아의 경험과 연계되도록 한다.
사. 개별 영유아의 요구에 따라, 휴식과 일상생활이 원활히 이루어지도록 한다.
아. 영유아의 연령, 발달, 장애, 배경 등을 고려하여 개별 특성에 적합한 방식으로 배우도록 한다.

3. 평가

평가는 다음 사항에 중점을 두고 실시한다.

가. 표준보육과정 운영의 질을 진단하고 개선하기 위해, 평가를 계획하고 실시한다.
나. 영유아의 특성 및 변화 정도와 표준보육과정의 운영을 평가한다.
다. 평가의 목적에 따라 적합한 방법을 사용하여 평가한다.
라. 평가의 결과는 영유아에 대한 이해와 표준보육과정 운영 개선을 위한 자료로 활용할 수 있다.

제2장 0~1세 영역별 목표 및 내용

Ⅰ. 기본생활

1. 목표

건강하고 안전한 일상생활을 경험한다.

1) 건강한 일상생활을 경험한다.
2) 안전한 일상생활을 경험한다.

2. 내용

내용범주	내용
건강하게 생활하기	• 도움을 받아 몸을 깨끗이 한다. • 음식을 즐겁게 먹는다. • 하루일과를 편안하게 경험한다. • 배변 의사를 표현한다.
안전하게 생활하기	• 안전한 상황에서 놀이하고 생활한다. • 안전한 상황에서 교통수단을 이용해 본다. • 위험하다는 말에 주의한다.

Ⅱ. 신체운동

1. 목표

감각으로 탐색하고 신체활동을 즐긴다.

1) 감각 탐색을 즐긴다.

2) 신체활동을 즐겁게 경험한다.

2. 내용

내용범주	내용
감각과 신체 인식하기	• 감각적 자극에 반응한다. • 감각으로 주변을 탐색한다. • 신체를 탐색한다.
신체활동 즐기기	• 대소근육을 조절한다. • 기본 운동을 시도한다. • 실내외 신체활동을 즐긴다.

Ⅲ. 의사소통

1. 목표

의사소통 능력의 기초를 형성한다.

1) 일상생활에서 듣고 말하기를 즐긴다.

2) 읽기와 쓰기에 관련된 관심을 가진다.

3) 책과 이야기에 관심을 가진다.

2. 내용

내용범주	내용
듣기와 말하기	• 표정, 몸짓, 말과 주변의 소리에 관심을 갖고 듣는다. • 상대방의 이야기를 들으면서 말소리를 낸다. • 표정, 몸짓, 말소리로 의사를 표현한다.
읽기와 쓰기에 관심 가지기	• 주변의 그림과 상징에 관심을 가진다. • 끼적이기에 관심을 가진다.
책과 이야기 즐기기	• 책에 관심을 가진다. • 이야기에 관심을 가진다.

Ⅳ. 사회관계

1. 목표

나를 인식하고, 친숙한 사람과 관계를 맺는다.

1) 나를 고유한 존재로 안다.

2) 안정적인 애착을 형성하고, 또래, 교사와 함께 지낸다.

2. 내용

내용범주	ㅋ내용
나를 알고 존중하기	• 나를 인식한다. • 나의 욕구와 감정을 나타낸다. • 나와 친숙한 것을 안다.
더불어 생활하기	• 안정적인 애착을 형성한다. • 또래에게 관심을 가진다. • 다른 사람의 감정과 행동에 관심을 가진다. • 반에서 편안하게 지낸다.

Ⅴ. 예술경험

1. 목표

아름다움을 느끼고 경험한다.

1) 자연과 생활에서 아름다움에 관심을 가진다.

2) 예술적 경험을 표현한다.

2. 내용

내용범주	내용
아름다움 찾아보기	• 자연과 생활에서 아름다움을 느낀다. • 아름다움에 관심을 가진다.
창의적으로 표현하기	• 소리와 리듬, 노래로 표현한다. • 감각을 통해 미술을 경험한다. • 모방 행동을 즐긴다.

Ⅵ. 자연탐구

1. 목표

주변 환경과 자연에 관심을 가진다.

1) 일상에서 탐색을 즐긴다.

2) 주변 환경을 탐색한다.

3) 생명과 자연에 관심을 가진다.

2. 내용

내용범주	내용
탐구 과정 즐기기	• 주변 세계와 자연에 대해 호기심을 가진다. • 사물과 자연 탐색하기를 즐긴다.
생활 속에서 탐구하기	• 친숙한 물체를 감각으로 탐색한다. • 물체의 수량에 관심을 가진다. • 주변 공간과 모양을 탐색한다. • 규칙성을 경험한다.

내용범주	내용
자연과 더불어 살기	• 주변의 동식물에 관심을 가진다. • 날씨의 변화를 감각으로 느낀다.

제3장 2세 영역별 목표 및 내용

Ⅰ. 기본생활

1. 목표

건강하고 안전한 생활습관의 기초를 형성한다.

1) 건강한 생활습관의 기초를 형성한다.

2) 안전한 생활습관의 기초를 형성한다.

2. 내용

내용범주	내용
건강하게 생활하기	• 자신의 몸을 깨끗이 해 본다. • 음식에 관심을 가지고 즐겁게 먹는다. • 하루일과를 즐겁게 경험한다. • 건강한 배변 습관을 갖는다.
안전하게 생활하기	• 일상에서 안전하게 놀이하고 생활한다. • 교통수단을 안전하게 이용해 본다. • 위험한 상황에 대처하는 방법을 경험한다.

Ⅱ. 신체운동

1. 목표

감각을 활용하고, 신체활동을 즐긴다.

1) 감각을 활용하고, 신체를 인식한다.

2) 신체활동을 즐긴다.

2. 내용

내용범주	내용
감각과 신체 인식하기	• 감각 능력을 활용한다. • 신체를 인식하고 움직인다.
신체활동 즐기기	• 대소근육을 조절한다. • 기본 운동을 즐긴다. • 실내외 신체활동을 즐긴다.

Ⅲ. 의사소통

1. 목표

의사소통 능력과 상상력의 기초를 형성한다.

1) 일상생활에서 듣기와 말하기를 즐긴다.

2) 읽기와 쓰기에 관심을 가진다.

3) 책과 이야기에 재미를 느낀다.

2. 내용

내용범주	내용
듣기와 말하기	• 표정, 몸짓, 말에 관심을 갖고 듣는다. • 상대방의 이야기를 듣고 말한다. • 표정, 몸짓, 단어로 의사를 표현한다. • 자신의 요구와 느낌을 말한다.
읽기와 쓰기에 관심 가지기	• 주변의 그림과 상징, 글자에 관심을 가진다. • 끼적이며 표현하기를 즐긴다.
책과 이야기 즐기기	• 책에 관심을 가지고 상상한다. • 말놀이와 이야기에 재미를 느낀다.

Ⅳ. 사회관계

1. 목표

나를 알고, 다른 사람과 더불어 생활하는 경험을 한다.

1) 나를 알고 긍정적으로 여긴다.

2) 다른 사람과 즐겁게 지내기 위한 태도를 기른다.

2. 내용

내용범주	내용
나를 알고 존중하기	• 나와 다른 사람을 구별한다. • 나의 감정을 표현한다. • 내가 좋아하는 것을 한다.
더불어 생활하기	• 가족에게 관심을 가진다. • 또래와 함께 놀이한다. • 다른 사람의 감정과 행동에 반응한다. • 반에서의 규칙과 약속을 알고 지킨다.

Ⅴ. 예술경험

1. 목표

아름다움을 느끼고 즐긴다.

1) 자연과 생활에서 아름다움을 느끼고 관심을 가진다.

2) 예술을 통해 자유롭게 표현한다.

2. 내용

내용범주	내용
아름다움 찾아보기	• 자연과 생활에서 아름다움을 느끼고 즐긴다. • 아름다움에 관심을 갖고 찾아본다.
창의적으로 표현하기	• 익숙한 노래와 리듬을 표현한다. • 움직임과 춤으로 자유롭게 표현한다. • 미술 재료와 도구로 표현해 본다. • 일상생활 경험을 상상놀이로 표현한다.

Ⅵ. 자연탐구

1. 목표

주변 환경과 자연을 탐색하는 과정을 즐긴다.

1) 일상에서 탐색하는 과정을 즐긴다.

2) 주변 환경에 관심을 가지고 탐색한다.

3) 생명과 자연에 관심을 가진다.

2. 내용

내용범주	내용
탐구 과정 즐기기	• 주변 세계와 자연에 대해 호기심을 가진다. • 사물과 자연을 반복하여 탐색하기를 즐긴다.
생활 속에서 탐구하기	• 친숙한 물체의 특성과 변화를 감각으로 탐색한다. • 물체의 수량에 관심을 가진다. • 주변 공간과 모양을 탐색한다. • 규칙성에 관심을 가진다. • 주변 사물을 같고 다름에 따라 구분한다. • 생활 도구에 관심을 가진다.
자연과 더불어 살기	• 주변의 동식물에 관심을 가진다. • 날씨와 계절의 변화를 감각으로 느낀다.

제4장 3~5세 영역별 목표 및 내용

Ⅰ. 신체운동 · 건강

1. 목표

실내외에서 신체활동을 즐기고, 건강하고 안전한 생활을 한다.

1) 신체활동에 즐겁게 참여한다.

2) 건강한 생활습관을 기른다.

3) 안전한 생활습관을 기른다.

2. 내용

내용 범주	내용
신체활동 즐기기	• 신체를 인식하고 움직인다. • 신체 움직임을 조절한다. • 기초적인 이동운동, 제자리 운동, 도구를 이용한 운동을 한다. • 실내외 신체활동에 자발적으로 참여한다.
건강하게 생활하기	• 자신의 몸과 주변을 깨끗이 한다. • 몸에 좋은 음식에 관심을 가지고 바른 태도로 즐겁게 먹는다. • 하루일과에서 적당한 휴식을 취한다. • 질병을 예방하는 방법을 알고 실천한다.
안전하게 생활하기	• 일상에서 안전하게 놀이하고 생활한다. • TV, 컴퓨터, 스마트폰 등을 바르게 사용한다. • 교통안전 규칙을 지킨다. • 안전사고, 화재, 재난, 학대, 유괴 등에 대처하는 방법을 경험한다.

Ⅱ. 의사소통

1. 목표

일상생활에 필요한 의사소통 능력과 상상력을 기른다.

1) 일상생활에서 듣고 말하기를 즐긴다.

2) 읽기와 쓰기에 관심을 가진다.

3) 책이나 이야기를 통해 상상하기를 즐긴다.

2. 내용

내용범주	내용
듣기와 말하기	• 말이나 이야기를 관심 있게 듣는다. • 자신의 경험, 느낌, 생각을 말한다. • 상황에 적절한 단어를 사용하여 말한다. • 상대방이 하는 이야기를 듣고 관련해서 말한다. • 바른 태도로 듣고 말한다. • 고운 말을 사용한다.

내용범주	내용
읽기와 쓰기에 관심 가지기	• 말과 글의 관계에 관심을 가진다. • 주변의 상징, 글자 등의 읽기에 관심을 가진다. • 자신의 생각을 글자와 비슷한 형태로 표현한다.
책과 이야기 즐기기	• 책에 관심을 가지고 상상하기를 즐긴다. • 동화, 동시에서 말의 재미를 느낀다. • 말놀이와 이야기 짓기를 즐긴다.

Ⅲ. 사회관계

1. 목표

자신을 존중하고 더불어 생활하는 태도를 가진다.

1) 자신을 이해하고 존중한다.

2) 다른 사람과 사이좋게 지낸다.

3) 우리가 사는 사회와 다양한 문화에 관심을 가진다.

2. 내용

내용범주	내용
나를 알고 존중하기	• 나를 알고 소중히 여긴다. • 나의 감정을 알고 상황에 맞게 표현한다. • 내가 할 수 있는 것을 스스로 한다.
더불어 생활하기	• 가족의 의미를 알고 화목하게 지낸다. • 친구와 서로 도우며 사이좋게 지낸다. • 친구와의 갈등을 긍정적인 방법으로 해결한다. • 서로 다른 감정, 생각, 행동을 존중한다. • 친구와 어른께 예의 바르게 행동한다. • 약속과 규칙의 필요성을 알고 지킨다.
사회에 관심 가지기	• 내가 살고 있는 곳에 대해 궁금한 것을 알아본다. • 우리나라에 대해 자부심을 가진다. • 다양한 문화에 관심을 가진다.

Ⅳ. 예술경험

1. 목표

아름다움과 예술에 관심을 가지고 창의적 표현을 즐긴다.

1) 자연과 생활 및 예술에서 아름다움을 느낀다.

2) 예술을 통해 창의적으로 표현하는 과정을 즐긴다.

3) 다양한 예술 표현을 존중한다.

2. 내용

내용범주	내용
아름다움 찾아보기	• 자연과 생활에서 아름다움을 느끼고 즐긴다. • 예술적 요소에 관심을 갖고 찾아본다.
창의적으로 표현하기	• 노래를 즐겨 부른다. • 신체, 사물, 악기로 간단한 소리와 리듬을 만들어 본다. • 신체나 도구를 활용하여 움직임과 춤으로 자유롭게 표현한다. • 다양한 미술 재료와 도구로 자신의 생각과 느낌을 표현한다. • 극놀이로 경험이나 이야기를 표현한다.
예술 감상하기	• 다양한 예술을 감상하며 상상하기를 즐긴다. • 서로 다른 예술 표현을 존중한다. • 우리나라 전통 예술에 관심을 갖고 친숙해진다.

Ⅴ. 자연탐구

1. 목표

탐구하는 과정을 즐기고, 자연과 더불어 살아가는 태도를 가진다.

1) 일상에서 호기심을 가지고 탐구하는 과정을 즐긴다.

2) 생활 속의 문제를 수학적, 과학적으로 탐구한다.

3) 생명과 자연을 존중한다.

2. 내용

내용범주	내용
탐구과정 즐기기	• 주변 세계와 자연에 대해 지속적으로 호기심을 가진다. • 궁금한 것을 탐구하는 과정에 즐겁게 참여한다. • 탐구과정에서 서로 다른 생각에 관심을 가진다.
생활 속에서 탐구하기	• 물체의 특성과 변화를 여러 가지 방법으로 탐색한다. • 물체를 세어 수량을 알아본다. • 물체의 위치와 방향, 모양을 알고 구별한다. • 일상에서 길이, 무게 등의 속성을 비교한다. • 주변에서 반복되는 규칙을 찾는다. • 일상에서 모은 자료를 기준에 따라 분류한다. • 도구와 기계에 대해 관심을 가진다.
자연과 더불어 살기	• 주변의 동식물에 관심을 가진다. • 생명과 자연환경을 소중히 여긴다. • 날씨와 계절의 변화를 생활과 관련짓는다.

Chapter 09

국외 영유아 보육과정

영유아기가 전 생애 발달에 미치는 중요성과 조기투자의 효율성이 강조되고 있는 현재, 우리나라를 비롯하여 전 세계는 미래 인재 육성의 관점에서 막대한 예산까지 투입하며 영유아의 보호와 교육에 대한 관심을 고조시키고 있다. 더욱이 21세기 고도 지식정보 사회에서 세계와 경쟁하며 살아야 하는 영유아들에게 질 높은 보육 서비스를 제공해야 한다는 것은 자명한 일일 것이다. 이러한 관점에서 우리나라 영유아들에게 좀 더 질적으로 우수한 보육과정을 개발 · 보급하기 위해 국외 주요 보육선진국의 보육과정을 살펴보는 일은 의미 있는 과정이 될 것이다. 이에 여기서는 주요 보육선진국으로 거론되는 프랑스, 영국, 독일, 미국, 일본의 보육과정을 살펴보고자 한다.

1. 프랑스의 보육과정

프랑스 영유아 보육 · 교육의 특성은 연령으로 분리된 이원화 체제, 전인적인 발달을 고려한 보육체제, 국가의 행 · 재정적인 지원이 이루어지는 체제의 3가지로 요약될 수 있다(한지혜, 2002).

1) 영유아 보육 · 교육의 특성

첫째, 프랑스는 만 3세 이상은 유아교육, 만 3세 이하는 보육이 담당하는 연령별 이원화 체제를 갖추고 있다. 만 3세 이하의 경우 사회사업부가 관리를 하고 있는데 자연히 신체 · 정서적인 보호가 주 고려 대상이 되며, 교육적인 것이 있기는 하지만 이는 학습보다는 감각을 자극하는 목적으로 제공된다. 교육부가 담당하고 있는 만 3세 이상의 교육은 놀이가 주요 수단으로 사용되기는 하지만 본격적인 학습을 목적으로 한다. 그러나 만 6세까지 아동의 보육을 담당하는 기관인 시간제 탁아소(halte-gardrie)나 아동정원(jardin d'enfant), 가정 보육모(assiatante), 그리고 유아학교 내에 있는 방과후 활동을 담당하는 여가센터(centre loisir)도 보육서비스에 포함되어 있어, 유아교육과 보육이 연령별 이원화 체제이기보다는 기능별 이원화 체제의 특징을 지닌다고 볼 수 있다(이화도, 2007).

둘째, 전인발달 특히 문화 교양교육을 강조한다. 프랑스는 1998년에 새로운 법령을 제정함으로써 유아들이 다양한 문화적인 경험을 할 수 있도록 제도적인 장치를 마련하였다. 유아들의 생활 시간표를 유아학교에서의 정규수업, 수업 전 · 후, 수업 외(방학 등)로 나누어 각 시간대 성격에 맞는 교육활동이 이루어지도록 조치함과 더불어 예 · 체능 활동을 보다 강화하였다. 이처럼 전인발달 교육은 유아기에 국한되지 않고 만 3세 이하의 영아에게까지 확대된다. 영아기 자녀를 둔 부모를 위한 안내책자에는 예 · 체능 활동을 제공하는 단체나 기관이 소개되어 있는데, 그 영역은 음악, 연극, 영화, 수영 등에 이르기까지 매우 광범위하다.

셋째, 이원화, 전인적 보육과 더불어 프랑스 영유아 교육의 또 하나의 특징으로 볼 수 있는 것은 바로 국가의 지원이다. 보육은 물론이거니와 유아교육에 있어서 국가의 지원은 행정적, 제도적인 것에서부터 재정적인 것에까지 이른다. 보육의 경우를 보더라도 국가의 지원은 보육시설을 양적으로 확충시키는 것에 머무르지 않고 영유아 자녀를 둔 각 가정에 보육 보조금을 지원하거나 부모가 모두 직장에 다니는 경우 직장에서의 근무시간을 단축시키는 등의 제도적인 뒷받침을 하고 있다. 유아교육의 경우에도 다양한 유형의 가족수당을 지급하여 각 가정에 재정적인 보조를 하고 있으며, 학교시설과 운영에 관한 전반적인 비용을 국가(현재는 지방자치단체)에서 부담하고 있다(한지혜, 2002).

이상에서 기술된 프랑스 유아교육의 3가지 특징에서 프랑스 교육의 역사적 배경과 예술을 사랑하고 자유 · 평등 · 박애의 프랑스 대혁명 정신을 계승하려는 프랑스인들의 노력을 알 수 있다.

2) 영유아를 위한 보육 · 교육기관

프랑스의 영유아를 위한 보육 · 교육기관은 표 9-1과 같다. 프랑스의 보육 · 교육기관 중 보육기관만 그 특성을 간단히 살펴보고자 한다(이화도, 2007).

표 9-1 프랑스 보육 · 교육기관의 종류와 행 · 재정 지원체계

<table>
<tr><th colspan="2">구분</th><th>유아교육기관</th><th>대상
연령</th><th>행정부처</th><th>재정지원체계</th><th>교사</th></tr>
<tr><td colspan="2">유아교육</td><td>유아학교</td><td>2/3~6</td><td>교육부
지역자치단체</td><td>교육부
지방자치단체</td><td>유아교사</td></tr>
<tr><td rowspan="7">영
·
유아
보육</td><td rowspan="5">공공
보육
기관</td><td>공립 보육기관
(crèche collective)</td><td>만 3세
미만</td><td rowspan="6">• 사회사업부
• 모자보건국
• 국가가족수당
기금관리처
• 지방자치단체</td><td rowspan="7">• 사회보장제도
의 틀 안에서
지원됨
• 개인보육에 관
한 재정지원
– 가족수당
• 공공보육에 관
한 재정지원</td><td rowspan="5">• 영유아보육
교사
• 보육전문가</td></tr>
<tr><td>부모협동 보육기관
(crèche parentale</td><td>0~6</td></tr>
<tr><td>시간제 탁아소
(halte-gardrie)</td><td>0~6</td></tr>
<tr><td>아동정원
(jardin d'enfant)</td><td>3~6</td></tr>
<tr><td>가정 보육기관
(crche familiale)</td><td>3~6</td></tr>
<tr><td>가정
보육</td><td>가정보육모
(assistant
maternelle)</td><td>0~6</td><td>가정보육모</td></tr>
<tr><td>방과후
활동</td><td>여가센터
(centre de loisir)</td><td>2/3
~
12</td><td>체육, 청소년부</td><td>사회교육전문가</td></tr>
</table>

(1) 공립 보육기관(crèche collective)

3세 미만의 영아를 주간에 보육하는 대표적인 보육유형이다. 대부분 시에 의해 운영되어지며, 협회에 의해 운영되어지기도 한다. 한 반의 인원은 30~60명 정도로, 교사수는 못 걷는 영아의 경우, 영아 5명당 교사 1명, 걷는 영아의 경우, 영아 8명당 교사 1명으로 구성되어진다. 점차 늘어나는 사회양육의 수요에 대응하기 위한 국가적 지원이 증가하여 공립 보육기관은 계속해서 증가하고 있는 추세이다.

(2) 부모협동 보육기관(crèche parentale)

부모가 아동보육에 참여하는 소규모 보육기관으로, 약 20명 정도의 영유아를 보육하며, 부모가 최소 3시간에서 4시간 동안 아동보육에 참여하도록 명시되어 있다. 부모참여 형태는 교육활동이나 일상생활, 장보기, 요리, 식사준비 등 다양하다. 운영과 재정지원은 공립 보육시설과 비슷하다.

(3) 시간제 탁아소(halte-gardrie)

0~6세들을 위한 간헐적 시간제 보육기관으로, 새벽 5시에서 밤 11시까지의 탄력적 운영체계를 갖추고 있다.

(4) 아동정원(jardin d'enfant)

독일의 킨더가르텐의 불어 번역어로, 만 3~6세들을 대상으로 주중에 운영하는 사립 유아학교이다. 유아학교 정규시간과 같은 형식으로 운영하며, 방과후 보육기능도 담당한다.

(5) 가정 보육기관(crèche familiale)

공공보육시설과 부모보육의 중간 형태인 가정보육기관으로 영아수가 40인을 넘지 못하게 되어 있다. 2000년 법령에 의해서 가정보육모를 고용해야 하며, 가정보육모의 90%는 부모에 의해 고용되어지나, 나머지 10% 정도는 가정보육기관에서 고용되어진다.

(6) 가정보육모(assistante maternelle)

가정보육모는 일정한 보수를 받으며 자신의 집에서 미성년자를 보육하는 자를 의미한다. 초기에는 보모, 탁아모로 불리어졌는데 1977년 법령에 의해 가정보육모라는 공식 명칭이 명시되었으며, 1992년 법령에 의해 전문직업인으로서의 위상을 갖게 되었다. 약 90% 정도는 부모에 의해 고용된 가정보육모이며, 이때 부모들은 가정보육모 지원수당을 받는다. 보통 가정보육모를 부모가 개인적으로 고용하지만 직접 찾기 힘들 때에는 가정보육모 연락망을 통하거나, 관련부처를 통해 가정보육모를 고용할 수 있다.

(7) 방과후 여가센터(centre de loisir)

방과후 여가센터는 만 3~12세 미만의 아동들을 대상으로 한 보육기관으로, 주요 수요일이나 유아학교 일과시간이 끝나는 오수 4시 이후부터 이루어지는 보육서비스다. 이러한 방과후 보육서비스는 보육업무를 관장하는 행정부서인 사회복지부와 시에서 담당하고 있고 사회교육전문가가 아동을 돌본다. 방과후 여가센터는 유아교육과 보육이 유기적인 협력관계를 유지해 오고 있음을 보여 준다.

이 같은 국가차원의 보육 덕분에 프랑스 여성의 80%가 직장에 다니고 있다.

3) 영유아를 위한 보육과정

교육 기능이 강조되는 유아학교의 교육과정을 중심으로 프랑스의 보육과정을 살펴보면, 프랑스 교육과정의 목표는 영유아의 전인적인 발달이며, 교육과정의 내용은 언어, 더불어 살아가기, 신체운동 및 표현활동, 세상에 대한 이해 넓히기, 민감성, 상상력, 창의력 키우기의 5개 영역으로 우리나라 누리과정의 5개 영역과 유사한 점이 있다(한지혜, 2002).

(1) 보육목표

프랑스 교육법에 따르면, "유아학교는 신체적 · 인지적 · 정서적 형태하에서 유아의 인성발달에 공헌한다. 유아학교는 유아들이 다양한 표현방법을 활용하도록 하며, 초등학교 교육을 받을 준비를 시킨다. 장애아의 조기 발견과 교육적인 치료를 가능하게 한다. 그리고 이후 학교 교육의 기회균등을 베푼다"고 명시되어 있다. 이를 통해 프랑스 유아학교의 궁극적 목적인 인간이 일생을 살아가면서 공동사회에서 지키고 행해야 하는 인간의 기본자세를 가르치는 인성교육이 강조되고 있다는 것을 알 수 있다.

또한 유아가 다른 사람들과 대화하는 법을 배우고 시민교육의 기초를 형성하며 주변 세계를 발견하고 문어와 구어를 포함한 언어를 학습함으로써 말하기, 듣기, 읽기, 쓰기의 기초적인 능력을 형성하도록 한다. 그리고 유아학교는 예술적 즐거움을 위한 행동과 놀이를 도모하기 위한 교육기관이며, 감각운동을 기르고, 상상력을 계발하며, 상상하고, 느끼고 창조하는 행위의 가치를 경험하고, 이를 통해 감수성을 길러 주는 곳으로 본다(이기숙, 2001).

(2) 보육내용

교육과정의 내용은 더불어 살기, 듣기 · 말하기 · 읽기 · 쓰기에 관심 가지기, 신체운동, 주변 환경 탐색하기, 상상하고 느끼고 창조하기, 그래픽 활동, 분류 · 계열 · 수세기 · 측정 · 형태와 공간관계 지각으로 구성되어 있다. 이러한 교육내용은 연령에 따라 구분되며, 각 연령별 교육활동 및 계획은 유아의 생활리듬과 발달상황 등을 고려하여 유아교사가 한다. 이때 교사는 각 교육단계별 내용의 난이도와 유아의 학습능력이나 흥미를 고려한다.

교육법에 유아학교는 2세부터 입학 가능하다고 하지만 실제적으로는 2세의 유아들은 보육의 역할로 교육적인 교육과정의 프로그램에 제한받지 않고 임의로 운영된다.

(3) 보육방법

프랑스 유아학교에서 실시하는 교육방법으로는 신체활동, 의사소통 및 구어적 · 문어적 표현활동, 예술적 · 심미적 활동, 과학적 · 기술적 활동을 강조하고 있다. 또한 유아들의 일과를 조직할 때에도 무엇보다도 전인적인 발달을 고려하여 정규수업시간 외에 유아들이 보내는 다양한 시간, 예를 들어 수업 전 · 후 시간 그리고 방학 등과 같은 수업 이외의 시간이 조화를 이루도록 함을 명시하고 있다. 각 지방자치단체는 이러한 국가적인 기본 방침을 토대로 각 지역사회에 적합한 정책을 수립하게 되는데, 예 · 체능활동을 비롯한 다양한 문화활동을 제공하는 것을 목적으로 하는 만큼 이를 실현하기 위한 재정 확보와 협력기관망의 조성 등이 정책 안에 반드시 포함되어야 한다. 이렇게 세워진 정책은 국가와의 협의 및 계약을 통해서 실행된다.

2. 영국의 보육과정

전통적으로 육아는 가정의 책임이라는 의식이 강한 영국은 1998년 노동당이 집권한 이후 많은 변화가 있었다. 즉, 노동당이 집권하면서 국가경쟁력을 높이기 위한 목적으로 영유아 교육과 보육을 국가 중요 전략사업으로 정하고 정부가 적극적으로 영유아 보육과 교육에 개입하고 있다. 중앙정부 내의 교육기술부가 보육과 유아교육 정책을 주도하며, 1998년 말 4세 아동 전원에 대한 유치원 무상서비스를 정착시켰고 3세 아동까지 이를 확대하는 중이다.

1) 영유아 보육 · 교육의 특성

현재 영국은 보육과 교육을 동시에 수행하는 일원화 체제이며 국가와 지방정부가 공동으로 책임지고 있다. 영유아 교육 관련 기관으로는 교육기술부와 지역교육청이 있는데, 교육기술부 안에 슈어스타트국(Sure Start Unit)이라는 범중앙부처의 협력을 기반으로 한 조직을 설치하여 영유아 교육과 보육 서비스를 책임지게 하였다. 슈어스타트국은 영유아와 가족을 위한 포괄적 서비스를 담당하고 있으며, 출생 후부터 부모와 영유아들 그리고 지역사회위원회의 요구에 맞게 구성된 종합 육아지원체제(one-stop centre)로 영유아의 교육, 보육, 건강, 조기 학습, 그리고 부모지원의 포괄적 지원을 기본으로 한다.

한편, 영국의 의무교육기간은 총 11년(초등 6년, 중등 5년)이며, 학년별이 아닌 단계(key stage)별로 교육과정을 운영하고 있다. 만 5세 이하는 '기초단계(foundation stage)'로 명명되고 있으며, 유치부(nursery reception)는 의무교육은 아니나 실제 3세(빈곤층은 만 2세)부터 무상교육을 받을 수 있고, 초등학교는 9월 1일을 기준으로 만 5세 유아가 입학하여 6년간 교육을 받는다. 우리나라와 비교했을 때, 만 5세 유아가 초등학교 1학년인 것이다. 영유아와 교사의 비율은 2세 미만 영아는 3:1이고, 2세는 4:1, 3~4세 유아를 위한 교사 대 유아의 비율은 대체로 13:1이다.

2) 영유아를 위한 보육 · 교육기관

5세 미만(5세가 초등학교 1학년이므로)을 대상으로 하는 육아지원기관은 제공 주체, 주요 기능, 조직에 따라 여러 유형으로 분류된다. 가장 대표적인 분류 근거는 공립 및 지방정부와 사립교육 및 보육주체로 구분된다. 영국정부는 0~5세까지의 영유아를 대상으로 한 다양한 육아지원 기관을 제공하고 부모들이 적합한 기관을 용이하게 선택하도록 하는 것을 기본 정책으로 하고 있다. 여기서는 지성애, 백선희, 채영란(2007)이 분류 · 정리한 육아지원 기관의 유형을 살펴보고자 한다.

(1) 공립 유아학교(public nursery school)

정부에 의해 운영되고 독립된 자체 건물을 보유하고 있는 학교로서 3~4세 유아를 대상으로 무상교육을 시키며, 5세 이상의 아동들이 재학하는 초등학교 기관에 소속되어 있지 않다. 주당 12.5시간의 교육 프로그램을 제공하고 있으며, 학교에 다니는 동안에는 반일제나 종일제로 탄력적으로 융통성 있게 조절할 수 있다. 하루에 6시간의 풀타임만을 제공하는 곳도 있다.

(2) 유아학급(nursery class)

2.5~5세 영유아를 위한 학급으로 5세 이상의 아동이 재학하고 있는 초등학교 기관 내에 소속되어 있는 점이 '공립 유아학교'와 구별된다.

(3) 예비학급(reception class)

초등학교 안에 있는 학급으로 일반적으로 전일제 교육을 제공하나 연장제 교육은 제공하지 않는다. 많은 학교들은 이러한 연장제 교육을 원하는 영유아들을 대상으로 방과후 프로그램을 개발하고 있다.

(4) 시간연장 학교(extended school)

학생, 학부모, 지역사회의 필요를 충족시키기 위하여 학교의 정규 교육과정 이외에 행해지는 각종 서비스와 활동으로 모든 학생을 대상으로 하나 주된 대상은 저소득층 및 교육 소외계층이다.

(5) 사립 유아학교(private nursery school)

사립 유아학교는 몬테소리 학교와 같이 수요자가 부담하는 교육비에 의해 운영되는 영유아 교육기관이다.

(6) 아동센터(child centre)

부모와 영유아를 위한 포괄적 프로그램을 제공한다. 교육과 보육, 가족지원, 건강

서비스, 부모 고용 등과 관련된 부분뿐 아니라 모든 연령의 영유아들을 대상으로 새벽부터 저녁까지 서비스를 제공하고 있다. 정부에서 여러 가지 다양한 기능이 있는 아동센터를 둔 이유는 한 장소에서 영유아와 가족을 위한 통합적 서비스를 제공할 수 있도록 하기 위함이다. 영유아 교육 및 보육 관련 모든 법조항은 아동센터나 시간연장 학교의 활용을 지지하고 있다.

(7) 조기센터(early years centre)

이 기관을 이용하는 영유아의 평균연령은 생후 6개월에서 5세까지이며 기관 입소결정은 컴퓨터 추첨에 의해 이루어지며 입소순위 여부에 따른 민원 여건을 사전에 차단 및 통제하고 있다.

(8) 놀이그룹(play group)

놀이그룹은 부모들이 약간의 보수를 받거나 전혀 보수를 받지 않고 영유아들에게 일주일에 일정 시간 동안 보육서비스를 하는 모임을 말하는데 영국의 영유아 교육에서 상당한 비중을 차지하고 있다.

(9) 섹션보육(sessional care)

8세 이하의 영유아들에게 하루에 연속 4시간보다는 적은 시간을, 일주일에 5회 이하 보육을 제공하는 기관이다. 양육자가 없는 아이들에게는 2섹션으로 나누어서 하루 중에 보육을 제공할 수도 있다. 즉, 수요자가 이용시간과 횟수를 조절한다. 전일제 영유아들의 보육과 또래 그룹이나 놀이그룹이 있는 활동에 영유아들이 참여할 수도 있다.

3) 영유아를 위한 보육과정

영국 보육·교육의 특징은 영유아뿐만 아니라 교육 전반에 걸쳐 중앙정부가 교육에서 최소한의 역할과 기능을 하고 있기 때문에 국가수준의 명문화된 보육·교육과정이 없다. 이러한 이유로 교장과 교사의 전문성과 자율성이 존중되고 보육·교육과정은 교사의 고유권한으로 인정될 뿐 아니라 부모의 참여가 필수로 여겨지며 사회에서 남을 위한 일에 가치를 두는 영국사회의 특성이 놀이집단의 활성화로 이어지게 되었다.

영국의 영유아 교육기관이 추구하는 목표로는 다른 나라와 마찬가지로 영유아의 전인적 발달을 돕고, 일을 가진 어머니를 대신하여 영유아를 돌보고, 초등학교 진학을 위한 기초를 갖추어 주며, 영유아의 언어능력 및 단체생활에 필요한 능력을 길러주는 것 등을 들 수 있다. 취학 전 교육은 영유아들의 전인발달을 도와주기 위한 것이라는 전통적인 관점에서 초등학교 교육의 준비단계로 보는 관점으로 변화되고 있다.

2000년 이후, 영국은 유아교육의 질을 향상시키기 위한 획기적 계기를 마련하였다. 2002년 후반기에, 태어나서 3세까지의 영아를 위한 교육과 보육을 지원해 주고 안내해 주는 기본 지침이 도입되었다. 그리고 3~5세 유아들을 위한 '기초단계' 교육과정이 2000년에 도입되었으며, 2002년에 국가수준 교육과정의 초기단계로서 등록을 명확하게 하였다. 이 국가수준 교육과정에서는 기초단계를 통합하여 가르쳐야 할 교육내용을 개인적·사회적·정서적 발달, 의사소통 언어, 수학적 발달, 세계에 대한 이해와 지식, 신체발달, 창의성 발달 등의 6개 발달영역으로 구분 제시하였으며, 각 발달영역 내용은 주임교사와 교사가 일과표에 준하여 결정하고 교육현장에 적용하도록 하고 있다.

한편, 유아학교에서는 학습을 동기부여하기 위한 조용한(방해를 받지 않는) 놀이에 비교적 긴 시간을 할당한다. 놀이는 즐거움을 위한 것이라기보다는 교육적인 발달을 위한 것으로 구성되어 있다. 놀이 속에서 진행되는 유아의 학습을 위하여 교사는 유아의 놀이를 도와주고 함께 참여한다. 또한 교사는 유아의 호기심을 높이고, 왜, 무엇을, 어떻게 등의 유아의 질문에 대하여 그 이야기를 심화시키는 방법으로 대답한다. 교사의 질문도 "그래요", "아니에요"라고 간단히 대답하는 폐쇄적 질문은 피한다.

3. 독일의 보육과정

독일 영유아 교육의 역사는 프뢰벨(Friedrich Froebel)에 의해 1837년 튀링겐의 카일하우에서 창설된 유치원(Kindergarten)에서 찾아볼 수 있다. 프뢰벨의 은물과 유치원, 『어머니의 노래와 사랑의 노래』 등의 출간은 독일 영유아 교육의 뿌리를 형성하는데 크게 영향을 미치게 되었고, 루돌프 슈타이너(Rudolf Steiner)는 독일에 발도르프 교육체제를 구축하는 데 기여하였다.

1) 영유아 보육 · 교육의 특성

독일의 교육제도 및 법규는 복선형 학제를 따르고 있다. 영유아 교육은 학교제도 측에 포함되어 있지 않고 일반적으로 주의 청소년국에서 소관하고 있다. 유아교육은 3년의 교육연한을 가지고 있으나 의무교육은 아니다. 그러나 3~6세 유아의 4분의 2가 유치원에 다닌다는 점에서 제도권 교육이나 다름이 없다.

2) 영유아를 위한 보육 · 교육기관

독일의 유아교육기관은 크게 유치원(kindergarten), 유아원(kinder-krippen), 예비초등학교 학급(schulkindergarten), 탁아소(kindertagestte), 호르트(hort) 등이 있다(방인옥, 1983).

표 9-2 독일의 영유아 교육기관의 유형과 운영특성

	유치원	유아원	예비 초등학교 학급	호르트
교육연한	1~3년 (3세~6세)	만 6개월~만 3세	1~2년 (6세)	6세~12세
교육시간	오전반(4시간) 오후반(4시간) 종일반(8시간)	8시간 (오전 7시~오후 4시)	오전반(3시간) 오후반(3시간)	방과후
설립주체	• 1/3이 주정부에서 설립 • 대부분 가톨릭/개신교회에서 설립		국가	
학습방법	• 놀이 중심 • 인성교육 • 생활습관교육 • 사회교육에 치중	보육중심	• 초등학교 준비교육 중심 • 학습준비능력개발 (읽기, 쓰기, 셈하기) • 몬테소리 교육	• 숙제와 놀이지도 • 학교시간 외에 아동의 보호와 교육
집단구성	20명(혼합연령) 교사:유아=1:10	6명 교사:영아=1:3	20명 내외	15명 이하 (혼합연령)

출처: 석은조(2005: 25).

(1) 유치원

「아동청소년복지법」에 의하면 유치원은 3~6세 유아들을 위한 교육과 보호를 모두 제공하며 아동이 책임 있는 사회성원으로 발달하도록 돕는 기능을 지닌 기관이다. 최근에는 연령 범위를 확장하려는 움직임이 일어나고 있으며, 정교사 1명, 보조교사 1명이 학급을 담당하고 있다.

(2) 유아원

생후 8주부터 3세까지의 영아를 반일제 혹은 종일제 프로그램으로 보육한다. 한 그룹은 5~8명으로 2명의 교사(정교사, 보조교사)가 돌본다. 부모가 모두 직장을 가진 경우가 대부분이며, 원비는 부모의 수입 여하에 따라 액수가 정해지고 그 나머지는 시와 주정부에서 보조한다.

(3) 예비 초등학교 학급

몇몇 주정부는 초등학교 체제 안의 5세 이상 유아를 대상으로 유치원 학급을 무상으로 운영하고 있다. 구서독 지역의 5세 유아 중 5%가 이 유치원에 등록하여 혜택을 받고 있다.

예비 초등학교 학급은 1~2년 과정으로 초등학교에 입학할 나이에도 불구하고 신체, 심리적으로 학교생활에 적합하지 않은 유아들을 위한 시설로 한 반에 20명씩 오전반 3시간, 오후반 3시간으로 운영된다. 설립주체는 주로 국가, 공공기관으로 대도시의 초등학교 안에 설치되어 있다. 1년 뒤 학습능력이 개선되면 초등학교 1학년에 입학할 수 있고, 일반 유치원의 놀이 중심 방법과는 달리 읽기, 쓰기, 셈하기 중심의 초등학교 학습준비에 역점을 둔다. 몬테소리 교구를 많이 사용한다.

(4) 호르트

방과후 보육시설인 호르트는 주로 유치원을 졸업하고 초등학교에 다니는 아동들로 부모가 집에 없을 때 교사가 밥을 먹이고 숙제를 보아 주는 곳이다. 호르트는 유치원과 밀접한 관계를 맺고 같은 건물 내에서 지도 · 감독되기도 한다.

현재 호르트는 점차 혼합연령 집단(3~14세)으로 구성되고 있으며, 보통 개개인의 발달특성에 맞게 교사 3명에 15명 이하의 유아가 개별적으로 지도되고 있다. 하루 일과는 오전 7시에 등원하여 아침식사 후 등교 준비를 하고, 학교에 갔다가 다시 12시 30분에서 2시까지 학교에서 돌아와 점심식사를 하고, 2시 30분에서 3시 30분까지는 숙제를 한다. 그 후 여가활동에 참여했다가 6시에 귀가한다.

3) 영유아를 위한 보육과정

(1) 보육목표

독일 영유아 교육에서는 자신의 삶에 대한 책임감을 형성하고 가족사회의 요구에 부응할 수 있도록 사회적 관계를 맺을 수 있는 가치 지향적이고 창조적인 인간을 육성하는 것을 기본 목표로 하고 있다. 따라서 독일에서는 학교교육을 통하여 친구와 함께 놀이하고 우정을 나누는 것을 중요시한다. 그래서 독일에서는 유치원에서의 또래 친구 그룹이 그대로 초등학교 같은 반에 들어간다. 학년이 올라가도 변하지 않고 김나지움을 졸업할 때까지 13년간을 계속 같은 반의 친구로서 지낸다. 이러한 교육적 배려는 평생 함께 사랑과 우정을 나누고 살아갈 친구를 갖게 하려는 철학에서 근거하고 있다. 독일의 유아교육 목표를 한마디로 요약하면 인간교육의 목표달성이라고 할 수 있을 것이다. 독일은 각 주의 교육자치제로 16개 주마다 교육과정이 다르다.

(2) 보육내용

독일 유치원에서는 교육내용에 있어서 무언가 많이 가르치려고 하기보다는 철두철미하게 놀이 중심으로 하고 있으며, 읽기, 쓰기, 셈하기는 초등학교에 가서 해도 늦지 않다고 생각하고, 인성교육과 생활습관 교육, 친구 사귀기를 비롯한 사회성 교육 등에 치중하고 있다(곽노의, 1999). 이러한 원칙하에 '사회적 학습' 교육과정을 따르면서도 관례적인 학습영역을 소홀히 하지 않는다. 보육내용 역시 지역에 따라 다르다.

(3) 보육방법 및 일과운영

독일 영유아 교육에서 가장 강조되는 학습방법은 놀이 중심, 생활 중심에 바탕을 두고 학습활동을 제공하고, 개인의 관심사에 따라 자신의 활동에 몰두할 수 있는 활동시간의 융통성을 지니고 있다.

유치원의 하루일과는 부모들의 일상생활과 직접적으로 관련시키고 있다. 대략적으로 독일에서는 10세 미만의 자녀를 둔 여성의 취업률은 38% 정도이고, 이 중에서 21% 정도는 시간제로 일하고 있다. 따라서 보통 유치원의 교육시간은 어머니가 오전, 오후 시간제로 일자리를 가질 경우를 대비하여 오전반은 8시부터 12시까지, 오후반은 13시부터 17시까지 4시간 동안이며, 종일반은 오전 6시 30분부터 17시까지 8시간 동안 운영된다. 최근에는 종일반이 늘어나는 추세이다. 그러나 발도르프 유치원에서도 반일제를 원칙으로 하고 종일제 형태의 교육은 하지 않는다. 그 이유는 유아가 너무 오랜 시간 가족과 떨어져서 지내면 가족관계에 치명적일 수 있기 때문이다(곽노의, 1999).

유치원의 오전반의 일과운영은 8시부터 10시 15분까지 자유놀이 시간으로 유아들은 집단으로 활동하거나 보조교사 혹은 교사와 상호작용하고 자유롭게 아침식사를 한다. 종일반의 경우에는 6시 30분에서 9시까지 유치원에 도착, 잠자기, 자유놀이가 이루어진다.

그 후 10시 15분에서 10시 45분까지는 그날의 주제에 대한 이야기 나누기를 실시하고, 10시 45분에서 11시 30분까지는 요일별로 다르게 작업을 하고, 11시 30분에서 12시까지는 함께 모여서 그날의 활동을 교사와 나누면서 정리활동을 하거나, 모두 참여할 수 있는 놀이를 하는 등 마무리 활동 및 귀가지도를 실시한다.

오전반의 경우에는 보통 12시 정도에 부모가 자녀들을 데려간다. 오후반과 종일반의 경우에는 12시부터 점심 및 휴식을 실시하고 13시부터 종일반은 낮잠을 자고, 오후반의 경우는 이야기 나누기가 시작된다. 14시부터 영역별 혹은 집단별 작업이 시작되고, 15시부터 16시 30분까지 야외활동 혹은 방문 등의 특별 프로그램이 운영된다. 16시 30분부터 마무리 활동, 귀가지도를 실시한다.

그러나 종일반의 경우, 일과운영은 월요일부터 목요일까지는 오전 7시부터 오후 5시까지, 금요일은 오전 7시부터 오후 4시까지 운영한다. 취업모가 아닌 자녀의 경우는 12시까지 시설에서 보육하고 집으로 돌아가며, 취업모 자녀들은 1시간 정도 휴식을 취한 후에 부모들이 직장에서 자녀를 데리러 올 때까지 오전과 유사하게 상황중심 교육을 실시한다.

(4) 보육평가

독일의 영유아 평가에서 가장 중요한 점은 인간교육의 목표가 달성되었는가 하는 점이다. 학문적인 능력의 발달정도에 대한 평가는 부재하며 다른 아동과의 놀이를 통해서 사회성, 도덕성의 발달, 인성교육, 생활습관 교육을 제대로 이루고 있는지가 영유아 평가의 중요한 항목이 된다.

따라서 생활규칙과 같은 기본생활습관은 독일 보육평가에서 중요한 덕목 중의 하나이고, 식사 전에 손 씻기, 식사 예절 지키기, 식사 후에 그릇 치우기, 취침시간 지키기, 인사하기 등의 기본생활습관은 물론이고 다른 사람을 방해하지 않고 자신의 일은 자신이 하고, 항상 자신의 물건은 자신이 정리하고 다른 사람의 것을 사용할 때는 반드시 허락을 받는 등의 습관은 어릴 적부터 강조하며 이러한 습관의 형성이 적절하게 이루어져 있는가의 정도가 영유아 평가의 관건이 되는 것이다. 이러한 기본생활습관의 강조는 18세가 되면 가정을 떠나서 스스로 독립된 생활을 해야 하는 독일의 관습과 무관하지 않으며, 앞에서 기술한 기본생활습관과 사회성, 도덕성 발달은 독일 가정생활에서 자연스럽게 생활 속에서 묻어 나와 지켜지고 있다(석은조, 2005).

4. 미국의 보육과정

20세기 이후 미국에서는 커다란 사회적 변화를 여러 차례 겪게 되었다. 1930년대의 공황, 1940년을 전후한 2차 대전, 1957년의 스푸트니크 충격 등으로 말미암아 미국은 풍요 속의 빈곤, 국제적인 경쟁과 냉전, 여성의 사회 진출, 인력자원 개발의 절실함을 겪게 되었다. 인력자원의 개발이 절실해지고 여성의 사회진출에 따른 아동지도의 필요성이 증대됨에 따라 경제적으로 어렵고 가정의 교육적 환경이 좋지 않은 아동들에게 취학 전에 교육기회를 제공하려는 노력이 시도되었다. 그렇게 함으로써 교육적 환경이 좋은 아동들과 문화적 격차를 보이지 않도록 하기 위해서이다. 이러한 노력을 통해 문화적 결핍이 된 아동들에게 취학 전에는 교육기회를 제공하여 문화결핍을 보충하고, 취학 후에는 충분히 능력이 발휘할 수 있도록 하였다 (최준열, 1991).

1) 영유아 보육 · 교육의 특성

미국 영유아 보육 · 교육의 가장 큰 특징을 한 가지만 들자면, 국가와 지역사회가 저소득층의 아동들이 교육의 혜택을 받지 못해서 빈곤의 악순환에 허덕이는 문제를 해결하기 위해 이들에게 교육의 기회를 제공하려고 많은 노력을 기울여 오고 있다는 것이다. 대표적인 것이 헤드 스타트(Head Start) 프로그램이다. 그 이후 헤드 스타트 운동의 일환으로 수많은 영유아 보육 · 교육 프로그램들이 개발되었다. 이러한 미국의 노력에는 유치원을 창설하였던 프뢰벨이나 영유아 교육 프로그램을 개발한 몬테소리(Montessori), 영유아 교육을 실천에 옮긴 페스탈로찌(Pestalozzi) 등의 빈민을 위한 교육적 사고를 계승한 유아교육의 전통도 영향을 주었다.

한편 이와는 대조적으로 중류 가정 이상의 자녀들을 위하여 취학 전에 실시되는 교육 프로그램도 동시에 운영되었다. 유아원과 유치원이 대표적인 프로그램이다.

2) 영유아를 위한 보육 · 교육기관

미국의 영유아 교육기관에는 0에서부터 8세까지 영유아들이 다니고 있으며, 가장 대표적인 기관은 유치원, 유아원, 탁아기관, 헤드 스타트이다. 5세는 무상교육이며, 0~4세는 연방과 주정부, 지방정부, 부모가 공동부담하며 특수아, 저소득층, 일하는 부모의 자녀에게 우선권이 있다. 부모는 소득에 따라 최대 76%를 부담한다(한국교육개발원, 2000).

(1) 유치원(kindergarten)

1970년대 이전에는 사설유치원이 중심이 되어 유치원 교육을 담당하고 있었는데 1970년대 이래로 공립유치원이 전국적으로 설취되어 많은 유아들이 이용하게 되었다. 유치원은 5세가 된 유아가 초등학교에 취학하기 이전까지 다니는 조기교육기관으로 반일제와 종일제 두 형태가 있다.

미국에서는 만 5세가 되면 공립학교에 부설된 유치원에 등록시킬 수 있으며, 미국의 유치원은 다른 나라와 달리 초등학교의 일부분으로서, K학년으로 불리며, 초등학교 저학년과 거의 함께 다루어지는 것이 특징이다. 원칙적으로 무상교육이나 사소한 경비는 소요된다. 90년대 이후 98%의 유아들이 유치원에 다니며, 이 가운데 84%가 공립유치원에 다니고 있다.

(2) 유아원(preschool)

유아원은 대개 2.5세/3세부터 초등학교 입학 전인 5세까지 다닐 수 있으며, 일주일에 2일에서 5일간 유아원에 다닌다. 시간제, 반일제, 종일반이 있으며, 공립, 사립, 교회 부속 등으로 나누어진다. 주로 중상류 계층의 자녀가 취학하며, 사회성 발달 및 인지발달을 강조한다.

(3) 어린이집(daycare center)

어린이집은 취업모의 자녀를 보호, 교육하는 곳으로서 0세부터 6세까지 영유아를 대상으로 한다. 보통 시간제나 종일반으로 운영된다. 어린이집의 종류는 가정과 사회의 요구에 따라 다양하다.

(4) 헤드 스타트(head start)

헤드 스타트는 취학 전 보상교육의 일종으로 존슨(Johnson) 대통령이 "빈곤에 대한 전쟁"을 선포한 후 빈곤의 악순환을 타파하기 위하여 확대된 프로그램이다. 헤드 스타트에는 의료봉사, 부모교육과 가정상담, 아동발달교육, 자원봉사자 활용, 학습준비도 형성이 포함된다. 운영원리는 저소득층 사람들을 헤드 스타트 계획과 운영에 참여하게 하여 그들의 관심과 성원을 유도해 내는 것이다. 헤드 스타트는 영유아가 교사와 더불어 취학 전에 다양한 경험을 하는 포괄적인 지역사회 활동 프로그램이다.

3) 영유아를 위한 보육과정

미국의 보육·교육과정은 주, 지역, 기관, 교사에 따라 매우 다양하며 프로그램의 철학이나 기관의 운영 주체, 대상 유아, 부모의 요구, 기초된 이론 등도 매우 다르다. 따라서 전 국가적으로 동일하게 같은 보육·교육과정을 운영하지 않고, 각 주마다 교육에 대한 책임과 권한을 가지고 주민의 요구와 합의에 따라 다양한 프로그램을 실행하고 있다(박은혜, 김명순, 신동주, 정미라, 2000).

(1) 보육목표

모리슨(Morrison, 1996)은 여러 결과들을 종합하여 교육목표를 다음과 같이 제시하였다(박은혜 외 2000, 재인용).

① 유치원 교육목표

- 언어발달을 증진한다.
- 독립성을 증진한다.
- 자아통제를 함으로써 다른 사람과 협동적으로 지낸다.
- 사회적 기술을 습득한다.
- 인지발달을 증진한다.
- 신체가 건강하고, 건강한 영양습관을 들이며 정신적으로 건강하도록 한다.

② 유아원 교육목표

- 교사나 다른 또래들과 좋은 관계를 발달하도록 돕는다.
- 유아가 다른 사람을 돕는 것을 배우도록 한다.
- 옷을 입고 끈을 매며, 손을 닦고, 머리를 빗는 등의 생활습관법을 모델링한다.
- 높은 자기 존중감과 좋은 자기 이미지를 발달하도록 돕는다.
- 유아가 자신, 가족, 문화에 대해 배울 수 있도록 돕는다.
- 이름 알기, 색깔, 형태, 크기, 수, 방향 개념 등을 배우도록 촉진한다.
- 종합, 분석, 평가할 수 있는 기회를 제공하여 논리 · 수학적 사고를 촉진한다.
- 언어와 조기 문해기술을 경험할 기회를 제공한다.
- 준비도 기술을 촉진한다.
- 새로운 음식, 균형 잡힌 식사 및 필수적 영양을 소개하고 좋은 영양습관을 배우도록 경험을 제공한다.
- 독립심을 발달시키도록 한다.

(2) 보육내용

일반적인 유치원, 유아원, 헤드 스타트의 교육내용은 다음과 같다(최준열, 1991).

① 유치원

- **자유놀이:** 자유선택활동(블록 쌓기, 연극놀이, 작품 만들기, 책 보기 등)
- **학업놀이:** 제한된 선택(읽기, 셈하기, 말하기 공부)
- 간식
- 집단활동(음악, 이야기 나누기, 견학)
- 실외 놀이

② 유아원

- **발견시간:** 구조화되어 있지 않은 자유놀이. 발견시간에는 창작활동, 그림 그리기, 요리, 블록 쌓기, 사회극, 장난감 가지고 맞추기 등을 한다.
- **동아리 시간:** 구조화된 집단지도. 음악, 이야기나누기 등의 집단활동을 한다.
- 간식시간
- 구조화되지 않은 실외 놀이
- 구조화된 마무리 활동: 말하기, 읽기 등을 한다.

③ 헤드 스타트

헤드 스타트의 교육과정은 전국적으로 동일한 형태를 취하고 있지 않지만 빈곤의 사슬을 타파하려는 목적에 맞추어 아동의 건강 · 정서 · 사회발달, 사고 · 언어 · 추리력 발달, 아동의 경험확대, 대인관계 증진, 자신감 · 책임감 · 소속감 형성 등을 위한 교육내용으로 구성된다. 다양하게 프로그램을 운영하도록 허용하고 있으나 어떤 경우이든 헤드 스타트 프로그램의 성취 기준을 충족시켜야 한다. 이들 기준을 보면 문서화된 운영계획서가 있어야 하며, 의료활동, 정신건강 진단, 영양관리, 사회봉사, 부모 참여 등이 이루어져야 된다.

(3) 보육방법

미국 영유아 교육기관의 교육방법은 놀이를 통한 학습, 시행착오를 통한 학습, 유아 스스로에 의한 능동적 · 자발적 학습, 발견학습, 발명학습으로 요약된다. 유아들은 외부의 자극이나 보상에 의하거나 교사나 성인의 지도에 의해서가 아니라 그들 스스로의 내적 충동이나 요구 및 인지적 갈등에 의해 학습하고 발달해 간다. 이러한 이유로 미국의 유아교육에서는 자유놀이를 강조하여 유아들이 활동을 자유롭게 해 볼 수 있도록 교육 재료를 잘 마련해 놓는다.

일반적으로 블록 쌓기, 그림 그리기 및 다른 예능활동(물감그림, 만들기 등), 극화놀이, 이야기 듣기, 동물과 식물 기르기, 노래 부르기와 악기 다루기, 몸 움직이기, 요리하기, 모래 · 물놀이, 운동장의 놀이기구에서 놀기, 책상에서 할 수 있는 놀이(그림 맞추기 등)의 교육활동을 제공한다(이경희 외, 2006).

5. 일본의 보육과정

현재 일본의 유아교육과 보육은 급변하는 사회상황에 대응하기 위해 필연적인 개혁이 요구되고 있는 과도기에 처해 있다. 일본은 소자화(小子化)현상과 인구감소, 국가 경쟁력을 위한 질 높은 유아교육과 복지에 대한 욕구, 대기아동의 문제, 정원초과의 문제, 인가 외 보육소에 대한 대응, 베이비호텔의 증가, 장시간 보육의 문제, 학력 저하와 도덕성의 상실, 보육시설의 평가체제, 지역사회와의 연계, 출산장려 정책, 보육료의 지원정책 등의 문제로 새로운 정책적 대안 및 시책 등을 모색하게 되었다(장혜순, 김명자, 2005). 이러한 과도기의 혼란 속에 유보일원화에 대한 움직임이 활발해졌고 본격화되었다.

이에 최근 일본의 유보일원화 시설인 인정어린이원에 관한 법률 「취학전 보육등 추진법」이 제정되어 2007년 7월 일본 전국에서 94개의 인정어린이원이 운영되고 있다(이기숙, 강민정, 2007).

1) 영유아 보육 · 교육의 특성

일본의 유치원과 보육소는 각각의 긴 역사를 가지고 취학 전 교육 · 보육을 담당해 왔음에도 불구하고, 현재 유치원과 보육소의 일원화가 추진되고 있는 상황이다.

2) 영유아를 위한 보육 · 교육기관

(1) 유치원

유치원은 만 3세에서부터 취학 전 유아들을 대상으로 「학교교육법」에 의해 규정된 학교교육 시설로서 문무과학성의 관할하에 있으며 1일 교육시간은 4시간을 기본으로 한다.

(2) 보육소

보육소는 0세부터 취학 전까지의 보육을 필요로 하는 영 · 유아들을 대상으로 「아동복지법」에 의해 규정된 아동복지 시설로서 후생노동성이 관할하고 있다. 보육소의 보육시간은 1일 8시간으로 그 지역 부모의 노동시간 및 가정 상황 등을 고려하여 보육소장이 정하고 있다.

(3) 인정어린이원

인정어린이원은 부모의 취업 유무와 관계없이 보육소 아동과 유치원 아동을 동시에 보육함과 동시에 자녀양육 지원 사업을 실시하는 원이며, 도도부현에서 인정기준에 달하는 시설에 대해 인정을 결정한다. 인정기준은 문부과학대신과 후생노동대신이 협의하여 정한 기준을 참고로 하여 도도부현이 조례로 정한다.

이 시설의 운영형태는 유보연계형, 유치원형, 보육소형, 지방재량형이 있는데, 그 중 유보연계형은 인가유치원과 인가보육소가 연계하여 일체적 운영을 하는 것으로 인정어린이원으로서의 기능을 하는 형태이다. 유치원형은 인가유치원이 보육을 필요로 하는 어린이를 위해 보육시간을 제공하는 등 보육소적인 기능을 첨가하여 인정어린이원으로서의 기능을 하는 형태이다. 보육소형은 인가보육소가 보육을 필요로 하는 어린이 외의 어린이도 수용하는 등의 유치원적인 기능을 첨가하여 인정어린이원으로서의 기능을 하는 형태이다. 지방재량형은 유치원과 보육소 어느 쪽의 인가도 없이 지역의 교육·보육시설이 인정어린이원으로서 필요한 기능하는 형태이다.

인정어린이원의 보육시간은 유치원아의 경우는 4시간, 보육소아의 경우는 8시간을 원칙으로 하고 있다. 연령별로 보면 0~2세는 전부 장시간아로 구성되나, 3~5세는 단시간아와 장시간아로 나누어 구성된다. 장시간과 단시간으로 나누는 기준은 나라가 정한 보육을 필요로 하는 기준으로 하며, 이 기준에 해당하지 않을 경우에는 장시간아로 등록을 할 수 없다. 인정어린이원의 이용절차 수속은 이용자와 시설장과의 직접계약에 의한다. 단, 유보연계형과 보육소형은 시정촌이 보육을 필요로 하는 어린이의 인정을 행하고 있다(이기숙, 강민정, 2007).

3) 영유아를 위한 보육과정

여기서는 「학교교육법」과 「학교교육법 시행규칙」에 따르는 일본의 유치원 교육과정을 소개한다.

(1) 보육목표

일본의 유치원은 유아를 보육하고 적당한 환경을 주어 그의 심신 발달을 조장하는 것을 목적으로 하고 있다. 「학교교육법」 제78조에 명시되어 있는 목표를 살펴보면 다음과 같다.

첫째, 건강하고 안전하며 행복한 생활을 하기 위해 필요한 일상의 습관을 기르고 신체 제 기능의 조화적 발달을 꾀한다.

둘째, 원 내에 있어서 집단생활을 경험시켜, 즐거이 이에 참가하는 태도와 협동, 자주 및 자율의 정신이 싹트게 한다.

셋째, 신변의 사회생활 및 사상에 대한 바른 이해와 태도를 싹트게 한다.

넷째, 언어의 사용법을 바르게 이끌고, 동화 그림책에 대한 흥미를 기른다.

다섯째, 음악, 유희, 회화, 기타 방법에 의해 창작적 표현에 대한 흥미를 기른다.

(2) 보육내용

현행 유치원 교육요령은 건강, 인간관계, 환경, 언어, 표현의 다섯 가지 영역으로 구분된다. 건강영역은 건강한 마음을 기르고 스스로 건강하고 안전한 생활을 만들어 가는 힘을 기르는 영역이다. 인간관계 영역은 다른 사람들과 친하게 지내며 서로 도와주는 생활을 위하여 자립심을 지르고 사람들과 관계를 맺는 힘을 기르는 영역이다. 환경영역은 주위의 다양한 환경에 호기심과 탐구심을 갖고 이를 생활에 적용해 가는 힘을 기르는 영역이다. 언어영역은 경험한 것, 생각한 것을 나름대로의 언어로 표현하고 상대방이 하는 말을 들으려는 마음과 태도를 길러 언어에 대한 감각과 언어로 표현하는 능력을 기르는 영역이다. 마지막으로 표현영역은 느낌과 생각을 나름대로 표현함으로써 풍부한 감성과 표현력을 기르고 창조성을 풍부하게 하는 영역이다. 유치원 교육요령에는 이러한 다섯 가지 영역에서의 교육내용을 구체적으로 제시하고 있다.

(3) 보육방법

일본의 문부성과 후생성은 유치원과 보육원, 인정어린이원에서 학습과 인성발달의 균형을 취하도록 공식적으로 소풍, 체조, 건강, 경마훈련, 사회, 자연, 음악, 리듬과 무용, 미술과 공작을 가르치도록 권장하고 있다. 대부분 일본의 유치원에서는 읽기, 쓰기, 산수 공부는 거의 하지 않고 놀이를 강조한다. 또한 집단주의적인 활동인 음악을 강조하여 모든 활동의 시작과 끝을 음악으로 하며 악기를 연주하고 노래를 부르는 학예회 활동도 많이 한다. 재활용품을 재료로 활용한 만들기도 자주 한다.

고구마를 캐는 것이나 동물을 기르는 것도 주요한 활동이다. 유치원에 우리를 마련하여 염소나 오리, 토끼, 닭을 기른다. 유아들은 매일 등원하면 동물들과 인사를 나누며 일과를 시작하고 당번을 정하여 동물에게 먹이를 주고 목욕도 시켜 준다. 유아들은 자신들이 기르던 동물이 병들어 죽거나 새끼를 낳는 것을 보면서 생로병사의 섭리를 깨달으며, 남의 마음을 헤아리고 생명의 소중함을 느끼게 되는 마음도 갖게 된다고 한다(김상숙, 2002: 이경희 외 2006에서 재인용).

이상에서 살펴본 프랑스, 영국, 독일, 미국, 일본의 유아교육 체제를 살펴보면, 이들 국가 어느 경우라도 영유아들을 시장경제에만 맡겨 두지 않는다는 것이다. 한국교육개발원 자료에 따르면 95년 기준으로 유아교육 선진국이 포함되어 있는 OECD 국가 대부분의 취학 전 유아 교육 및 보호비용의 70~90%를 국가가 부담하고 부모 부담은 10~30%에 불과하다. 또한 이들 나라는 상호보완 되는 다양한 지원체제를 병행하고 있다. 유급출산 휴가, 유 · 무급 육아 휴직, 유급간병 휴가, 보육비용의 세금감면 등 가정 내 양육 및 영유아 보육을 국가가 재정적으로 지원하고 행 · 제도적으로 뒷받침한다. 국가의 지도 감독체계 역시 시사점이 있다. 일본과 미국 등

많은 나라에서 육아시설에 대한 지도감독체계가 잘 짜여 있으며, 육아시설의 프로그램 인증제를 실시하며 정부는 이를 장려하고 지원한다.

이러한 주요 보육선진국의 영유아 보육·교육 예산 지원율, 국가의 행정적·제도적·재정적 지원 체제 등은 우리나라 유아교육 정책에 많은 시사점을 줄 것이다.

PART Ⅳ

어린이집 환경구성과 운영원리

하늘반 이 교사는 교실 환경구성에 대해 항상 고민을 한다. 정해진 흥미영역을 배치하고 학기가 달라질 때마다 조금씩 변화를 주었던 이전 보육과정과는 달리 현행 국가수준 보육과정에서는 자율적인 배치가 가능하기 때문이다. 이 교사는 영유아들에게 의미 있는 환경을 구성하기 위해 영유아들의 놀이를 유심히 관찰하고 영유아들의 의견을 충분히 수용하여 놀이가 충분히 일어날 수 있는 놀이영역을 제공한다. 이 교사는 영유아들과 함께 이야기를 나누어 부족한 놀이영역을 복도로 확장하고 유아들이 요청한 자료를 준비한다. 이 교사는 이러한 환경구성에 대한 고민의 시간이 매우 즐거운 일이라고 생각하며 영유아들이 이곳에서 어떤 놀이를 할지 기대한다.

영유아는 자신을 둘러싼 환경의 영향을 받으며 세상을 배우고 성장해 나간다. 교사는 영유아의 발달에 적합한 실내 · 외 환경을 구성할 수 있어야 한다. 또한 어린이집의 효율적인 운영관리를 위해 인적 · 시설 · 사무에 대한 기준과 관리 방법을 이해할 필요가 있다.

Ⅳ장에서는 어린이집의 환경구성과 운영관리에 대해 자세하게 알아볼 것이다.

학습목표

- 어린이집 환경구성의 의미와 중요성을 이해한다.
- 어린이집 실내 · 외 놀이환경의 구성원리를 이해한다.
- 연령에 적합한 놀이환경 구성을 이해한다.
- 어린이집 운영을 위한 인적 · 시설 · 사무관리의 방법을 파악한다.

주요 용어

환경구성, 실내 놀이환경, 실외 놀이환경, 놀이영역, 인적관리, 시설관리, 사무관리

Chapter 10

어린이집의 환경구성

영유아는 자신을 둘러싼 환경과의 상호작용을 통해 성장해 간다. 교사가 계획하고 조직, 구성한 보육환경은 영유아의 발달과 행동방식에 영향을 미치고 영유아가 의미 있는 정서적 경험을 할 수 있게 하므로 매우 중요하다. 본 장에서는 어린이집 물리적 환경의 의미와 연령별 환경 구성에 대해 알아보고자 한다.

1. 어린이집 환경의 의미

영유아는 주변의 환경과 상호작용하며 자신을 이해하고 세상을 발견해 간다. 환경은 물리적 공간 이상의 의미로서 영유아의 느낌과 생각, 행동방식을 좌우하며 삶의 질에 결정적인 영향을 미친다. 또한 영유아에게 정서적 경험을 하게 하여 의미 있는 공간으로서 장소에 대한 이미지를 형성하게 한다(Greenman, 1988). 영유아를 둘러싼 물리적 환경은 영유아의 인간 형성에 깊이 관련되는 삶의 상황이라는 점에서 신중하게 준비되고 운영되어야 할 필요가 있다(Vandenberg, 1998). 이와 관련한 어린이집 놀이환경의 의미는 다음과 같다.

1) 정서적 안정감을 주는 공간

어린이집의 환경은 영유아에게 정서적 안정감을 준다. 영유아가 가정이 아닌 어린이집이라는 낯선 환경에서 탐색행동을 하기 위해서는 정서적 안정이 선행되어야 한다. 좋은 놀잇감이 준비되어 있더라도 영유아가 공간에 대한 안정감을 느끼지 않는다면 탐색과 학습이 일어나기 어렵다. 영유아는 어린이집 환경이 자신을 환영하고 있다고 느낄 때 안락함과 안정감을 갖게 된다. 이를 통해 영유아는 공간에 대한 좋은 이미지를 형성하고 이러한 정서적 안정감을 바탕으로 교사에 대한 친밀감과 물리적 환경에 대한 탐색욕구를 느낄 수 있다.

2) 놀이가 일어나고 확장되는 공간

어린이집의 실내 놀이환경은 영유아들의 놀이를 결정하는 중요한 요소이다. 눈높이에 놓여 있는 놀잇감과 안정감을 주는 넓은 공간은 영유아들에게 놀고 싶은 욕구를 자극한다. 영유아들은 놀잇감을 보고 탐색의 욕구를 느껴 놀이를 시작하고 놀잇감에 익숙해지면 공간과 자료를 이용해 놀이를 확장해 간다. 개인적 차원의 놀이는 또래와 만나 사회적 차원의 놀이로 발전된다. 놀이공간의 크기와 배치는 놀이의 빈도와 형태에 영향을 미치기도 한다. 놀이공간이 충분하고, 적절한 환경구성이 되어 있는 경우 영유아들의 놀이성은 증가하고 사회적 놀이가 많이 나타난다.

3) 발달과 학습이 이루어지는 공간

어린이집의 환경은 영유아의 발달과 학습을 촉진한다. 영유아의 발달에 적합한 환경은 교육의 질을 결정하는 중요한 요소이다(Moore, 1986). 놀이 영역의 구성이 영유아의 발달에 적합하게 배치된 경우 정서적 안정과 학습동기를 유발하여 학습을 촉진시키며 유아의 자기 통제력을 향상시킬 수 있다(강옥환, 이기현, 2000). 놀이 환경은 영유아의 신체, 언어, 인지, 사회, 정서발달에 긍정적인 영향을 미친다. 제4차 표준보육과정에서 나타난 바와 같이 물리적 공간은 유아들에게 배움이 이루어지는 장소임과 동시에 보육과정 운영을 위한 교수매체이다(임수연, 양혜련, 2012).

2. 실내 놀이환경

1) 실내 놀이환경의 구성 원리

환경구성은 영유아의 심리적 안정, 발달적 적합성, 다양성을 고려하여 구성하는 것이 바람직하며 그 원리는 다음과 같다(교육과학기술부, 보건복지부, 2013; 교육부, 보건복지부, 2019; 김지영 외, 2020; 한국보육진흥원, 2022).

(1) 영유아가 활동할 수 있을 만큼 충분히 넓어야 한다.

놀이환경은 영유아가 활동하기에 어려움이 없을 정도로 충분히 넓어야 한다. 영유아의 발달특성상 움직임이 많고 활동적이기 때문에 부딪히지 않도록 공간을 확보해 주어야 한다. 공간이 충분하지 않으면 놀이가 일어나기 어렵고 갈등이 생기기 쉽다. 보육실에서 다른 공간으로 이동할 수 있도록 통로를 갖추고 통로는 넓게 구성하여 안전사고의 위험을 최소화할 필요가 있다. 「영유아보육법」에 따르면 보육실은 거실과 공동놀이실을 포함하여 영유아 1인당 2.64㎡를 제공해야 한다.

면적기준 / 시설규모	어린이집 전용 면적	보육실 면적	놀이터 면적	산정 기준
50인 미만 시설	영유아 1인당 4.29m²	영유아 1인당 2.64m²		각 면적 산정 인원 중 가장 적은 수를 정원으로 함
50인 이상 시설			영유아 1인당 3.5m² 원칙	

출처: 보건복지부(2023). 2023년도 보육사업안내.

(2) 영유아의 연령 및 신체발달에 적합한 풍부한 놀이자료를 제공한다.

놀이자료는 영유아가 놀이에 사용할 수 있는 놀잇감, 매체, 재료와 도구 등을 포함한다. 영유아에게 놀이자료는 자신의 감정과 생각, 상상 등을 자유롭게 표현하는 수단이자 세상에 대한 이해를 넓혀 나가는 데 중요한 역할을 하는 매개물이다. 교사는 영유아에게 일상의 평범한 사물, 자연물, 악기, 미술 재료, 그림책, 재활용품 등을 적절히 제공할 수 있으며 계절이나 행사, 국경일과 관련된 자료는 시기에 맞게 제공할 필요가 있다. 또한 비구조적인 열린 자료를 풍부하게 제공하여 영유아가 자신만의 방식으로 활용할 수 있도록 지원하며 영유아가 찾아낸 새로운 놀이자료나 창의적인 놀이방식을 인정하고 존중해야 한다. 놀이자료를 제공할 때는 영유아가 자유롭게 탐색할 수 있도록 자료의 사용방법이나 놀이방식을 지나치게 제한하지 않도록 유의한다.

(3) 영유아의 놀이 요구를 중심으로 놀이영역을 구성한다.

표준보육과정에서는 영유아가 즐겁게 놀이하며 스스로 배울 수 있도록 놀이가 중심이 된 실내외 환경구성을 강조한다. 흥미영역은 고정적인 것이 아니라 언제든 변화되고 재구성될 수 있다. 교사는 놀이공간을 구성하고 변형해 나가며 영유아의 자유로운 놀이를 지원할 수 있다. 교실의 흥미 영역은 영유아들이 가장 좋아하는 놀이를 중심으로 구성하는 것이 좋으며, 영유아들이 흥미를 보이지 않는 영역은 다른 영역과 통합하여 재구성하거나 다른 영역으로 대체하는 것도 가능하다. 또한 영유아의 관심과 흥미, 요구에 따라 새로운 영역을 구성할 수 있으며, 이때 영유아가 주도적으로 놀이 영역을 창조할 수 있도록 지원해야 한다. 교실 밖의 복도나 계단, 구석진 공간 등 영유아가 놀이할 수 있는 실내 공간은 안전을 확인한 후 놀이 공간으로 구성할 수 있다. 흥미영역으로도 구성이 가능하나 영유아의 놀이가 반영되어 있는 놀이영역 구성이 우선되어야 한다(예: 물감놀이, 점토놀이, 팽이놀이, 공룡테마파크놀 등).

표 10-1 연령별 흥미영역 구성의 예

연령	흥미영역
만 0세	신체영역, 언어영역, 감각 · 탐색 영역
만 1세	신체영역, 언어영역, 감각 · 탐색 영역, 역할 및 쌓기놀이 영역
만 2세	신체영역, 언어영역, 감각 · 탐색 영역, 미술영역, 음률영역, 역할 및 쌓기놀이 영역
만 3~5세	언어영역, 미술영역, 음률영역, 수 · 조작영역, 과학영역, 역할놀이 영역, 쌓기놀이 영역

출처: 한국보육진흥원(2019).

(4) 청결하고 안전한 환경을 제공해야 한다.

어린이집의 실내 공간은 영유아가 놀이나 활동에 집중할 수 있는 편안하고 쾌적한 공간이어야 한다. 놀이환경의 안전, 위생, 환기, 청결을 관리하여 영유아가 가장 쾌적하게 느끼는 적정 온도나 습도를 유지해야 한다. 실내 시설 및 설비는 영유아의 연령과 발달에 적합한 것을 배치하여 영유아가 안전하게 사용할 수 있도록 한다.

(5) 영유아의 연령, 발달수준 및 보육프로그램을 반영하여 환경을 구성한다.

놀이환경은 영유아의 발달특성에 적합하여야 한다. 예를 들면, 영유아의 연령이 낮을수록 일상적이고 개별적인 보살핌을 위한 환경 구성이 필요하고, 감각적인 환경을 제공해야 한다. 실내 시설 및 설비가 영유아의 연령 및 신체에 적합한 크기와 높이로 되어 있어 영유아가 스스로 사용하기에 용이해야 한다.

또한 보육실은 다수의 영유아가 함께 생활하며 같은 시간대에 여러 가지 놀이나 활동이 이루어지는 장소이므로 영유아가 놀이와 활동을 자율적으로 선택하고 능동적으로 참여할 수 있도록 어린이집의 보육프로그램 특성에 맞는 놀이영역을 구성하고 다양한 놀이 및 활동자료를 마련해 주어야 한다. 해당 어린이집에서 실시하는 보육프로그램이 잘 이루어질 수 있는 보육실 환경을 어린이집의 특색에 맞게 구성하는 것이 필요하다.

2) 영아를 위한 실내 보육환경

(1) 영아반 환경구성의 원리

영아는 편안하고 안전한 환경이 가장 중요하다. 앞서 논의한 영아의 발달적 특성을 고려하여 다음의 구성 원리를 따른다(보건복지부, 2013; 박찬옥 외, 2015; 한국보육진흥원, 2017).

- 영아의 건강과 안전을 최우선으로 고려한다. 쾌적하고 위생적인 공간과 설비, 놀잇감이 마련되고, 지속적으로 청결하게 관리되어야 한다.
- 영아가 움직일 때 부딪힐 만한 부분이 없도록 배치해야 하며 모든 영역에서 활동하고 있는 영아가 교사의 시야에 들어올 수 있도록 한다.
- 움직임과 이동성을 확보한다. 공간은 영아가 탐색하며 활동할 수 있을 만큼

충분히 넓어야 한다. 또한 걸음마를 배우고 활동성이 증가하는 영아의 발달특성을 고려한 공간배치가 필요하다.

- 영아의 일과를 고려하여 수유, 낮잠, 기저귀갈이 등 일상생활을 위한 공간과 흥미 있는 대상을 탐색할 수 있는 놀이공간이 적절하게 구성되어야 한다.
- 영아기는 감각운동기능을 활용한 탐색이 중요한 시기이므로 탐색과 놀이가 충분히 이루어지도록 다양한 놀이영역을 구성하여 탐색과 발견의 기회를 주어야 한다.
- 영아반의 경우 유아반처럼 여러 개의 영역을 세분화하여 배치하기보다 영아의 특성에 맞는 몇 개의 흥미영역을 통합하여 구성하는 것이 좋다.

그림 10-1 **영아반 실내 놀이환경**

(2) 놀이영역별 환경구성

영아를 위한 보육환경 구성은 영아의 연령에 맞게 다음과 같이 구성할 수 있다(보건복지부, 한국보육진흥원, 2019).

표 10-2 **영아반 보육환경 구성**

구분	영아반 보육환경 구성							
	일상생활영역		놀이영역					
0세반	수유	기저귀갈이	신체	언어	감각·탐색	-	-	-
1세반	수유	기저귀갈이	신체	언어	감각·탐색	역할·쌓기	-	-
2세반	-	-	신체	언어	감각·탐색	역할·쌓기	미술	음률

① 신체영역

영아기는 신체발달이 급격히 이루어지는 시기이므로 끊임없이 움직이는 영아의 특성을 고려하여 충분히 움직일 수 있는 넓고 개방된 공간이 필요하다. 신체영역은 영아가 대 · 소근육 발달 및 신체조절력과 협응력을 기를 수 있는 다양한 활동자료가 준비된 영역이다. 기고 걷고, 오르고 내리고, 타거나 끌 수 있는 놀잇감들을 갖추고 움직임이 자유로워지는 만 2세 영아들을 위해서는 미끄럼틀이나 종합놀이대와 같은 활동자료를 제공한다.

그림 10-2 **신체영역**

② 언어영역

언어영역은 영아가 교사와 함께 또는 혼자 편안하게 그림책을 보거나 이야기를 나누는 영역으로 조용하고 밝은 공간에 배치한다. 그림책 외에도 인형이나 그림, 사진과 자료를 제공하여 언어적 상호작용이 활발하게 일어날 수 있도록 한다. 영아기에 적합한 다양한 그림책을 준비하여 표지가 잘 보이도록 배치하여 영아가 스스로 꺼내고 정리할 수 있도록 하는 것이 좋다.

그림 10-3 언어영역

③ 감각 · 탐색 영역

영아는 오감을 사용하여 주변을 탐색해 가기 때문에 탐색을 활발하게 할 수 있는 감각 · 탐색 영역은 매우 중요하다. 영아들이 다양한 감각을 사용하여 탐색할 수 있도록 딸랑이, 모빌, 그림책, 다양한 질감의 자료 등을 비치한다. 음식이나 자연물과 영아들에게 탐색의 욕구를 자극하는 좋은 자료가 될 수 있으며 잡아당기거나 누르면 작동하는 놀잇감과 같은 인과 관계를 알 수 있는 놀잇감도 제공하는 것이 좋다. 감각 · 탐색 영역의 놀잇감을 구비할 때 가장 중요한 것은 자료의 크기(3.5cm 이상)와 재질, 형태들의 안전이다.

그림 10-4 감각 · 탐색 영역

④ 역할 및 쌓기놀이 영역

역할놀이 영역은 영아가 일상생활의 경험을 모방하여 다양한 역할을 표현해 보는 영역이다. 싱크대, 음식모형, 전화기, 유모차, 카트와 같은 놀잇감을 준비하며 영아의 놀이욕구 충족은 위해 같은 놀잇감을 여러 개 준비하는 것이 좋다.

쌓기놀이는 블록을 쌓거나 구성물을 만들며 놀이하는 영역으로 안전하고 다양한 크기와 재질의 블록을 제공해 줄 필요가 있다.

그림 10-5 **역할 및 쌓기놀이 영역**

⑤ 미술 · 음률 영역

미술영역은 다양한 그리기 도구와 자료를 이용해 자신을 표현하는 영역으로 물과 가까운 곳에 배치하는 것이 좋다. 끼적이기가 시작되는 1세 영아들을 위해서 벽면에 전지를 붙여 마음껏 그릴 수 있는 기회를 제공할 필요가 있으며 만 2세 영아들을 위해서는 다양한 그리기 재료를 제공하고 서로의 작품을 감상할 수 있도록 전시해 주어야 한다.

그림 10-6 미술 · 음률 영역

(3) 영아의 놀이를 촉진하는 환경구성

제4차 표준보육과정은 영유아 중심 · 놀이 중심 보육과정으로 흥미영역 중심의 전형적이고 고정적인 환경구성이 아닌 영유아들의 놀이를 중심으로 하는 환경구성에 초점을 두고 있다. 영아들이 놀이하는 물리적 공간은 영아의 놀이행동과 정서상태에 많은 영향을 미친다. 놀이할 수 있는 공간의 크기, 놀이영역의 배치, 놀잇감의 제공 형태 등 놀이환경이 영아의 눈높이에서 쉽게 구분되고 사용하기 편리하게 제공되는 것이 중요하다. 영아들의 사고는 보고, 듣고, 만지고, 맛보고, 냄새 맡는 감각적 자극을 통한 지각에서 비롯되기 때문에 교사의 언어적 지시보다 눈에 보이는 공간의 환경 구성 자체가 영아에게 어떻게 보여지는지가 중요하다(경기도육아종합지원센터, 2021).

① 공간 구성과 놀잇감 배치

여러 영아가 함께 놀이해야 하는 어린이집 상황에서 영아 자신이 무엇을 가지고 어디에서 어떻게 놀아야 하는지 분명하지 않다면 불편함을 느낄 수 있다. 자신이 놀이할 공간이 확보되지 않아 영아가 내 자리가 없다고 느끼거나 다른 친구들은 놀잇감을 가지고 재미있게 노는데 내가 하고 싶은 놀잇감을 쉽게 얻을 수 없을 때, 또 자신이 놀이하는 공간과 친구가 이동하는 동선이 겹쳐서 놀이 도중 방해받는 상황이 자주 발생한다면 돌발 상황에 개입해야 하는 교사의 부담과 피로도 증가하게 된다. 영아들의 놀이를 촉진하는 환경구성을 하기 위해 고려해야 하는 내용은 다음과 같다

- 공간 자체가 영아들을 안내할 수 있도록 놀이 공간을 구성해 주는 것이 중요하다.
- 연령에 적합한 놀잇감을 선정하고 놀이방법과 놀이형태가 유사한 놀잇감을 모아서 영아의 눈에 잘 띄는 낮은 장에 손쉽게 꺼내어 놀이할 수 있도록 구분하여 제시하는 흥미영역을 구성해 준다.
- 놀잇감을 가지고 놀이할 수 있는 적절한 공간마련이 필요하다. 영아는 교구장에서 꺼낸 놀잇감을 그 자리에서 바로 가지고 놀이하고 싶어 하므로 놀잇감 가까이 인접한 공간에서 접합한 방식으로 놀잇감을 가지고 놀이할 수 있는 공간을 확보해 주어야 한다.

② 공간의 연결과 확장

표준보육과정에서는 영유아의 놀이에 따라 놀이공간을 연결하거나 확장할 것을 제안하고 있다. 영아의 발달적 특성에 따라 놀이공간의 연결과 확장은 다음과 같은 내용을 고려하여 구성할 수 있다.

- 영아들의 놀이형태를 살펴보면 단독놀이나 병행놀이가 주로 이루어지고 놀이의 연결이나 확장보다는 단편적인 탐색과 놀이가 대부분이므로 영아가 하는 놀이에 교사가 개입하여 의도적으로 다른 놀이 공간과 연결해 주어야 할 필요는 없다.
- 공간을 재구성할 때는 얼마나 많은 수의 영아들이 유사한 놀잇감을 선호하여 같은 공간에서 놀이하는지 살펴보고 영아들의 놀이에 필요한 공간의 넓이가 어느 정도인지를 고려하여 공간의 크기를 조절해 주어야 한다.

- 영아들의 놀이 공간을 조절해 주는 것은 영아들에게 하고 싶은 놀이를 할 만한 공간을 확보해 주고 좁은 공간에서 서로 부딪히거나 만들어 놓은 것이 부서져 좌절하는 경우가 발생하지 않도록 조율해 주기 위한 경우가 대부분이다.

③ 새로운 놀이영역 구성

놀이영역은 흥미영역을 중심으로 고정적인 것이 아니라 영아들의 놀이를 중심으로 구성되어야 한다. 영아들의 관심이 지속되는 놀이는 놀이영역으로 구성해 줄 수 있다.

영아들이 유사한 행동을 반복하거나 동일한 상황이나 대상에 여러 명의 영아들이 관심을 가진다면 주된 관심이 되는 대상을 여러 흥미영역의 놀이에 반영하여 관련 놀잇감을 제공해 주거나 특별한 놀이가 이루어지는 공간을 구성해 줄 수 있다. 예를 들면, 배변훈련 놀이, 자동차 놀이, 병원놀이와 같이 영아의 발달 과업이나 일상의 경험에서 영아들이 공통으로 관심을 보이는 주제를 중심으로 놀이영역을 구성하여 보다 흥미롭게 놀이할 수 있도록 지원해 줄 수 있다.

3) 유아를 위한 실내 보육환경

(1) 유아반 환경구성의 원리

유아를 위한 실내 놀이환경은 주로 흥미영역으로 나누어 구성하지만 2019 개정 누리과정에서는 유아가 주도하는 놀이가 활성화될 수 있도록 흥미영역의 운영방식을 자율화하였다. 따라서 교사는 유아의 흥미와 요구를 토대로 유아가 자유로운 놀이를 할 수 있도록 흥미영역을 분리 또는 통합하는 등 융통적으로 운영할 수 있다. 유아반의 환경구성의 원리는 다음과 같다(보건복지부, 교육과학기술부, 2013; 교육부, 보건복지부, 2019).

- 공간은 유아가 활동할 수 있을 만큼 충분히 넓어야 한다.
- 시설 설비와 교구는 유아의 연령 및 신체발달에 적합하여 유아가 성인의 도움 없이 스스로 사용하고 정리할 수 있도록 한다.
- 유아에게 매력적이고 교육적으로 의미 있는 활동을 제공하도록 환경을 구성한다. 이를 위해 유아에게 활동선택권을 주는 다양한 흥미영역을 실내외 공간에 배치할 수 있다.
- 청결하고 안전한 환경을 제공하고 적정온도나 습도를 유지해야 한다.
- 환경은 유아의 발달특성에 적합하여야 한다. 유아의 연령이 낮을수록 일상적이고 개별적인 보살핌을 위한 환경구성이 필요하고, 감각적인 경험의 기회가 많이 포함되는 환경을 제공한다.
- 유아가 장시간 어린이집에 머물 경우, 혼자 놀거나 쉴 수 있는 공간이 필요하며, 일상적인 보살핌이나 낮잠을 위한 물건이나 놀잇감 보관을 위한 저장 공간을 마련한다.
- 유아의 의견을 반영하여 놀이공간을 구성하고 운영해 나가는 자율성을 갖는다.

그림 10-7 유아반 실내 놀이환경

(2) 놀이영역별 환경구성

① 쌓기놀이 영역

쌓기놀이 영역은 여러 가지 크기와 모양, 재질의 블록과 소품을 이용하여 구조물을 만드는 놀이를 하는 영역이다. 유아는 쌓기놀이를 통해 공간에 대한 감각, 측정 기술, 원인과 결과에 대한 사고력 등을 기를 수 있다. 쌓기놀이 영역은 활동적이고 소음이 있는 영역이므로 충분한 공간을 확보하고 바닥에 소음방지를 위한 카펫을 까는 것이 좋다. 다양한 크기의 블록과 꾸밀 수 있는 사람, 동물, 표지판 등과 같은 모형을 제공한다.

그림 10-8 **쌓기놀이 영역**

② 역할놀이 영역

역할놀이 영역은 유아들이 다양한 주제의 상상놀이 및 사회극화 놀이를 하는 곳이다. 많은 유아들이 참여할 수 있도록 충분한 공간을 제공하고 놀이의 확장이 가능하도록 쌓기놀이 영역이나 미술영역과 가까이 배치하는 게 좋다. 유아들의 상상력을 자극하고 놀이의 주제가 충분히 반영될 수 있도록 자료를 제공하고 유아들이 원하는 자료가 있을 때는 적극적으로 지원한다. 교사가 혼자 자료를 제공하는 것이 아니라 유아들이 자신들의 놀이에 따라 자율적으로 자료를 만들고 배치할 수 있도록 한다.

그림 10-9 **역할놀이 영역**

③ 언어영역

언어영역은 유아들이 듣기, 말하기, 읽기, 쓰기와 관련된 다양한 언어놀이를 하는 영역으로 조용하고 안정된 공간에 배치하는 것이 좋다. 연령에 적합한 그림책과 안락한 의자나 쿠션을 비치하여 혼자 혹은 친구와 함께 책을 읽을 수 있도록 하며 인형극틀과 인형을 제공하여 충분히 말하고 듣는 놀이가 할 수 있도록 한다. 쓰기 활동을 위한 자석쓰기판, 화이트보드, 종이와 다양한 필기류를 준비해 주는 것이 좋다.

그림 10-10 **언어영역**

④ 수 · 조작 영역

수 · 조작 영역은 유아들이 소근육, 논리적 사고, 문제 해결과 관련된 활동을 하는 곳으로 개별적인 활동이 주로 이루어지므로 조용한 곳에 책상과 함께 배치한다.

놀잇감들은 유아들의 흥미를 끌 수 있도록 잘 보이는 곳에 놓고 정리정돈을 쉽게 할 수 있도록 바구니나 쟁반에 담에 제공한다. 다양한 게임이나 퍼즐, 구성할 수 있는 자료나 수학 관련 활동자료를 비치한다.

그림 10-11 수 · 조작 영역

⑤ 과학영역

과학영역은 조용한 영역에 배치하며 식물이나 동물을 키울 수 있으므로 햇빛이 잘 드는 곳을 택한다. 소집단으로 집중하여 놀이할 수 있도록 유아가 관찰하기 쉬운 낮은 탁자 등을 구비하는 게 좋다. 과학영역의 자료들은 계절, 놀이주제, 유아의 흥미에 기초하여 다양한 자연물과 실물을 제시하는 게 좋다. 유아가 궁금해하는 것들에 대한 실물뿐만 아니라 과학그림책이나 사진, 영상을 준비해 준다.

그림 10-12 과학영역

⑥ 음률영역

음률영역은 유아들이 음악을 듣고, 노래를 부르고, 여러 가지 악기 및 소리를 탐색하며 몸을 움직여 보는 영역이다. 활동적이고 소음이 많은 영역이므로 다른 영역에 방해가 되지 않게 조용한 영역과는 떨어진 곳에 배치하거나 필요한 기간 동안만 배치할 수 있다. 다양한 소리가 나는 악기나 교구를 제공하며 간단한 노래 악보나 악기 연주 악보를 같이 비치해 주어 스스로 연주해 보도록 지원한다.

그림 10-13 음률영역

⑦ 미술영역

미술영역은 다양한 재료를 이용하여 그리기, 만들기, 꾸미기와 같은 표현이 이루어지고 완성된 작품을 감상하는 기회를 제공하는 영역이다. 조용하고 밝으며 물이 가까이 있는 곳에 배치하는 것이 좋다. 손쉽게 자료를 꺼내어 사용할 수 있도록 자료장이 준비되어 있어야 하고 유아의 작품을 말리거나 전시할 수 있는 공간이 필요하다. 정교한 그림과 만들기를 하기 위해서는 다양한 재료를 준비해 주는 것이 필요하다.

그림 10-14 미술영역

(3) 유아의 놀이를 촉진하는 환경구성

보육실의 실내 놀이공간 구성 시 학급의 원아 수, 성별의 비율, 유아들의 전반적인 놀이 성향을 고려해야 한다. 학기 초에는 놀이자료를 구분하기 위한 기본적인 영역을 구분하고 각 영역이 지나치게 협소해지지 않도록 가구를 배치하는 것이 좋다. 또한, 한 번 정한 영역을 한 학기 내내 고정하지 않고 놀이에 따라 즉각적으로 재배치해 주려는 융통성을 발휘하고 실내외 전체공간을 놀이를 위해 다양하게 활용하려는 노력이 필요하다. 누리과정에서는 놀이공간에 대해 다음의 내용을 강조하고 있다(교육부, 보건복지부, 2019).

① 놀이공간을 융통성 있게 배치해 본다.

교실 내에 반드시 배치되어야 하는 흥미영역이 정해진 것이 아니므로 유아의 놀이를 지원할 수 있도록 공간을 융통성 있게 구성한다. 유아의 놀이에 따라 공간의 크기를 변화시키고 배치를 다르게 하기도 하고 놀이가 연결될 수 있도록 가까이에 배치할 수 있다.

② 놀이하는 공간을 넓혀 본다.

교실에 많은 교구와 놀잇감이 있다 보면 놀이할 공간이 부족한 경우가 있다. 유아의 놀이를 관찰한 결과 좁은 공간이 놀이를 방해하는 요소라고 판단되거나 유아가 놀이공간을 넓히고 싶다고 스스로 요구하였을 때 방해되는 가구와 설비, 놀잇감을 제거 및 이동하여 충분한 공간을 만들어 줄 수 있다.

③ 유아에게 공간 배치의 주도권을 주어 본다.

교사가 혼자 결정해 공간을 배치하는 것이 아니라 유아들의 놀이를 따라가면서 유아 스스로 놀이공간을 배치하거나 변경할 수 있도록 허용한다. 이를 통해 유아들은 교실의 소유권이 교사에게만 있는 게 아니라 자신에게도 있다는 것은 느낄 수 있다.

④ 다른 놀이공간을 찾아본다.

유아는 스스로 찾아낸 공간, 놀이를 하다가 우연히 발견한 공간을 더 좋아한다. 교사는 교실이나 실외 놀이터 외에 복도, 현관입구, 교실과 교실 사이의 공유공간, 계단 밑 등도 안전하다면 유아의 놀이공간으로 허용할 수 있다. 단 교사는 각 공간의 위험요소를 사전에 점검하고 안전하게 처리한 후 유아와 함께 안전에 유의할 수 있는 방법 및 공간 활용 방법을 함께 의논하는 것이 필요하다.

그림 10-15 재구성된 실내 놀이환경의 예

알아보기 실내공간 구성 및 운영 지표

보육실은 다수의 영유아가 함께 생활하며 같은 시간대에 여러 가지 놀이나 활동이 이루어지는 장소이므로, 어린이집의 실내외 놀이공간, 시설 및 설비는 영유아의 연령 및 발달수준, 흥미와 요구에 적합하고 놀이 및 활동, 일상생활을 지원하도록 구성되어야 한다. 이때 단순히 물리적 환경을 갖추었는지뿐만 아니라 그 환경에서 영유아가 의미 있는 경험을 하고 있는지에 대한 평가도 함께 이루어져야 한다.

어린이집의 실내공간 구성을 평가하기 위한 평가인증 지표는 4개의 평가항목으로 평정하도록 되어 있으며 평가항목은 다음과 같다.

	평가항목	평가방법	결과
1	보육실 내 흥미영역은 영유아의 연령, 발달특성, 놀이를 반영하여 구성한다.	관찰	□Y □N
2	실내 시설 및 설비가 영유아의 발달수준에 적합하다.	관찰	□Y □N
3	영유아의 요구를 충족하는 보육실 이외의 별도의 공간을 마련하고 있다.	관찰	□Y □N
4	비품과 활동자료를 보관하는 별도의 공간이 있고 체계적으로 정리하고 있다.	관찰	□Y □N
	합계		총 개

〈지표 평정기준〉
- 우 수: 4개의 평가항목 중 'Y'의 개수가 4개
- 보 통: 4개의 평가항목 중 'Y'의 개수가 2~3개
- 개선필요: 4개의 평가항목 중 'Y'의 개수가 1개 이하

출처: 보건복지부, 한국보육진흥원(2023).

3. 실외 놀이환경

실외 공간은 영유아가 마음껏 뛰어놀며, 자연과 계절의 변화를 만나고 탐색할 수 있는 놀이환경이다. 교사는 영유아가 몸을 충분히 움직여 즐겁게 놀이하고 위험으로부터 자신을 안전하게 보호하는 능력을 기를 수 있도록 지원해야 한다. 따라서 실외 놀이환경은 영유아가 안전하게 놀이할 수 있는 공간과 자료로 구성해야 한다. 또한 영유아들이 활발한 신체 움직임을 바탕으로 모험과 도전을 하면서 궁금한 것을 찾아 자유롭게 탐색하는 놀이를 다양하게 경험할 수 있는 놀이환경으로 구성한다. 실외 자투리 공간, 텃밭, 통로, 작은 마당 등은 공간의 특성과 안전을 고려하여 놀이환경을 구성하며, 어린이집의 상황에 따라 인근공원과 놀이터 등도 놀이 공간으로 활용할 수 있다(보건복지부, 2020). 보육프로그램(2013)에서 제시하는 실외 놀이영역은 다음과 같다.

1) 대근육 활동을 위한 영역

대근육 활동을 하기 위한 영역에는 그네, 미끄럼, 시소, 오르기 등의 고정 놀이기구들을 배치한다. 고정 놀이기구의 바닥에는 모래나 쿠션이 있는 재료를 깔아서 영유아가 넘어지거나 떨어졌을 경우에도 큰 상처를 입지 않도록 안전을 고려하여 설치한다. 또한 나무상자, 널빤지, 플라스틱 용기, 로프, 속이 빈 플록 등의 고정되지 않는 도구를 비치하여 뛰고, 달리고 하는 움직임 이외에 다양한 형태의 움직임을 경험해 보게 할 수 있다. 그 외에도 공, 줄, 자전거 등을 비치하여 신체조절 능력, 평형감각, 리듬감각 등을 길러 줄 수 있도록 한다.

그림 10-16 대근육 활동을 위한 영역

2) 물 · 모래놀이 영역

물과 모래는 특정한 결과물을 요구하지 않기 때문에 영유아들에게 실패나 좌절의 감정을 주지 않고 영유아들의 내적인 불만이나 긴장 등을 발산하거나 해소시켜 줄 수 있다. 물놀이 영역과 모래놀이 영역을 가까이 배치하여 놀이가 확장될 수 있도록 하는 것이 바람직하다. 여러 가지 소품을 함께 제공해 주어 영유아의 놀이가 활발하게 이루어지도록 하는 것이 필요하다.

그림 10-17 물 · 모래놀이 영역

3) 동·식물 기르기 영역

영유아들이 꽃과 나무, 풀을 탐색하고 토끼나 개, 닭, 오리와 같은 동물들을 관찰할 수 있도록 준비한다. 동식물을 기르며 관찰하고 조사하고, 실험하는 등 탐구 과정에 적극적으로 참여함으로써 탐구를 즐기게 되고 자연물에 대한 지식을 획득하고 자연에 대한 이해와 정서적 교감을 나누게 된다.

그림 10-18 동·식물 기르기 영역

4) 조용한 영역

영유아들이 실외에서 장시간 활동을 하면 쉽게 지쳐 버리기 때문에 놀이 중에 언제라도 휴식할 수 있는 장소를 제공해 주는 것이 필요하다. 날씨가 좋으면 그리기, 책 보기, 동화 들려주기, 미술 활동과 같이 실내에서 하던 조용한 활동을 실외에서도 할 수 있고, 간식을 밖에서도 먹을 수 있다. 텐트를 설치하거나 놀이집을 놓아 두는 것도 좋은 방법이 된다.

그림 10-19 조용한 영역

알아보기 실외 공간 구성 및 운영 평가지표

어린이집에서는 영유아들이 안전하게 대·소근육 활동이나 자연체험 등 다양한 실외 활동을 할 수 있도록 옥외놀이터를 설치하고 발달에 적합한 놀이기구를 갖추어야 한다. 어린이집 자체 부지에 옥외놀이터를 설치하는 것이 가장 바람직하나, 불가피한 경우 대체놀이터인 옥내놀이터와 인근놀이터를 이용하도록 한다.

어린이집의 실외 공간 구성을 평가하기 위한 평가인증 지표는 3개의 평가항목으로 평정하도록 되어 있으며 평가항목은 다음과 같다.

	평가항목	평가 방법	결과
1	옥외놀이터 등을 구비하고 있다.	관찰	□Y □N
2	영유아 발달을 지원하는 다양한 놀이 및 활동자료가 준비되어 있다.	관찰	□Y □N
3	영유아의 발달에 적합한 다양한 바깥놀이 및 활동이 이루어진다.	관찰	□Y □N
	합계		총 개

〈지표 평정기준〉
- 우 수: 3개의 평가항목 중 'Y'의 개수가 3개
- 보 통: 3개의 평가항목 중 'Y'의 개수가 2개
- 개선필요: 3개의 평가항목 중 'Y'의 개수가 1개 이하

출처: 보건복지부, 한국보육진흥원(2023).

Chapter 11

어린이집의 운영관리

어린이집 운영관리는 어린이집이 그 설립목적을 수립하고, 수립한 목적을 달성하기 위하여 인적 · 물적 · 재정적 자원을 확보하여 이를 배분하고 능률적으로 활용하며, 목표 달성을 극대화하기 위하여 계획하기, 운영하기, 평가하기에 대한 일련의 활동으로서 그 기관의 교육정책과 방침, 교육과정, 교육방법, 교사의 활동 등에 대한 교직 자체의 전문성에 관한 것을 다루는 것이다(전경화 외, 2019). 어린이집 운영관리의 궁극적인 목적은 어린이집에서 이루어지는 보육의 질을 높은 수준으로 유지하고 관리하는 데 있다. 본 장에서는 어린이집 운영관리의 중요성을 바탕으로 인적관리, 시설관리, 사무관리의 세 부분으로 운영관리를 살펴볼 것이다.

1. 어린이집 운영관리의 중요성

1) 어린이집 운영의 특수성

어린이집은 다른 여타의 조직에 비해 규모가 작고, 보육교직원 각자가 맡은 업무가 많아 운영관리에 있어 놓치는 부분이 발생하기 쉽다. 어린이집의 운영철학과 보육목표가 모호하고 구체적인 운영방침이 마련되어 있지 않을 경우 영유아의 발달, 부모의 요구, 보육교직원의 근무여건이나 복지 등 운영 전반에 있어 어려움이 발생할 수도 있다. 특히 어린이집 운영에 따른 지자체의 지도점검, 평가, 부모모니터링, 식품위생점검 등 각 관할 감독기관의 점검에 대비해야 하는 어려움이 크다. 어린이집이 갖고 있는 인적, 물적자원의 한계를 반영하여 보육교직원 간에 업무를 효율적으로 분담하고, 연간 · 월간 · 주간 · 일일업무를 파악하여 시기를 놓치지 않도록 관리할 필요가 있다(한국보육진흥원, 2022).

2) 국가수준 보육과정의 체계적인 반영

어린이집의 운영은 매년 재원아 확인 및 신입원아 모집과 함께 곧바로 일련의 보육과정이 진행된다. 하루하루일과를 진행하는 과정에서 보육교직원들이 각자 맡은 고유 업무를 해 나가기에도 시간이 부족하다. 신학기부터 어린이집 행사를 계획하고 준비하는 과정을 체계적으로 계획하고 준비하지 않은 상태로 운영하다 보면 관련된 문서 기록을 제대로 하지 못해 지자체 지도점검이나 어린이집 평가 등에 대비하지 못하는 경우가 많다.

어린이집은 영유아 발달에 적합한 보육환경을 제공하여 영유아를 건강한 사회구성원으로 육성함과 동시에 영유아를 둔 가정의 경제적, 사회적 활동을 지원하는 것을 목표로 한다. 이러한 목표를 달성하기 위해 원장은 명확한 운영철학과 보육목표, 운영방침 등을 포함한 어린이집 운영방안을 체계적으로 수립할 필요가 있다. 매년 본격적인 보육과정이 진행되기 전에 전년도 운영 전반에 대한 구체적인 평가와 함께 부모 · 영유아 · 보육교직원 · 지역사회 등의 요구를 파악하고, 이에 따른 개선사항 등을 반영하여 체계적인 운영계획을 수립하여야 한다. 또한, 보육사업안내 및 어린이집 평가 매뉴얼 등의 변경사항을 확인하여 운영계획에 반영할 수 있어야 한다. 신학기가 시작되기 전에 어린이집 환경을 비롯한 각종 서류와 문서(기록) 등을 각 지침 기준에 맞게 준비함으로써 질 높은 보육과정을 운영해 나가는 기초를 마련하는 것이 중요하다(한국보육진흥원, 2022).

2. 인적 관리

1) 교직원의 임용

(1) 원장

국공립어린이집의 경우 시장 · 군수 또는 구청장이 임면한다. 법인이나 단체 또는 개인에게 위탁 운영하여 보육교직원 임면권을 수탁자에게 위임한 경우에는 수탁자가 임면한다. 법인, 직장, 가정, 민간 어린이집은 어린이집 설치자가 임면하며, 부모협동 어린이집은 조합의 대표자가 임면한다.

(2) 보육교사

원장의 제청으로 법인 · 단체의 대표자 또는 시설설치자가 임면한다. 국가 또는 지방자치단체로부터 보육교직원의 인건비를 보조받는 어린이집의 경우 보육교직

원의 채용은 공개경쟁을 원칙으로 한다. 국공립어린이집의 경우 국가 또는 지방자치단체장이 선발고사 등을 통해 보육교사를 채용 · 배치할 수 있다.

다음은 보육교직원 채용 및 임면보고 절차이다.

보육교직원 채용 (원장, 보육교사, 특수교사, 조리원(조리사) 등)	• 채용주체: 어린이집 설치자 • 채용조건: 자격기준을 갖춘 자 • 채용 시 구비서류 - (공통) 인사기록카드, 주민등록등본, 채용신체검사서, 성범죄 경력 및 아동학대 범죄전력 조회 회신서, 개인정보제공 및 고유식별정보 처리동의서, 보수교육 수료증 - (자격이 필요한 자) 자격증 또는 면허증 사본 ※ 간호사 채용 시, 면허신고증도 제출해야 함
⬇	
교직원 임면보고	• 임면보고 절차: 어린이집 → 특별자치시장·특별자치도지사·시장·군수·구청장(채용 후 14일 이내) • 임면보고 시 구비서류 - 인사기록카드, 채용신체검사서, 자격증사본, 성범죄 경력 및 아동학대 범죄전력 조회 회신서, 개인정보제공 및 고유식별정보 처리 동의서, 보수교육 수료증 ※ 간호사 채용 시, 면허신고증도 제출해야 함 ※ 자격증 사본 및 보수교육 수료증은 서면 제출 또는 보육통합정보시스템으로 온라인 제출 가능 ※ 인사기록카드는 "보육통합정보시스템"을 통해 임면보고 가능('15. 2. 2.~) ※ 어린이집 및 시 · 군 · 구에서는 교직원 임면보고를 시스템을 통해 실시하고 적극 지도
⬇	
교직원 자격의 적격성 확인	• 확인주체: 특별자치시장·특별자치도지사·시장·군수·구청장 • 확인대상: 어린이집 원장, 보육교사, 특수교사, 장애영유아를 위한 보육교사, 치료사, 간호사, 영양사, 조리원 중 조리사 • 확인방법: 각 자격별 자격증명 서류, 보수교육 수료증 및 보육통합정보시스템
⬇	
교직원 결격사유조회 및 범죄경력조회	• 결격사유조회 및 범죄경력조회 주체: 특별자치시장·특별자치도지사·시장·군수·구청장 • 내용: 교직원 결격 사유(법 제20조)
⬇	
경력관리시스템 입력 관리	• 교직원 임면 사항을 경력관리시스템에 입력 관리

그림 11-1 교직원 채용 및 임면보고 절차

출처: 보건복지부(2023).

2) 보육교직원 교육 및 평가 관리

(1) 보육교직원 연간 교육계획 수립 및 실행

보육교사는 어린이집의 운영철학을 반영하여 국가 수준의 보육과정을 실행하고, 이를 통해 영유아의 성장과 발달을 지원하는 중요한 역할을 수행한다. 이를 위해 원장은 보육교직원의 경력과 직무에 따라 의무교육과 함께 다양한 교육에 참여할 수 있도록 기회를 제공하고, 반별 보육과정 운영 및 근무평가 등을 통해 전문성을

보육교직원 연간교육계획에 포함해야 할 교육
- (3영역) 보육교직원 안전교육, 영유아 학대 예방교육
- (4영역) 직무교육, 기타 역량계발교육

보육교직원 교육 관련 기준

내용	대상	실시주기	비고
건강 또는 영양 관련 교육	원장, 담임교사(반을 맡지 않은 경우 포함), 조리원	현장평가월 기준 1년 이내	입사 1개월 미만 제외
안전교육	원장, 담임교사(반을 맡지 않은 경우 포함), 연장보육 전담교사	현장평가월 기준 1년 이내	입사 1개월 미만 제외
영유아학대 예방교육	임용된 교직원	현장평가월 기준 1년 이내	입사 1개월 미만 제외
응급처치(심폐소생술) 관련 교육	교직원 중 1명 이상	당해연도 또는 전년도	현 근무자
직무교육	원장, 담임교사(반을 맡지 않은 경우 포함), 연장보육 전담교사	-	승급, 특별직무, 원장사전직무 교육 등 인정
기타 역량계발교육	원장, 담임교사 (반을 맡지 않은 경우 포함)	현장평가월 기준 1년 이내	입사 1개월 미만 제외
어린이통학버스 안전교육	운전자, 운영자	신규 또는 2년에 1회	등하원용 차량 운행 시
동승보호자 안전교육	차량 동승 성인	신규 또는 2년에 1회	등하원용 차량 운행 시

보육교직원 기타 관련 기준

내용	대상	실시주기	비고
교직원 개별면담	담임교사(반을 맡지 않은 경우 포함), 연장보육 전담교사	현장평가월 기준 1년 이내	입사 6개월 이상 평정
상호작용 관찰과 지원	담임교사	현장평가월 기준 1년 이내	입사 3개월 이상 평정
교사 근무평가	담임교사 (반을 맡지 않은 경우 포함)	현장평가월 기준 1년 이내	입사 1년 이상 평정

그림 11-2 어린이집 평가지표 중 보육교직원 교육 및 기타 관련 기준

출처: 한국보육진흥원(2023).

향상시킬 수 있도록 지원하여야 한다. 보육교직원이 이수해야 하는 의무교육 이외에 어린이집 평가 지표에서 명시하고 있는 보육교직원 교육 및 기타 관련기준은 그림 11-2와 같다.

(2) 보육교사 상호작용 관찰 및 지원

보육교사가 영유아·놀이 중심 보육과정을 운영하는 과정에서 느끼는 어려움 등을 원장 또는 외부전문가가 함께 협의하고 지원하는 과정이 매우 중요하다. 따라서 원장 또는 외부전문가가 일과 및 놀이 중 보육교사의 상호작용에 대해 관찰하고 지원할 수 있어야 한다. 이를 위해 연 1회 이상 교사별로 상호작용을 관찰하고 지원한 기록을 관리한다.

일시	20○○. 4. 26.(월) 11:00~12:00(1시간)	관찰자	원장
관찰 내용	**(만 1세반)** [영아 놀이 주도] • 역할놀이 영역에서 시장바구니를 들고 슈퍼에 까까 사러 간다는 영아가 있으나 교사는 본래 계획한 활동인 '모자 쓰고 산책 가기' 활동으로 유도함 • 새로운 옷이나 모자 쓰는 것을 싫어하는 영아에게 '모자를 이용한 수리수리 마수리' 활동 등으로 흥미를 유발시킴 [교사-영아 상호작용] • 블록 기차를 밀고 노는 영아에게 "어디 가는 거야?" "누구랑 가지?" "아빠는?" "형아는?" 하면서 놀이를 적절히 확장시켜 주는 등 언어적 상호작용을 잘함 [개별 선택의 존중] • 계획되어 있는 활동이 아닌 자발적 놀이를 있는 그대로 수용하여 적절히 반응해 줌. 예를 들어, 유리창 밖의 나뭇가지에 새들이 날아다니는 모습에 관심을 보이는 영아에게 적절히 언어적으로 상호작용해 줌		
평가 및 지원내용	• 주제 관련 활동으로 유도하거나 확장시켜 주는 대신 영아의 놀이과정을 그대로 인정해 주고 지원하도록 안내함		

그림 11-3 보육교사 상호작용 관찰 및 지원기록 예시

출처: 한국보육진흥원(2022).

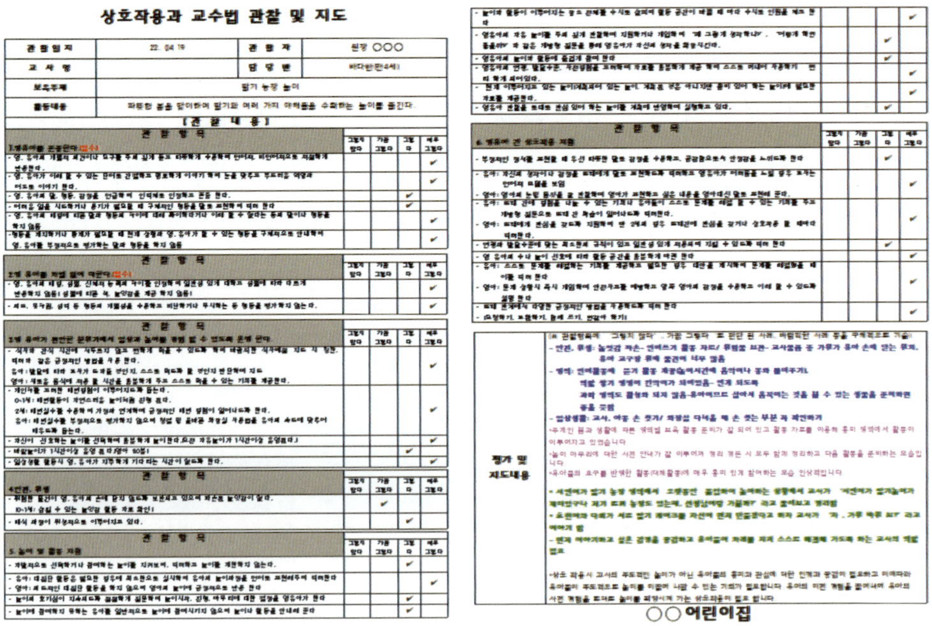

그림 11-4 체크리스트를 활용한 보육교사 상호작용 관찰 및 지도

(3) 보육교직원 평가

① 반별 보육과정 운영 평가

원장은 각 반별 보육계획안, 보육일지, 담임교사와의 면담, 보육실 관찰 및 지도, 학습공동체 운영 등을 통해 반별로 보육과정이 어떻게 운영되고 있는지 파악하고 평가하여야 한다. 이를 통해 어린이집에서 설정한 철학대로 운영되고 있는지, 어린이집의 철학과 표준보육과정, 영유아의 발달수준 및 요구에 따라 보육계획이 수립, 실행되고 있는지, 각 반별 보육과정 평가는 잘 이루어지고 있는지 점검하고, 필요한 경우 보육과정 운영을 수정·보완하여야 한다(한국보육진흥원, 2022).

② 보육교직원 평가

보육교직원의 업무수행에 대한 평가는 자신이 실행한 업무의 수준과 앞으로의 시행에서 보완해야 할 점을 객관적으로 바라볼 수 있는 자료가 되므로, 원장에 의해 정기적이고 체계적으로 이루어져야 한다. 근무평가의 내용은 업무태도, 보육교사로서의 전문성, 동료관계 등이 포함될 수 있다. 원장은 모든 보육교직원이 평가 내용이나 방법에 대해 미리 알 수 있도록 공지하여야 한다. 평가 시기를 예고하고, 평가를 위한 객관적인 자료를 토대로 평가하는 것이 바람직하다. 이때 자기평가, 동료평가 등을 함께 진행할 수는 있으나, 평가 지표에서는 원장이 교사별로 연 1회 이상 근무평가를 실시하는 것을 평정한다(한국보육진흥원, 2022).

1. 근무평가

교사명	○○○	담당반(연령)	만 2세		
일 시	20○○년 12월 5일(월) 6시	평가자	원장		

구분	평가내용	우수	보통	개선 필요
업무 태도	계획된 보육활동의 실행을 위해 성실히 수업자료를 준비하는가?	③☑	②	①
	담당영역의 교구 등록·관리 및 공동구역의 청결유지를 위해 노력하는가?	③☑	②	①
	맡은 일에 대해 책임을 전가하지 않고 의욕적으로 해내려고 하는가?	③☑	②	①
전문성	보육지식의 함양을 위해 보육 관련 재교육 및 세미나 등에 자발적으로 참여하는가?	③☑	②	①
	전문성 있는 보육계획 및 실행을 위해 다양한 보육프로그램의 자료를 참고하며 연구하는가?	③☑	②	①
	연구수업 등 장학수업 과정에 충실히 임하며, 장학수업 평가사항을 보육 활동에 반영하기 위해 노력하는가?	③☑	②	①
원아 관리	영유아를 존중하며 요구에 민감하고 적절히 반응해 주는가?	③☑	②	①
	영유아의 문제행동을 영유아의 입장에서 이해하려고 노력하며, 적절한 개입을 하는가?	③☑	②	①
	매일 아침 등원하는 영유아의 건강상태 및 정서상태 등을 파악하기 위해 노력하는가?	③☑	②	①
부모와의 관계	아동의 어린이집 생활에 관하여 부모와 공유하거나 개인별 아동의 발달과업이 잘 이루어질 수 있도록 가정연계를 위해 노력하는가?	③☑	②	①
	부모와 신뢰감 형성을 위해 노력하는가?	③☑	②	①
	부모면담, 부모참여수업 등 참여활동에 적극적으로 참여를 유도하는가?	③☑	②	①
동료 관계	보육교사로서 상하 간, 동료 간의 인간관계를 원활히 유지하기 위해 노력하는가?	③☑	②	①
	동료교사의 도움과 요청이 있을 때, 적극적으로 도와주려고 노력하는가?	③☑	②	①
	동료교사의 고충을 듣고 진심으로 이해하려고 노력하며 격려해 주는가?	③☑	②	①

2. 종합평가 및 상담

총평	• 영유아의 바람직하지 않은 행동에 대해 객관적으로 반응하며 자신의 감정을 조절하는 능숙한 모습을 보임 • 바르고 온화한 말투로 교사로서의 모범을 보임 • 항상 밝은 모습으로 원장과 동료교사들과 서로 신뢰하는 관계뿐 아니라 교사 간에도 대화를 통해 좋은 관계를 유지함 • 발달지연 영유아를 위해 도움을 주며 정보를 찾기 위해 노력함

그림 11-5 보육교사 근무평가 및 상담의 예시

3. 어린이집 시설관리

1) 시설관리의 개념

어린이집은 영유아들의 발달에 적합한 환경으로 구성되어 있어야 하며 어린이집의 건물 구조 및 공간이 영유아에게 안전하고 편리하게 구성되어 있어야 한다. 어린이집의 건물구조 및 공간 등 물리적 환경을 어린이집 시설이라고 하며 시설을 지원하기 위한 물리적 요소를 설비라고 한다. 시설에는 보육실, 실외 놀이터, 복도, 교사실, 조리실 등이 포함되며, 설비에는 냉·난방시설, 조명, 소방시설 등이 포함된다(최석란 외, 2016).

어린이집안전공제회(2019)의 『어린이집 안전관리 백과』에서는 실내·외 보육환경을 실내 환경, 실외 환경, 안전점검 및 수칙으로 구분하고, 세부항목 및 내용을 다음과 같이 구체적으로 제시하였다.

표 11-1 실내·외 보육환경의 구분

항목	세부항목	내용	
실내 환경	현관문 및 출입구	• 현관문 • 영상정보처리기기	• 출입구
	복도 및 계단	• 설치 • 바닥 및 벽관리 • 가구 및 물품관리	• 이동공간 확보 • 중간문 설치
	승강기	• 설치 • 승강기안전관리자	• 승강기 관리주체의 의무 • 승강기 안전하게 이용하기
	문 및 창문	• 문	• 창문
	보육실	• 위치 및 활동공간 배치 • 바닥 및 벽 관리 • 전선 및 콘센트 관리	• 놀잇감 관리 • 비품 관리
	유희실	• 충격완화 장치 설치	• 놀이기구

항목	세부항목	내용	
	화장실 및 목욕실	• 화장실 바닥 • 변기 • 비품 및 세제	• 세면대 • 목욕실 • 라디에이터 및 화기시설
	조리실 및 식당	• 조리실 및 식당 설치 및 관리	• 비품 관리
	기타공간	• 기타 공간 관리	
	미디어 안전	• 미디어 안전 개념 • 미디어 안전 교육 방법	• 미디어 관리 •기타
실외 환경	건물주변	• 담장 및 울타리	• 동물 및 식물 관리
	놀이터	• 놀이터 설치 • 어린이놀이시설 관리	• 놀이기구 설치
안전점검 및 수칙	안전점검	• 정기(매일, 매월) 점검	• 수시 점검
	보육교직원 안전수칙	• 실내 · 외 이용 • 놀이기구 이용 시 유의 및 지도방법	• 자유선택놀이
	영유아 안전수칙	• 실내 · 외 이용 • 놀이기구 이용	• 자유선택놀이

2) 실내외 시설과 설비 관리 기준

어린이집의 실내 · 외 시설과 설비의 기준은 「영유아보육법 시행규칙」 제9조에 근거하여 다음과 같다.

(1) 어린이집 구조 및 설비의 일반 기준

- 어린이집을 설치하기 위해서는 「영유아보육법」에 근거하여 법적으로 적합한 설치기준을 갖춰야 한다.
- 어린이집의 구조 및 설비는 그 시설을 이용하는 영유아의 특성에 맞도록 해야 하며, 사적 용도를 위한 시설 등 영유아의 보육 목적에 부합하지 않는 시설은 설치할 수 없다.

- 어린이집은 하나의 건물에 설치해야 한다(5층 이하의 건물로 건물 전체 혹은 1층 사용 가능).
- 어린이집의 보육실을 포함한 시설면적은 영유아 1명당 4.29㎡ 이상으로 한다.

(2) 놀이터의 설치

- 어린이집은 반드시 놀이터를 설치해야 한다.
- 보육정원 50명 이상인 어린이집의 경우 영유아 1명당 3.5㎡ 이상 규모의 옥외 놀이터를 설치해야 한다(12개월 미만의 영아만 보육하는 어린이집 제외).
- 보육정원 50명 미만인 어린이집이나 100m 이내에 놀이터가 설치되어 있는 어린이집은 놀이터를 설치하지 않아도 된다.

(3) 비상재해대비시설의 설치

- 어린이집은 1층과 2층 이상 등 종류별 비상재해대비시설을 설치해야 한다.
- 소화용 기구를 비치하고 상단에 비상구 유도등과 안쪽 잠금장치가 있는 비상구를 설치해야 한다.

(4) 폐쇄회로 텔레비전(CCTV)의 설치

- 아동학대 방지 등 영유아의 안전과 어린이집의 보안을 위해 폐쇄회로 텔레비전을 설치해야 한다.
- 폐쇄회로 텔레비전은 각 보육실, 공동놀이실, 원내 놀이터, 식당, 강당에 1대 이상씩 설치하되 사각지대를 최소화해야 한다.

담당	원장

어린이집 영상정보처리기기(CCTV)
내부관리계획 이행 점검표

점검 월1회 이상, 점검상태 평가: 양호○, 보통△, 불량×

점검일자	2023년 03월 24일	어린이집명	○○ 어린이집	관리책임자	○○○

구분	점 검 내 용	점검결과	조치시항
관리적 조 치	관리책임자가 지정되어 있는가? (어린이집 원장)	○	
	영상정보처리기기 내부관리계획을 수립 운영 중 인가? (월1회 이상)	○	
	영상정보처리기기 내부관리계획을 공개 게시하고 있는가? (어린이집홈페이지(블로그, 카페) 또는 어린이집 내 게시판)	○	
	CCTV 설치 안내판은 게시하고 있는가? 필수설치장소: 출입구 및 주변 경계부(담장) 필수기재사항: 설치목적 및 장소, 촬영범위, 촬영시간,관리책임자 성명 및 연락처	○	
	CCTV 설치 운영 점검과 모니터링을 실시하고 있는가? (주1회 이상)	○	
기술적 조 치	영상정보 관리 컴퓨터 부팅 암호 및 로그인 암호 설정 여부	○	
	영상정보 관리 컴퓨터 로그인 기록 남도록 설정 여부	○	
	영상정보처리기기의 영상정보에 접근 권한 제한 여부 (관리책임자/운영담당자/실시간 모니터링 전담자만 권한 부여)	○	
	CCTV 촬영상태, 저장장치 상태, 녹화기능의 정상 여부	○	
물리적 조 치	개인영상정보의 저장장치를 접근이 제한된 구획된 장소에 보관 여부 (별도의 잠금장치가 있는 보관함에 보관 여부)	○	
보 관 관 리	CCTV 카메라 임의 조작 및 다른 곳을 비추는지 여부(사각지대 없는 지)	○	
	CCTV설치목적과 관계 없는 CCTV 회전 및 확대기능 사용여부와 녹음기능이 없는지 확인하였는가?	○	
	CCTV설치목적 외 영상정보 사용 여부를 확인하였는가? (보육활동 점검, 자기장학 목적 등으로 영상을 열람하는 경우)	○	
	필수 설치구역(보육실 공동놀이실, 놀이터, 식당, 강당) 설치 여부 *식당, 강당은 별도 구획된 공간에 한함	○	
	영상자료의 저장기간 60일 이상 인가?	○	
	영상자료의 화질 HD(100만화소) 이상 카메라 설치 운영 여부	○	
	영상자료 100만 화소 이상(1280*720), 10프레임/초 저장 여부	○	
	영상정보 삭제 주기는 준수하고 있는가? (3개월 내 1회 이상 삭제조치)	○	
	영상정보 열람, 관리대장을 기록 관리하고 있는가? (최근 3년 간)	○	
	CCTV 관리업체와 위수탁 계약을 체결하고 관리 감독 하는가? * 사무위탁, 렌탈 등	○	
종합의견			

○○어린이집

그림 11-6 CCTV 내부관리계획 이행점검표

3) 실내외 시설 및 설비 관리 방법

(1) 시설물 위생

어린이집 안전관리백과(2019)에서는 시설물 위생을 위해 실내 · 외 청소 및 소독, 침구, 놀잇감으로 구분해 구체적인 방법을 다음과 같이 제시하였다.

① 실내 · 외 청소 및 소독

- 모든 실내 공간(보육실, 현관, 복도, 유희실, 교사실, 자료실, 식당, 계단 등)은 매일 청소 및 정리정돈을 실시하고, 정기적으로 소독과 대청소를 실시한다.
- 모든 실내 설비 및 비품(바닥, 천장, 창문과 창틀, 교구장, 책상, 의자, 바구니, 사물함 뒤편 구석진 곳 등)도 청결하게 유지한다.
- 천장, 창틀, 벽면에 거미줄과 먼지가 없어야 한다.
- 영유아가 사용하는 공동매트도 정기적으로 세탁하고 일광 소독을 한다.
- 화장실과 세면장의 바닥, 변기, 휴지통 등이 청결하며, 수건은 청결하게 사용할 수 있도록 관리한다.
- 실내 · 외 놀잇감을 청결하게 유지한다.
- 실외 공간(옥외놀이터, 옥상놀이터, 화단, 어린이집 출입구 등)을 청결하게 유지한다.
- 실외 고정식 놀이기구는 녹이 슬지 않고 청결하게 유지한다.
- 청소도구(걸레, 빗자루 등)와 보관함, 휴지통 등을 정기적으로 소독한다.
- 바퀴벌레 등 해충이 발생하지 않도록 한다.

② 침구

- 개별침구는 청결하게 유지한다.
- 모든 영유아는 개별 침구(이불, 요, 베개)를 사용하고 놀이매트 등은 침구로 사용하지 않는다.

- 침구의 경우 부모님에게 실로 이름을 새기도록 하여 침구의 주인을 구분할 수 있도록 한다.
- 영아(만 0세)의 경우 바닥이 단단한 요를 사용한다.
- 정기적으로 어린이집 또는 가정에서 주 1회 이상 세탁한다.
- 여분의 침구를 구비하고, 사용한 침구는 매회 세탁한다.
- 침구 보관장에 먼지, 오물이 없어야 한다.
- 침구와 다른 물건들을 함께 보관하지 않는다.

③ 놀잇감

- 영유아가 활동하는 공간(보육실, 유희실, 놀이터 등)에 있는 놀잇감(플라스틱, 블록, 인형, 헝겊, 소꿉놀이 도구 등)을 정기적으로 세척 및 소독한다.
- 특히 입에 넣고 빨기 쉬운 영아용 놀잇감은 놀이가 끝나면 별도의 바구니에 분리하고 세척하여 청결한 상태를 유지한다.

표 11-2 재질에 따른 세척방법

구분	세척 방법
원목 및 나무 놀잇감	물수건으로 가볍게 닦아서 건조
헝겊 놀잇감	수시로 먼지 털고, 자주 세탁
플라스틱 놀잇감	따뜻한 비눗물에 담가 세척한 후 말림
고무 놀잇감	영유아용 세제 등을 이용하여 스펀지로 닦고 말림
블록 놀잇감	블록 표현의 먼지나 얼룩은 물수건으로 닦고 틈새는 면봉, 칫솔로 닦음

(2) 시설 점검

보건복지부는 어린이집의 시설에 대한 안전점검표를 제시하여 매월, 매일 시설을 점검하도록 하고 있다. 월별 점검표의 내용은 다음과 같다.

〈월별 점검표〉

(점검상태: 양호○, 보통△, 불량×)

구분	점 검 항 목
안전관리	• 안전관리의 책임 및 위기관리 체계가 적합한가?
	• 일별 안전점검 체크리스트에 의해 관리되고 있는가?
	• 응급전화번호 및 비상연락망 등이 잘 관리되고 있는가?
실외 환경	• 어린이집 주변에 감전 위험은 없는가?
	• 위험한 적치물, 축대 붕괴, 맨홀 등에 대한 위험은 없는가?
실내 환경	• 모든 설비는 움직이거나 떨어지지 않도록 바닥과 벽면에 단단히 고정되어 있는가?
	• 창문, 방충망의 상태는 안전한가?
현관·통로·계단·비상구	• 출입문, 현관문 등의 안전장치는 정상 작동하는가?
	• 계단, 통로부분에 미끄럼 방지처리가 되어 있는가?
	• 계단의 안전 상태는 양호한가?
화장실·세면대	• 화장실 내 전기 콘센트 등 전기용품은 안전한가?
	• 세면대의 고정 상태는 안전한가?
실내외 놀이 기구 및 공간	• 모든 놀이기구가 바닥에 안전하게 고정되어 있는가?
	• 놀이 시설물의 상태(틈새나 간격)가 영유아의 몸에 끼이지 않는 넓이인가?
	• 기초대, 지지대 등 매설부분이 노출되지 않았는가?
	• 모든 놀이기구 아래와 주위(안전지대)의 충격흡수재 성능은 양호한가?
	• 보수가 필요한 놀잇감 및 놀이 기구가 방치되어 있는가?
	• 놀이기구의 높이가 영유아에게 적합한가?
	• 어린이제품안전특별법, 품질경영 및 공산품 안전관리법 등에 의한 안전검사(KC 인증 등)를 필한 제품인가?
전기·가스·위험물 안전관리	• 전선, 콘센트, 플러그 등 손상된 부분은 없는가?
	• 한 개의 콘센트에 용량을 초과해 사용하고 있지 않은가?
	• 분배전반 및 각종 전기기구의 노후 및 파손된 것은 없는가?
	• 가스경보기의 설치상태가 양호한가?
소방시설 관리	• 대피를 위한 대피도가 잘 관리되어 있는가?
	• 소화기, 스프링쿨러 등 소화장비의 작동 및 관리상태는 양호한가?
	• 자동화재 탐지설비의 설치상태가 양호한가?
	• 옥내소화전의 관리 및 작동이 양호한가?
비상대피 시설관리	• 비상계단 및 미끄럼대 등이 화재 등 유사시 사용이 가능한가?
	• 피난유도등 유도표지 등이 잘 갖추어져 있고 정상 작동하는가?
	• 건물 내 대피경로에 장애가 되는 요소는 없는가?

그림 11-7 시설 월별점검표

출처: 보건복지부(2023).

2023년 03월 통합 안전점검표 <월별 점검표>

점검자	원장
○○○	○○○

실내외안전관리분야

(점검상태 : 양호○, 보통△, 불량×)

구분	점 검 항 목	점검결과	조치사항
안전관리	안전관리의 책임 및 위기관리 체계가 적합한가?	○	
	일별 안전점검 체크리스트에 의해 관리되고 있는가?	○	
	응급전화번호 및 비상연락망 등이 잘 관리되고 있는가?	○	
실외환경	어린이집 주변에 감전 위험은 없는가?	○	
	위험한 적치물, 축대 붕괴, 맨홀 등에 대한 위험은 없는가?	○	
실내환경	모든 설비는 움직이거나 떨어지지 않도록 바닥과 벽면에 단단히 고정되어 있는가?	○	
	창문, 방충망의 상태는 안전한가?	○	
현관 통로 계단 비상구	출입문, 현관문 등의 안전장치는 정상 작동하는가?	○	
	계단, 통로부분에 미끄럼 방지처리가 되어있는가?	○	
	계단의 안전 상태는 양호한가?	○	
화장실 세면대	화장실 내 전기 콘센트 등 전기용품은 안전한가?	○	
	세면대의 고정 상태는 안전한가	○	
실내외놀이기구 및 공간	모든 놀이기구가 바닥에 안전하게 고정되어 있는가?	○	
	놀이 시설물의 상태(틈새나 간격)가 영유아의 몸에 끼이지 않는 넓이 인가?	○	
	기초대, 지지대 등 매설부분이 노출되지 않았는가?	○	
	모든 놀이기구 아래와 주위(안전지대)의 충격흡수재 성능은 양호한가?	○	
	보수가 필요한 놀잇감 및 놀이기구가 방치되어 있지는 않은가?	○	
	놀이기구의 높이가 영유아에게 적합한가?	○	
	어린이제품안전특별법, 품질경영 및 공산품 안전관리법 등에 의한 안전검사(kc 인증 등)를 필한 제품인가?	○	

○○어린이집

그림 11-8 **시설 월별점검표 예시**

4. 사무관리

1) 문서관리

(1) 문서관리의 의미

체계적이고 효율적인 어린이집 운영을 위해 체계적인 문서관리는 필수적이다. 어린이집은 국가에서 재정적 지원을 받기 때문에 어린이집 운영에 대한 공적·사적 기록을 체계적으로 갖추는 것은 매우 중요하다. 체계적인 문서관리를 통해 다음과 같은 효과를 얻을 수 있다(한국보육진흥원, 2020).

① 운영의 효율성 제고

어린이집 문서관리는 보육과 직접 관련되기도 하지만, 때로는 간접적으로 운영에 도움을 주는 보조업무의 측면도 지닌다. 다만, 문서의 종류가 많다고 어린이집을 잘 운영한다고 할 수는 없다. 운영에 필요한 문서를 최소한으로 갖추더라도 필요한 내용을 적재적소에 간단하게 기록하고, 운영과정에서 필요할 때마다 해당 내용을 찾아보기 쉽도록 문서를 정리한다면 운영에 많은 도움이 될 수 있다.

② 문서작성 업무에 따른 보육교직원의 직무스트레스 감소

문서로 남겨야 할 기록 등을 귀찮다거나 바쁘다는 핑계로 문서 작성을 미루기 시작하면 보육교직원들의 직무스트레스를 가중시킬 우려가 있다. 이러한 과정에서 일부 기록 등이 누락되거나 오류 작성될 경우 활동의 근거 또는 증빙자료 등 중요한 사항이 기록으로 남지 않아 향후 업무 수행에 지장을 초래하거나 업무의 연속성이 결여된다. 바쁘더라도 어린이집 운영에 필요한 기본 문서들을 미리 정리하여 언제든 빠른 시간 안에 간단하게 기록할 수 있는 체계를 마련해 놓을 경우 보육교직원들의 문서관리 업무에 따른 시간과 스트레스를 줄일 수 있다. 이에 따라 문서

관리를 효율적으로 했을 경우 다음과 같은 효과를 가져온다.

- 각종 자료가 다음 활동의 지침을 제공
- 의사결정에 필요한 정보를 제공
- 부모 및 관련 기관에 명확한 정보를 제공
- 문제 발생 시 증거자료로 활용 가능
- 다양한 연구 자료로 활용 가능

(2) 문서관리 기본원칙 및 준거

① 문서관리의 기본원칙

문서관리는 표준화, 간소화, 정확성, 신속성을 원칙을 바탕으로 관련 법령 및 지침에 근거하여 작성되고 보존되어야 한다.

- **표준화**: 문서양식, 작성내용, 작성방법 등을 표준화
- **간소화**: 문서양식, 작성내용, 작성방법 등을 법정서식이나 필수 기재사항만 포함하여 쉽고 간편하게 작성
- **정확성**: 날짜, 요일, 금액 등 작성내용을 정확하게 기록하여 오류 작성에 따른 시간과 에너지 소모를 최소화
- **신속성**: 문서의 기록을 미루지 말고 적재적소에 간략하게 기술

② 문서관리의 준거

가. 어린이집 운영 문서 보존기간

어린이집 운영 문서의 보존기간은 「영유아보육법령」, 「공공기록물 관리에 관한 법률 시행령」 제26조제1항에 따른 별표1(기록물의 보존 기간별 책정 기준), 보육사업 안내 등을 고려하여 정한다(한국보육진흥원, 2020).

표 11-3 **어린이집 운영 문서 보존연한**

구분	보존기간
• 기관 및 단체의 신분, 재산, 권리, 의무를 증빙하는 서류 – 인사기록카드, 보육교직원관리대장 등	준 영구
• 공사 관련 장부 및 증빙서류	10년
• 회계 관련 장부 및 증빙서류 – 현금출납부, 총계정원장, 재산대장, 비품관리대장 – 과목전용조서, 수입지출원인행위 위임에 관한 위임장 – 보육료대장, 봉급대장 – 수입과 지출에 따른 증빙서류 등 • 영유아 생활기록부	5년
• 기타 어린이집 운영에 관한 서류 – 어린이집 운영일지 – 어린이집 이용신청자명부 및 이용아동연명부 – 연간월간주간보육계획안, 보육일지 등	3년
• 기타 업무연락, 통보 조회 등과 관련된 기록물	1년

나. 어린이집 문서관리의 전산화

2021년 6월, 보건복지부는 어린이집의 업무환경을 개선하기 위해 어린이집에서 사용하는 문서 13종을 전산화하여 어린이집지원시스템에 구축하였다. 이에 따라 어린이집에서는 교사가 작성하는 문서 4종(영유아 관찰기록 및 총평, 부모 개별면담 기록, 보육일지, 영유아 안전교육계획 및 실행기록), 어린이집 차원에서 작성하는 문서 9종(운영일지, 특별활동 신청관리, 교사의 상호작용 관찰 및 지원, 교사 연간교육계획 및 실행기록, 보육교직원 개별면담, 보육교직원 근무평가, 보육교직원 업무분장, 월별 안전점검표, 일별 안전점검표)을 시스템에서 기록하고 관리할 수 있다.

전산화 문서를 작성할 경우 어린이집에서 해당 문서 양식을 변경하거나 여러 양식을 작성해 보는 등 시행착오를 거치지 않아도 되어 편리하게 활용이 가능할 것으로 보인다. 어린이집에서 전산으로 문서관리를 하는 경우, 현장평가 당일에 현장평가자가 전산으로 검토할 수 있는 별도 공간과 설비(PC나 노트북) 제공이 가능하면 종이문서를 별도로 출력하지 않아도 무방하다(한국보육진흥원, 2022).

운 영 일 지

2023년 03월 21일 (화) 날씨 맑음

미세먼지 9시(71/초38▶나쁨) 12시(71/초42▶나쁨) 15시(50/초28▶보통)

담당	원장
○○○	○○○

영유아 입/퇴소	입소 영유아 성명 (반명)	퇴소 영유아 성명 (반명)

출결 현황	인원＼연령	계	만0세	만1세	만2세	만3세	만4세	만5세	
	현 원	76	2	8	11	15	20	20	
	출 석 (인정결석)	71 (5)	2	6 (2)	10 (1)	14 (1)	20	19 (1)	
	결 석	0	0	0	0	0	0	0	
	비 고	결석 : 만1세 - 아기○○(인정결석), 이○○(인정결석) / 만2세 - 그레○○(인정결석) / 만3세 - 엠○○(인정결석) / 만5세 - 정○○(인정결석) 연장반 영아-길○○,김○○,김○○○○;이○○,무하○○,이○○ 유아-염○○,이○○,박○○, 조○○,심○○, 박○○,야스○○,김○○;이○○,유○○,고○○,최○○,조○○,백○○							

급식 현황		오전간식 (아동 71 명)	점심식사 (아동 71 명) (교직원 14 명)	오후간식 (아동 71 명)	저녁식사 (아동 명) (교직원 명)
	급·간식 제공기록	경기도지원과일( )또는 과일 (배)	잡곡밥(기장),아욱된장국 ⑤⑥,소고기브로콜리볶음 ⑤⑥,청포묵김가루무침,배추김치(깍두기)⑨	찐빵/우유②⑥	
	비고	주방 청소점검 확인 경기도지원과일 배 입고 대체: 하○○:소고기-참치, 서○○:찐빵-백설기, 김○○:우유-두유			

보육 교직원 관리							
	근무 상황	구분	성명	시간	내용	장소	서명
	교직원 회의	시간	참석자	회의주제			
		16:30 ~ 17:40	신○○ 외 6인	정기회의			
	교직원 교육	교육명	주최	성명	장소		
	교직원 면담	대상		시간			
	기타						

방문자/실습/자원봉사/대체/학부모	구분	소속/관계/목적	시간	성명	체온(℃)	호흡기 증상	서명
	출근	자원봉사	09:00~12:00	박○○	36.8℃	무증상	
	출근	자원봉사	15:00~16:30	한○○	36.8℃	무증상	
비고							

당직	오 전		오 후		
	당직자	최○○	당직자	김○○	신○○
	출근시간	07:30	퇴근시간	19:30	19:30
	(안전점검/사고 및 감염) 이상있음 ○ / 이상없음 ◉		(안전점검/사고 및 감염) 이상있음 ○ / 이상없음 ◉		
특이사항	CCTV 내부관리계획 점검 확인 / 일일안전점검(통합) 확인 / 미세먼지 대응점검 확인 / 교통안전(만0세) 교육시행 / 안전교육 진행하였음 전체소독				

○○어린이집

그림 11-9 어린이집 운영일지 예시

2) 보육통합정보시스템

(1) 보육통합정보시스템의 개념

어린이집은 보육 관련 포털시스템을 구축하여 행정업무 효율성 및 수요자 편의성 제고를 위한 보육통합정보시스템을 운영하고 있다. 보육통합정보시스템(hppt://cpms.childcare.go.kr)은 어린이집 운영, 보육료 지원 등의 행정업무를 효율적으로 처리하기 위해 보건복지부에서 구축한 시스템으로 보육과 관련한 업무들을 빠르게 수행할 수 있는 행정지원시스템이다.

그림 11-10 보육통합정보시스템 홈페이지 화면

(2) 보육통합정보시스템의 주요 서비스

보육통합정보시스템은 대국민지원과 어린이집, 부모, 지자체를 위한 행정업무 지원, 보육통계에 제공의 서비스를 담당하고 있다(한국사회보장정보원, 2013).

① 대국민지원

보육통합정보시스템 포털에서는 누구나 어린이집을 검색하고 찾아볼 수 있으며 아이행복카드 신청 및 보육료 결제를 할 수 있다.

② 어린이집지원

어린이집의 효율적인 행정업무를 지원하기 위해 아동관리, 반관리, 이용현황관리, 교직원관리, 설치운영정보관리 등의 기능을 갖고 있다. 행정업무 전반을 효율적으로 처리할 수 있어 업무시간이 단축되어 양질의 보육서비스를 제공할 수 있다.

③ **부모지원**(임신육아종합포터 아이사랑, www.childcare.go.kr)

아이사랑보육포털은 부모의 편리성을 고려한 맞춤형 보육서비스로 정보를 부모에게 제공하고 부모와 어린이집 사이의 의사소통을 증진함으로써 신뢰감 형성을 지원한다. 보육서비스 이용 및 아이행복카드 결제(보육료 및 기타경비)가 가능하다.

그림 11-11 임신육아종합포털 아이사랑 홈페이지 화면

④ 지자체 지원

어린이집 운영관리 지원과 중앙 및 지방정부의 원활한 연락체계 확립을 통해 어린이집의 서비스질 관리를 지원하고 있다. 어린이집의 운영 관리는 시설, 반, 원아, 종사자 정보에 대한 관리 등을 모두 포함하며 어린이집의 인가 및 휴·폐지 관리가 이루어진다.

⑤ 보육통계

보육정책 DW 시스템 운영을 통해 보육과 관련된 정형, 비정형 통계를 제공한다.

보육통합정보시스템의 구성과 구체적인 업무내용은 다음과 같다.

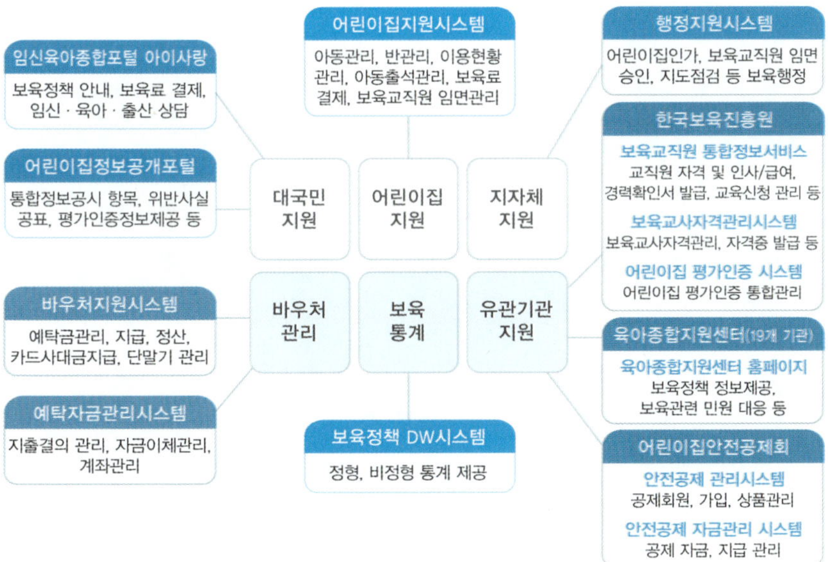

그림 11-12 보육통합정보시스템 구성도

출처: 사회보장정보원(http://www.ssis.or.kr/lay1/S1T753C773/contents.do)

PART V

보육평가

사랑반 이 교사는 오늘도 어김없이 하루일과를 마치고 반 영유아들의 놀이 상황을 기록하고 있다. 각 계획과 달랐던 부분, 영유아들이 재미있어 한 부분, 어려워 한 부분, 준비가 미흡했던 부분 등을 생각해 보며 내일 놀이을 위해서는 이를 어떻게 수정해야 할지 생각하며 꼼꼼히 기록하고 있다.

그리고 달라진 영유아들의 생각과 말, 행동들을 떠올리며 영유아 발달평가표를 기록한다. 또한 놀이시간, 점심시간 등 일과를 진행하며 체크해 두었던 일화기록도 완전한 문장으로 기록한다. 어제와 달라진 영유아들을 보고 있자니 뿌듯함이 밀려오고 이 아이들의 더 나은 발달을 위해 내가 뭘 더 해 줄 수 있을지 심사숙고하게 된다.

이 교사가 기록한 일련의 관찰기록은 영유아를 더 잘 이해하여 그들에게 더 적절한 보육과정을 계획하고 실행하는 데 도움을 줄 것이다. 더불어 부모에게도 영유아의 발달을 알리는 좋은 자료가 될 것이다.

영유아와 보육과정에 대한 객관적이고 주기적인 평가는 영유아의 발달에 대한 이해를 가능하게 하고, 교사의 교수방법 개선 및 보육의 효과 증진을 가져올 수 있다. 또한 부모 면담 등에 활용 가능한 기초자료를 마련할 수 있으며 이는 궁극적으로 보육의 질 향상에 기여한다. Ⅴ부에서는 보육평가의 목적과 중요성을 이해하고, 영유아, 보육교사, 보육과정을 평가하는 구체적인 방법과 어린이집 평가제에 대해 자세하게 알아볼 것이다.

학습목표

- 보육평가의 목적과 중요성을 이해한다.
- 영유아, 보육교사, 보육과정을 평가하는 다양한 평가방법을 익힌다.
- 어린이집 평가제에 대한 전반적인 이해를 형성한다.
- 보육평가 방법에 대한 이해를 통해 교사의 반성적 사고능력에 필요한 기초자질을 익힌다.

주요 용어

보육평가, 보육과정 평가, 교사 평가, 관찰법, 일화기록법, 시간표집법, 사건표집법, 평정척도, 행동목록법, 표본기록법, 포트폴리오평가, 표준화된 검사, 어린이집 평가제

Chapter 12

보육평가의 목적과 방법

영유아의 전인적 발달을 궁극적인 목적으로 하는 영유아 보육에서는 영유아를 위한 보육목적과 목표가 어느 정도 달성되었는가를 평가해 보는 절차가 반드시 필요하다. 이러한 절차를 보육평가라 부른다. 보육평가는 영유아 발달 평가, 교사 평가, 보육과정 평가의 측면에서 이루어져야 하며, 보육평가의 결과는 다음 보육과정 계획에 지속적으로 반영되어 영유아의 행동변화에 바람직한 결과를 가져오는 데 유용한 자료로 활용될 수 있어야 한다.

11장에서는 보육평가에 대한 전반적인 내용을 먼저 다루고 보육평가 대상에 따른 구체적인 평가방법을 알아보고자 한다.

1. 보육평가의 이해

보육평가에 대한 전반적인 이해를 형성하기 위해 보육평가의 개념과 중요성, 필요성과 목적, 활용방법, 유의점 등에 대해 차례대로 살펴보기로 한다(한국보육진흥원, 2012).

1) 보육평가의 개념 및 중요성

보육평가는 어린이집에서 영유아의 전인적인 성장을 돕기 위해 계획한 보육과정 전반에 대한 실현정도를 알아보고 이를 바탕으로 다음 보육과정을 계획하기 위해 필요한 정보를 수집하고 가치판단하는 모든 과정으로 정의할 수 있다. 보육과정을 구성하여 실제로 운영하고, 그 결과를 확인해 보는 일련의 과정이라 할 수 있다.

영유아와 보육과정에 대한 객관적이고 주기적인 평가는 영유아의 발달에 대한 이해를 가능하게 하고, 교사의 교수방법 개선 및 보육의 효과 증진을 가져올 수 있다. 또한 부모 면담 등에 활용 가능한 기초자료를 마련할 수 있으며 이는 궁극적으로 보육의 질 향상에 기여한다. 보육과정의 운영은 계획, 실행, 평가를 통하여 결과를 다음 보육계획에 반영하는 순환체계로 운영된다. 각 단계는 서로 유기적으로 연결되어 각 단계의 내용이 다음 단계에서 적절하게 반영될 수 있어야 한다. 이를 위해 영유아에 대한 평가와 보육과정에 대한 평가가 적절히 이루어져야 한다(한국보육진흥원, 2019).

보육과정 평가는 다음과 같이 무엇을 어떻게 평가하여 활용해야 하는지에 관해 이루어져야 한다.

첫째, 무엇을 평가해야 하는가? 보육평가의 대상은 '영유아 평가', '보육교사 평가', '보육과정 평가'로 나누어진다.

둘째, 어떻게 평가해야 하는가? 관찰을 통한 사례연구와 발달에 관한 행동목록법, 영유아 작업결과물, 면담, 교사제작 검사, 표준화 검사, 자기평가 등의 방법으로 영유아를 평가해 볼 수 있다. 교사평가 자료에는 원장의 관찰, 자기평가지, 교사 장학, 교사 체크리스트나 점수표가 포함될 수 있다. 보육과정에 대해서는 보육활동, 보육환경, 전체 운영내용 등으로 나누어 평가해 볼 수 있다.

셋째, 평가결과를 어떻게 활용할 것인가? 평가결과는 교사들에게 직무를 성공적으로 수행할 수 있는 유용한 정보를 제공해야 하며, 부모와 자녀와의 관계를 지원해 주어야 한다.

2) 보육평가의 필요성 및 목적

보육평가의 필요성은 다음과 같이 정리될 수 있다.

- 영유아들의 현재 발달수준에 대한 올바른 정보를 획득하게 함으로써, 이들에 대한 전인적인 성장과 발달 및 바람직한 지식 · 성격 · 태도 등을 형성할 수 있도록 도와준다.
- 다음 보육프로그램의 전반적인 내용이나 과정을 개선하고 발전시키기 위해 필요하다.
- 영유아 발달 등에 대한 다양한 정보를 부모에게 제공해 줌으로써 어린이집과 가정의 연계성을 가지고 보육의 효과를 극대화시킬 수 있다.
- 보육교사 스스로 보육의 질을 향상시키고 전문성을 증대시키기 위한 촉매제가 될 수 있다.

이러한 보육평가의 필요성에 따라 보육평가의 목적을 정의해 보면, 보육평가의 목적은 평가를 통해 현재의 상태를 진단하고 계획했던 보육목표 달성도, 실행과정의 적절성 등을 확인하여 추후 보육과정에 적용함으로써 궁극적으로 영유아에게 제공되는 보육의 질을 향상시키는 것이다. 즉, 평가를 통해 영유아를 보다 더 잘 이해하고 프로그램의 개선을 도모하며 보육의 효과를 검증하고 부모와 교사가 영유아를 올바르게 이해할 수 있도록 도와 보육의 효과를 극대화하고자 한다.

3) 보육평가의 활용

보육평가에서 무엇보다 중요한 것은 평가결과를 바르게 해석하여 유용하게 활용하는 것이라 할 수 있다. 평가결과는 본래의 목적 이외의 다른 목적으로 이용되어서는 안 되며, 구체적으로 다음과 같은 측면에서 효과적으로 활용할 수 있다.

- 보육평가를 통해 영유아의 능력, 관심, 행동, 특성 등을 파악할 수 있으며, 이를 반영하여 영유아의 욕구를 만족시키고 발달을 자극할 수 있는 후속 보육과정을 계획하는 지침을 마련하고, 실행한다.
- 영유아에 관한 여러 가지 자료를 기록 · 정리하면서 개별 영유아에 대한 관심과 이해의 폭을 넓힐 수 있고, 이를 통해 영유아의 개인차를 고려한 보육활동을 실행할 수 있는 근거자료로 사용할 수 있다.
- 문제가 있거나 특수한 도움이 필요한 영유아를 발견하여 전문가에게 의뢰할 때 문제해결방안의 기초자료로 활용할 수 있다.
- 영유아의 초기행동과 일정한 기간이 지난 후에 나타나는 학습 및 발달 양상을 비교하여 발달 정도를 확인할 수 있다.
- 부모와의 면담 시 영유아의 현재 발달상태, 수행수준, 발달과업에 대해 알려주고 영유아를 도울 수 있는 방안을 협의함으로써 가정과 어린이집과의 연계성을 도모하는 데 활용할 수 있다.
- 영유아에 대한 평가자료를 활용하여 초등학교 학습에서 필요한 준비도를 평

가할 수 있으며, 이는 초등학교 교육과의 연계 교육자료로 활용할 수 있다.

- 영유아를 위한 보육과정을 계획, 실행, 평가하는 교사의 자질을 평가하는 자료로 활용할 수 있다.

4) 보육평가 시 유의점

현행 국가수준 보육과정인 「제4차 어린이집 표준보육과정」에서는 보육평가를 보육과정 운영을 되돌아보고 개선해 가는 과정으로 보고, 어린이집에서 영유아 · 놀이 중심 보육과정을 운영하는 데 도움이 되고자 평가를 간략화하고 각 어린이집의 자율적인 평가를 강조하였다. 어린이집은 평가의 목적, 대상, 방법, 결과의 활용을 바탕으로 표준보육과정 평가를 자율적으로 실시할 수 있다. 개별 어린이집에서는 다음 사항에 중점을 두고 평가를 실시할 수 있다(보건복지부, 2020).

- 표준보육과정 운영의 질을 진단하고 개선하기 위해 평가를 계획하고 실시한다.

  평가의 목적은 영유아가 중심이 되고 놀이가 살아나는 표준보육과정 운영을 자체적으로 평가하여, 표준보육과정 운영의 질을 진단하고 표준보육과정 운영을 보다 나은 방향으로 개선하는 데 있다. 어린이집에서는 지역 특성, 각 어린이집 및 반의 상황과 요구를 고려하여, 표준보육과정 운영을 개선할 수 있도록 자율적으로 평가 계획을 수립한다. 평가의 내용, 평가 주기 및 시기, 평가 방법 등에 대한 계획은 각 어린이집 구성원들 사이의 민주적인 협의를 통해 정한다.

- 영유아의 특성 및 변화 정도와 표준보육과정의 운영을 평가한다.

  평가는 영유아 평가와 표준보육과정의 운영 평가로 이루어진다. 영유아 평가는 궁극적으로 영유아의 행복과 전인적 발달을 지원하는 데 그 목적이 있다. 교사는 영유아의 놀이, 일상생활, 활동 속에서 영유아의 고유한 특성이나 의미 있는 변화를 발견하고, 그것을 바탕으로 영유아의 배움과 성장을 돕기 위하여 평가를 할 수 있다. 교사는 영유아의 배움이 나타나는 놀이, 일상생활, 활동에서 영유아가 가장 즐기고 잘하는 것, 놀이의 특성, 흥미와 관심, 친구 관계, 놀이를 이어 가기 위한 자료의 활용 등에 주목하여 영유아 놀이를 관찰하고 이를 통해 영유아의 특성과 변화를 이해하도록 한다.

표준보육과정 운영 평가는 어린이집의 보육과정이 영유아 · 놀이 중심으로 적절하게 운영되고 있는지 평가하는 데 그 목적이 있다. 어린이집의 표준보육과정 운영 평가에서는 놀이시간을 충분히 운영하였는지, 영유아 주도적인 놀이와 배움이 이루어지고 있는지, 놀이 지원이 적절한지 등을 평가할 수 있다. 이는 놀이 속에서 나타나는 영유아의 특성 및 변화 정도와 연계하여 파악할 수 있다. 필요에 따라 부모와의 협력이나 행정적 · 재정적 지원이 적절하게 이루어지고 있는지 등을 평가할 수도 있다.

- 평가의 목적에 따라 적합한 방법을 사용하여 평가한다.

평가 방법은 평가의 목적과 대상에 따라 달라질 수 있다. 어린이집은 평가 목적에 가장 적합한 평가 방법을 자율적으로 정하여 활용할 수 있다. 교사는 영유아의 특성과 변화 정도를 파악하기 위하여 영유아들의 실제 놀이 모습을 계획안에 기록할 수 있고, 놀이 결과물과 작품 등을 일상적으로 수집할 수 있다. 영유아들의 놀이를 관찰할 때에는 영유아의 말, 몸짓, 표정 등에서 드러나는 놀이의 의미와 특성에 주목하여 이 중 필요한 내용을 메모나 사진 등 교사가 할 수 있는 가장 용이한 방법으로 기록한다. 이러한 관찰기록 자료는 교실에서 자율적으로 수립한 계획안에 포함하여 영유아의 특성과 변화 정도를 파악하는 데 활용할 수 있다.

어린이집의 표준보육과정 운영에 대한 평가는 개선이 필요한 사항에 따라 자율적으로 실시할 수 있다. 기관별, 반별 상황이나 필요성에 따라 적합한 방법을 선택하여 표준보육과정 운영을 평가한다. 표준보육과정에서는 교사가 영유아의 놀이 관찰기록, 영유아 평가와 표준보육과정 운영 평가 등 평가 자료를 만들고 수집하는 데 과도한 노력을 기울이기보다는 영유아의 놀이에 더 집중하고 지원하는 것이 중요함을 강조하고 있다. 교사는 개별 영유아를 정기적으로 관찰하기보다는 배움이 나타나는 또래 사이의 놀이나 활동 등 영유아들이 일상에서 놀이하며 배우는 자연스러운 상황에서 영유아의 특성과 변화를 이해하는 평가를 하도록 한다. 또한 각 영역의 내용을 성취 기준으로 잘못 인식하여 영유아의 놀이에서 영역별 내용이 나타나는지 여부만을 체크하지 않도록 유의한다.

- **평가의 결과는 영유아에 대한 이해와 표준보육과정 운영 개선을 위한 자료로 활용할 수 있다.**

교사는 영유아의 놀이, 일상생활, 활동을 통해 수집된 자료를 평가의 목적에 맞게 종합하여 평가의 결과를 얻을 수 있다. 영유아 평가의 결과는 영유아가 행복감을 느끼고 전인적으로 발달하도록 도움을 주는 데 활용한다. 또한 표준보육과정이 추구하는 인간상과 목적 및 목표 등에 비추어 영유아의 특성과 변화 정도를 이해하고 영유아의 배움과 성장에 도움이 되도록 지원하는 데 활용한다. 수집된 모든 자료를 바탕으로 개별 영유아의 특성과 변화 정도를 종합적으로 이해하여, 이를 부모와의 면담자료 및 영유아의 생활지도 등에 활용할 수 있다. 한편, 어린이집에서 자율적인 방식을 통해 실시한 표준보육과정 운영 평가의 결과는 각 어린이집에서 보육과정의 운영을 보다 나은 방향으로 개선하는 데 활용할 수 있다.

2. 보육평가의 대상과 방법

보육현장에서 실시되고 있는 보육평가의 대상은 영유아, 보육교사, 보육과정으로 나누어지며, 현행 국가수준의 보육과정인 제4차 어린이집 표준보육과정에서는 평가의 대상을 보육과정 운영평가와 영유아 평가로 나누어 제시하고 있다. 여기에서는 영유아 평가, 보육교사 평가, 보육과정 평가로 나누어 대상에 따른 평가방법을 살펴보고자 한다.

1) 영유아 평가방법

영유아를 관찰하고 기술하는 일은 다른 영유아와 비교하여 성장과 발달의 서열을 가리기 위한 것이 아니라, 영유아가 지금 무엇을 하고 있으며 어떤 지식과 기술을 가지고 있는지 확인하여 영유아에게 적합한 보육과정을 계획하고 운영하기 위함이다. 결국 영유아 관찰과 평가의 궁극적인 목적은 영유아에게 적합한 보육을 제공하여 그들의 전인적 성장과 발달을 지원하기 위한 것이라 할 수 있다.

어린이집 표준보육과정에서 제시하고 있는 중점 사항에 따라 보육교사는 영유아의 성장과 발달을 여러 가지 방법을 사용하여 종합적으로 평가하고 그 결과를 기록해야 한다. 그리고 평가결과를 토대로 영유아의 성장과 발달의 변화를 이해하고, 이를 보육과정 계획과 운영에 반영하고, 부모에게 자녀의 성장을 알려 주기 위한 자료로 활용하여야 한다. 그러기 위해 먼저 교사는 다양한 영유아 평가방법을 숙지하고 영유아 평가의 목적에 적절한 평가방법을 선택하여 사용할 수 있어야 한다.

영유아의 성장과 발달을 평가하기 위한 방법은 매우 다양하다. 여기에서는 어린이집에서 널리 활용하고 있는 영유아 평가방법을 관찰법과 관찰법 외 평가방법으로 나누어 살펴보고자 한다.

(1) 관찰법

관찰법은 영유아를 연구하는 방법 중 역사적으로 가장 오래된 것이며, 영유아 행동연구의 기본적이고 필수적인 방법이다. 관찰법은 영유아의 발달을 이해하기 위해 일상생활 속에서 이루어지는 자연스런 행동을 자세히 관찰하여 기록하는 평가 방법으로, 관찰 대상이 자신의 생각, 느낌 등을 말이나 글이 아닌 행동으로 나타내는 데 초점을 맞추고 있으므로 의사소통에 한계가 있는 영유아를 대상으로 하는 연구에서 광범위하게 이용된다.

관찰법은 여러 가지 기준에 의해 나눌 수 있다. 관찰장면의 통제 여부에 따라 자연적 관찰과 통제적 관찰로, 관찰자의 관찰장면 참여 여부에 따라 참여 관찰과 비참여 관찰로, 관찰방법에 따라서 서술식 관찰과 약호식 관찰로 나눌 수 있다(황해익 외, 2016).

영유아를 관찰하고 평가하는 데 있어, 반드시 한 경우에 한 가지 방법을 사용해야 하거나 관찰을 언제, 어떻게 해야 한다는 규칙이 있는 것은 아니다. 따라서 교사는 각 관찰법의 정의, 특징, 장단점 등을 명확히 이해하여 각 상황에 적합한 관찰법을 선택하여 영유아의 발달과 성장을 객관적으로 평가할 수 있어야 한다.

① 서술식 관찰법

서술식 관찰법에는 표본기록법, 일화기록법, 서술식 사건표집법 등이 있다. 서술식 관찰법의 정의, 특징, 관찰방법, 장점, 단점을 정리하면 표 12-1과 같으며, 표 12-2와 표 12-3은 일화기록, 표 12-4는 ABC 서술식 사건표집법의 예시이다.

표 12-1 서술식 관찰법

관찰법		내용
표본 기록법	정의	• 관찰자가 관찰대상, 관찰장면, 관찰시간 등을 미리 정해 놓고, 영유아의 모든 말이나 행동을 일어난 순서대로 전체적으로 가장 자세하게 기록하는 관찰방법
	특징	• 행동의 일화를 가장 자세하고 완전하게 표현하는 관찰법 • 특정 문제행동이나 발달에 관한 상세한 정보를 얻고자 할 때 시행
	관찰 방법	• 관찰대상의 기본 자료와 상황자료를 적음 • 1회 관찰은 보통 10분 내외가 적당하며, 30분을 초과하지 않음. 10분 동안의 기록인 경우 매 1분마다, 30분 동안의 기록인 경우 매 5분마다 시간 표시를 하거나 장면이 바뀔 때마다 시간 표시 • 기록지의 왼쪽 면에 시간의 경과를 기록 • 기록지의 오른쪽 면에 관찰 상황에 대한 보충설명이나 관찰자의 해석 등을 별도로 기록 • 일어난 순서대로 자세히 전체적으로 기록 • 객관적인 사실만 기록 • 현재형으로 서술 • 직접화법을 이용하여 인용부호 속에 관찰대상이 한 말을 기록 • 관찰대상과 상호작용 하고 있는 사람들의 말과 행동도 기록 • 하단에 발달요약, 추론, 교수계획 등을 간략하게 요약
	장점	• 모든 장면을 자세하게 기록하기 때문에 많은 정보를 얻을 수 있음 • 특별한 도구가 필요 없고 필기도구만 있으면 관찰할 수 있음
	단점	• 기록하고 평가하는 데 시간이 많이 걸림 • 주관적 해석이나 추론으로 흐를 가능성이 많음
일화 기록	정의	• 한 가지 행동이나 상황에 초점을 맞추어 관찰하고 간결한 형태로 기록하는 관찰방법 • 보육과정에서 일어나는 사건이나 행동을 주기적으로 기록하는 관찰법
	특징	• 개별 영유아의 발달에 대해 구체적이고 자세한 설명과 과정적 측면을 보여 줌 • 개별 영유아에 대한 전반적인 이해를 형성하는 데 도움을 주어 유용한 평가 자료로 활용됨 • 보육교사가 현장에서 가장 쉽고 간단하게 사용하는 관찰방법
	관찰 방법	• 관찰대상의 주 행동 한 가지에만 초점을 맞춤 • 관찰대상의 기본 자료와 상황자료를 적음 • 객관적이고 사실적으로 기록. 추론과 해석은 배제 • 직접화법을 이용하여 인용부호 속에 관찰대상이 한 말을 기록 • 관찰대상과 상호작용 하고 있는 사람들의 말과 행동도 기록 • 상황이 여의치 않으면, 육하원칙에 따라 간단하게 주요 단어들만 메모해 두고 일과 후 자세하게 기록 • 언제라도 기록할 수 있도록 필기구와 작은 수첩을 휴대하거나 미니녹음기 활용. 혹은

관찰법		내용
		보육실 내 적당한 위치에 기록도구를 준비 • 발달영역이나 보육과정 영역의 중요 포인트를 적어 놓음
	장점	• 특별한 준비나 시간제한 없이 언제 어디서나 기록할 수 있음 • 단편적이고 개략적인 정보를 주는 관찰법의 단점을 보완해 줄 수 있음
	단점	• 시간과 노력이 많이 들고 타당도의 위험성이 있으며 관찰내용이 전적으로 관찰자의 주관에 의해 조절될 가능성이 있음
서술식 사건 표집법	정의	• 관찰하고자 하는 행동이나 사건이 발생하기를 기다렸다가, 그 행동이나 사건이 일어나면 일정한 형식에 따라 행동의 순서를 자세히 기술하는 방법
	특징	• 어떤 행동의 원인을 알고자 하는 데 관찰목적이 있다면 가장 적합하게 사용할 수 있는 관찰방법
	관찰 방법	• ABC 서술식 사건표집법 양식: 관찰하고자 하는 사건이나 행동이 일어나기 전의 상황(Antecedent Event: A), 관찰하고자 하는 사건이나 행동 그 자체(Behavior: B), 사건이나 행동이 일어난 후의 결과(Consequence: C)를 순서대로 기록 • 관찰하고자 하는 행동이나 사건을 분명하게 정함 • 관찰양식지는 가능한 한 관찰자가 사용하기에 쉽고 편리하도록 만들 수 있음 • 녹음기나 미디오 등의 영상기록매체를 함께 사용할 수 있음 • 기본적인 관찰방법은 일화기록법과 동일
	장점	• 특정행동의 발생 원인을 이해하려고 할 때 효과적임 • 자주 발생하지 않는 행동도 연구할 수 있음 • 영유아 개인에 대한 질적인 정보를 통해 개별화된 교수전략을 짜는 데 도움
	단점	• 발생빈도가 높고 지속시간이 짧은 특성을 가진 행동에는 적용하기 어려움 • 오랫동안 주목하고 있어야 하는 단점이 있음

표 12-2 일화기록의 예 1

- **관찰유아:** 이정혜
- **생년월일:** 20**년 **월 **일(여, 만 5년 2개월)
- **관 찰 일:** 20**년 **월 **일 *요일 오전 10시 20분~10시 30분(약 10분)
- **관찰장소:** 보육실의 역할영역
- **관 찰 자:** 담임교사
- **관찰장면:** 역할영역에서 꽃가게 놀이가 진행되고 있는 상황.
- **관찰내용:** 유아들이 꽃을 팔고 사면서 역할영역이 소란스러워지자, 정혜가 친구들에게 "야, 시끄러워"라고 소리를 지른다. 정혜가 계속하여 "시끄러워"라고 소리를 쳐도 아무도 들어주지 않자, 옆에 앉아 있던 슬기(정혜와 친한 친구)의 옷자락을 잡으며 "슬기야, 꽃가게 하지 말고 언어영역에 가서 놀자"라고 말한다. 그러나 슬기는 정혜에게 눈길을 주지 않은 채 계속하여 "꽃 사세요."를 외치며 놀이를 지속

한다. 슬기의 반응에 정혜는 아무 말도 하지 않고 친구들의 놀이를 바라보고만 있다. 결국 정혜는 역할놀이에 더 이상 참여하지 못하고 역할영역을 나온다.

- **해석 및 논의(교사평가):** 아직까지 정혜는 사회적 역할놀이에 참여하고 그 속에서 친구와 관계를 형성하는 것에 미숙한 것 같다. 그러나 도움을 얻기 위해 자신과 친한 슬기를 이용하려고 한 것은 원하는 것을 얻기 위해 소리만 지르던 3월에 비해 다소 진보한 듯하나, 여러 차례 친구들과 대화를 시도하는 과정에서, 특히 자신이 가장 친하다고 믿었던 슬기조차 도움을 주지 못하는 상황에서 많이 좌절한 것 같다. 내일은 정혜와 친구를 사귀는 방법에 대해 이야기를 나누면서 정혜가 친구 사귀기 기술을 습득할 수 있도록 도움을 주어야겠다.

표 12-3 일화기록의 예2

비구조적 관찰	구조적 관찰
• **관찰초반-20**년 **월 **일(23개월)** 콩자반의 콩을 푹 떠서 먹고 어머니가 잘라 놓은 달걀말이를 숟가락으로 뜨려고 시도한다. 3번 시도해 보고 되지 않자 왼손으로 달걀을 집어 숟가락에 올린 다음, 오른손으로 숟가락을 엎어 잡고 먹어 버린다. • **관찰중반-20**년 **월 **일(27개월)** 유아용 교정 젓가락에 손가락을 끼우고 멸치 그릇에 있는 멸치를 집으려고 시도한다. 오므렸다 폈다 여러 차례 시도하였으나 멸치가 집어지지 않는다. 젓가락을 허공에 대고 몇 번 오므렸다 폈다 하고 다시 멸치를 집으려고 한다. 이번에도 집어지지 않자 왼손으로 젓가락 아래 부분을 꽉 쥐고 두 손으로 조심스레 집어서 입에 넣는다. • **관찰후반-20**년 **월 **일(29개월)** 유아용 보조 젓가락으로 제법 능숙하게 반찬을 집어 먹었다. 작은 콩자반 콩도 한 번에 집에 먹었고, 마늘쫑도 능숙하게 집어 먹었다. 반찬을 집어 입에 넣고는 "음냐, 음냐" 소리를 내어 씹으며 즐거워한다.	• **관찰유아:** 김길동 • **생년월일:** 20**년 **월 **일(남) • **관 찰 일:** 20**년 **월 **일 *요일 • **관 찰 자:** 교사 • **장 면:** 출근하는 엄마와 떨어지기 (8:50 a.m.) • **관찰내용:** 길동이가 현관문 앞에서 엄마의 무릎을 잡고 울고 있다. 엄마가 길동이를 떼어 내려고 하자, 길동이는 우는 목소리로 "싫어, 싫어" 외치며 고개를 크게 가로 젓는다. 엄마가 억지로 떼어 놓고 가 버리자 길동이는 현관문 앞에 누워 버린다. 그리곤 두 발을 동동 구르며 "아~아~" 괴성을 지른다. 등원하던 영아가 다가가자 발길질을 한다. 담임 선생님이 다가가 일으키자 반항하다가 선생님 품에 안긴다. 선생님이 등을 토닥여 주자 "흐흥~흐흥~" 하고 작게 흐느끼며 선생님에게 안겨 들어간다.
• **교사 평가:** 지성이는 6개월에 걸쳐 숟가락과 유아용 보조젓가락의 식사도구를 사용하면서 소근육 통제력을 형성해 나갔다. 이제는 이전에 사용하던 것보다 크기가 작은 구술 궤기를 내 주어 소근육 통제력을 더욱 발달하도록 지원해야겠다.	• **교사 평가:** 길동이가 어린이집에 온 지 3달째인데도 아직도 월요일이면 엄마와 떨어지는 것을 많이 힘들어 한다. 길동이 어머니께 전화하여 월요일에는 길동이가 준비가 될 때까지 교실에서 함께 있어 주실 수 있는지 물어봐야겠다.

표 12-4 **ABC 서술식 사건표집법**

- **관찰유아:** 이라영 • **생년월일:** 20**년 **월 **일 • **성별:** 남 · 여
- **관 찰 자:** 교사 • **관찰일자:** 20**년 **월 **일(현재 2년 9개월) • **관찰행동:** 놀잇감 나누기

시간	사건 전 (Antecedent Event: A)	사건 (Behavior: B)	사건 후 (Consequence: C)
AM 09:30~ 09:40	동훈이와 다영이가 자석 블록으로 팽이를 만들어 돌리고 있다. 동훈이와 다영이의 놀이가 재미있어 보이는지 라영이가 다가와 서성거린다.	동훈이에게 "나는 어제 안했잖아, 조금만 하고 빌려 줘" 하니 동훈이가 "내 거야" 한다. 이번에는 다영이에게 "너 많이 했잖아, 이거 줘" 하니 다영이가 "나 이거 만들 거야"한다. 다영이의 말을 듣자 라영이가 블록을 빼앗아 도망간다. 다영이는 "내꺼, 내꺼"하며 울음을 터뜨린다.	교사가 "이라영"하고 부르자 울고 있는 다영이에게 가서 자석 블록을 던져 주고는 가버린다. 다시 교사가 "라영아, 다영이에게 블록 다시 예쁘게 주자" 하니 라영이가 다시 와서 블록을 들고 다영이에게 건네준다.

- **요약:** 라영이는 친구가 가지고 놀이하는 놀잇감을 얻기 위해 자기의 의사를 말로 표현할 수 있으나 친구가 거절하면 빼앗아 버리는 행동을 보인다. 그러나 교사의 지도에 따라 자신의 행동을 수정할 수 있다.

② 약호식 관찰법

약호식 관찰법에는 시간표집법, 사건표집법, 행동목록법, 평정척도법 등이 있다, 약호식 관찰법의 정의, 특징, 관찰방법, 장점, 단점을 정리하면 표 12-5와 같으며, 표 12-6은 행동목록법, 표 12-7은 시간표집의 예시이다.

표 12-5 **약호식 관찰법**

관찰법		내용
빈도 사건 표집법	정의	• 관찰하고자 하는 행동이나 사건이 일어날 때마다 그 빈도를 기록하는 방법
	특징	• 서술식 빈도사건표집법이 질적인 정보를 제공해 주는 반면 빈도사건표집법은 행동에 대한 양적인 정보를 제공해 주는 관찰방법 • 어떤 행동이나 사건이 얼마나 자주 일어나는가를 알아보고자 하는 데 관찰의 목적을 두는 경우 가장 유용하게 사용할 수 있는 관찰방법
	장점	• 가장 큰 장점은 편리함과 단순함, 시간 절약 • 자료를 쉽게 수량화하고 통계적으로 분석할 수 있음

관찰법		내용
	단점	• 출현 행동이나 사건의 원인을 알아내는 데 부적합 • 영유아 개인의 질적인 정보를 제공해 주기 어려움
시간 표집법	정의	• 관찰자가 관찰하려고 하는 특정행동을 정해진 시간 동안 일정한 간격으로 여러 회에 걸쳐 관찰하고 기록하는 방법
	특징	• 영유아의 특정 행동의 발생 빈도에 관심이 있을 때 사용하는 관찰법 • 특히 영유아의 문제행동 지도를 위한 계획수립 시 유용함
	장점	• 짧은 시간에 다량의 자료를 수집할 수 있어 효율적 • 시간, 노력, 경비 등을 절감할 수 있음
	단점	• 행동의 전반적인 양상이나 인과관계를 포괄적으로 알 수 없음
행동 목록법	정의	• 특정 대상이나 조건 또는 사건의 존재여부를 기록하는 방법
	특징	• 영유아의 현재 상태를 평가하고자 하는 것이며, 시간에 따른 발달의 변화를 알고자 할 때 활용됨 • 체크리스트라고도 부름
	장점	• 단순성이 있으며 개별 영유아의 단계적 발달상을 기록, 관찰하는 데 유용
	단점	• 특정 행동의 존재유무만 알 수 있을 뿐, 행동의 출현빈도나 질적 수준에 대한 정보는 얻을 수 없음
평정 척도법	정의	• 영유아에게 개인적으로 나타난다고 믿는 행동이나 특성의 정도를 기록하는 데 사용하는 방법
	특징	• 연속성이 있는 단계로 수량화된 점수나 가치가 부여된 기록지를 평정하는 관찰법
	장점	• 소요시간에 비해 많은 것을 평가할 수 있고, 관찰하면서 바로 기록해야 하는 부담이 없으며, 행동의 질까지 평가할 수 있음
	단점	• 정확하고 객관적인 항목의 개발이 어려우며, 개인의 편견이 개입될 여지가 많고, 행동의 원인에 대한 고려가 없음

표 12-6 **행동발달 체크리스트**

<table>
<tr><td>관찰유아</td><td colspan="4"></td><td colspan="2">생년월일</td><td colspan="4">년 월 일(남, 여)</td></tr>
<tr><td>관찰자</td><td colspan="10"></td></tr>
<tr><td rowspan="2">관찰일</td><td>1회</td><td>2회</td><td>3회</td><td colspan="2">4회</td><td colspan="2">5회</td><td colspan="2">6회</td></tr>
<tr><td></td><td></td><td></td><td colspan="2"></td><td colspan="2"></td><td colspan="2"></td></tr>
<tr><td>영역</td><td colspan="3">내용</td><td>1회</td><td>2회</td><td>3회</td><td>4회</td><td>5회</td><td>6회</td></tr>
<tr><td>기본 생활</td><td colspan="3">정리정돈을 할 수 있다
(장난감, 활동, 간식책상).</td><td></td><td></td><td></td><td></td><td></td><td></td></tr>
</table>

습관	간식/식사 전에 손을 씻는다.						
	규칙(차례, 약속)을 잘 지키는 편이다.						
	어른께 존댓말을 사용한다.						
	음식을 골고루 먹는다.						
	낮잠을 잔다.						
	교사의 지시를 잘 이해하고 따른다.						
	물건을 소중히 다루고 아껴 쓴다.						
	'고마워, 괜찮아, 미안해' 등의 말을 적절하게 사용한다.						
	혼자서 옷을 입을 수 있다.						
	화장실 사용 후 뒷정리를 혼자 한다.						

출처: 이소희, 강경자, 마미정(2009). 일부발췌

표 12-7 **시간표집**

- **관 찰 자:** 김 화 영
- **참여대상:** 김 수 빈(여, 12개월)
- **관찰장소:** 수빈이 방
- **관찰일시:** 20**년 **월 **일 *요일 10:00~10:10(10분간)
- **관찰행동:** 손가락 빨기 행동–어떤 손가락이든 3초 이상 입안에 넣고 빠는 행동

시간	관찰횟수	빈도수
1~5분	//	2
5~10분	////	4
10~15분	~~////~~	5
15~20분	///	3
총계(20분)		14

(2) 관찰법 외 영유아 평가방법

관찰법 외에 영유아에 대해 객관적이고 신뢰성 있는 자료를 얻기 위해 사용되는 영유아 평가방법에는 검사(표준화검사, 교사제작검사), 작품분석법, 포트폴리오, 면

접법 등이 있다. 이 밖에도 부모가 제출한 서류를 이용한 평가, 영유아의 흥미영역 활동 실태분석 등도 참고자료로 사용된다. 표 12-8은 관찰법 외 영유아 평가방법을 정리한 것이며, 표 12-9는 포트폴리오 평가양식 예, 표 12-10은 표준보육과정 영역별 포트폴리오 수집자료 목록의 예이다.

표 12-8 관찰법 외 영유아 평가방법

평가 방법		내용
표준화 검사	정의	• 특정 행동특성을 측정하기 위해 객관화되고 표준화된 절차를 거쳐 작성된 검사. 측정에 사용되는 검사, 절차, 채점 방법 등이 표준화된 것을 의미
	특징	• 신뢰도와 타당성이 검증되었고 대규모 규준으로 만들어졌기 때문에 이를 통하여 객관적인 자료를 얻을 수 있을 뿐만 아니라 이를 바탕으로 개별 영유아의 행동이나 성취 비교가 가능
	장점	• 신뢰도와 타당도가 검증되어 신뢰롭고 안정된 결과 제공 • 검사 실시요강 마련 • 개인 내 비교, 개인 간 비교 가능
	단점	• 영유아가 검사상황에 익숙하지 않거나 거부감이나 두려움이 있는 경우 검사가 영유아의 능력을 정확히 반영하지 못할 수 있음 • 검사자-영유아 간의 상호작용의 차이가 검사결과에 영향을 미칠 수 있음 • 진단 및 예진 검사는 전문가가 실시하는 것이 바람직함
작품 분석법	정의	• 영유아의 그림, 만들기, 쓰기 자료 등의 작품을 분석함으로써 영유아의 발달을 평가하는 방법
	특징	• 작품은 생생하고 직접적인 평가 자료임 • 작품을 시간적 간격을 두고 수집하면 영유아의 발달과 변화의 정도를 보다 확실히 알 수 있음
	장점	• 평가계획을 세우지 않아도 쉽게 수집할 수 있음 • 부모면담 시에 좋은 참고자료가 됨
	단점	• 작품 저장에 문제가 있을 수 있어 사진이나 스캔으로 보완 가능
면접	정의	• 언어적 표현이 가능한 영유아나 부모 또는 교사와 직접 만나서 언어적인 반응을 통하여 여러 가지 자료를 수집하는 방법
	특징	• 인지적 영역뿐만 아니라 영유아나 부모의 태도, 흥미, 이성 등에 관한 정보를 얻기 위해 사용됨
	장점	• 어린 영유아나 문맹자에게도 정보를 얻을 수 있어 다양한 표본구성이 가능 • 비언어적 행동이나 주변 환경에 대한 정보를 얻을 수 있음

평가 방법		내용
	단점	• 면접자와 면접대상자의 편견이 개입될 수 있음 • 시간과 비용이 많이 들며, 면접자 훈련 필요 • 수량적인 분석 및 해석의 어려움
포트폴리오	정의	• 사진, 비디오테이프, 동영상, 일화기록, 체크리스트, 평정척도, 영유아 및 부모와의 면담기록, 각 흥미영역별 활동의 결과물과 기록자료 등 영유아가 어린이집에서 활동한 과정과 결과를 조직적으로 모아 놓은 자료를 통해서 영유아의 지식, 기술, 태도의 성장을 검토하는 평가방법
	특징	• 개별 영유아를 총괄적으로 평가할 수 있어 최근 가장 적절한 평가방법으로 여겨지며 많은 관심을 받고 있음 • 자료의 수집→ 조직→ 활용의 순서로 이루어짐
	장점	• 학습의 과정에서 영유아가 어떤 어려움을 겪는지, 혹은 어떠한 과정으로 발달하고 있는지에 대한 정보를 얻을 수 있음 • 일과진행 과정 속에서 영유아의 행동을 총체적으로 파악할 수 있으며 별도의 시간을 내어 평가를 할 필요가 없음 • 영유아의 장점에 초점을 맞춤 • 개별 영유아에게 가장 적절하고, 정밀하고, 완전하며, 발달적으로 적합한 평가를 실시할 수 있음 • 포트폴리오 평가 과정에서 영유아와 영유아, 영유아와 교사, 교사와 교사 사이의 협력적 관계가 유지되고 요구되며, 그 결과 협동심과 신뢰감이 증진됨 • 포트폴리오 평가는 매일의 일과계획 및 운영에서 이루어지기 때문에 평가의 결과를 보육과정을 계획하고 수정하는 데 바로 이용할 수 있음
	단점	• 많은 시간과 노력이 필요 • 자료의 수집, 보관, 정리를 위해서는 충분한 공간이 요구 • 보육교사의 주관과 편견에 따라 평가자료 수집과 평가 기준이 달라지기 때문에 타당도와 신뢰도의 확보가 어려움 • 기록과 보관에만 치중하다 보면 영유아의 학습과정이 한쪽으로 치우칠 수 있어 단순한 자료수집 활동이 되지 않도록 계획을 세우는 것이 매우 중요

표 12-9 포트폴리오 평가양식 예

〈끼적이기 발달〉

영아명		생년월일		영역	
관찰장면					
활동/작품사진					
교사의 분석					
지도 방안					
참고사항	(끼적이기 발달단계) 1. 무분별한 끼적이기: 운동신경 조절이 자유롭지 못한 시기로 우연하게 생긴 선이나 어설프고 불규칙한 선들을 그리는 시기 2. 조절된 표현의 시작: 자신의 손의 움직임과 종이 위에 나타나는 흔적과의 관계를 깨닫기 시작하는 단계로 점이나 원, 선과 같은 작은 패턴을 반복하는 시기 3. 의도적인 미술표현하기: 끼적이기 마지막 단계로 그림을 그리는 시간이 길어지고, 자신이 그린 것을 말로 표현하려는 시기				

표 12-10 표준보육과정 영역별 포트폴리오 수집자료 목록의 예

영역	수집자료
기본생활	• 기본생활습관 체크리스트 • 기본생활습관 관찰 기록
신체운동	• 소근육 활동 결과물 • 달리기, 점프 등 신체 운동 자료 • 조작적 동작 자료 • 신체 운동 발달 체크리스트 • 실외 활동 관찰 기록 • 동작 표현 사진 자료
사회관계	• 여러 영역에서 관찰된 또래와의 대화 기록 • 놀이 계획표(자유선택 활동지) • 사회정서발달 체크리스트

영역	수집자료
	• 유아의 행동에 관한 관찰 기록 • 실내외 견학장소에서 유아의 행동, 수행 기록 • 역할놀이 사진 자료 • 가족과 이웃에 관련된 활동 자료 • 친구 관계에 대한 기록 • 자아개념에 대한 자기 보고
의사소통	• 글자 자료 • 동시, 동화, 일상생활의 내용을 담은 글 • 유아의 읽기 자료 • 도서 계획표 • 주말 지낸 이야기 • 소개하기 담화 기록 • 주제 관련 이야기 나누기 기록
자연탐구	• 숫자 자료 • 수학의 다양한 영역의 활동 자료(측정, 공간, 그래프 등)와 사진 • 실험 결과 자료 • 관찰 기록표 • 요리 활동 결과표
예술경험	• 유아의 그림(자유화, 주제화) • 종이접기 자료 • 점토, 만들기 등 입체 구성물 자료의 사진 • 블록 상자 등을 이용한 구성물 • 또래와의 협력을 통한 공동 산출물 • 신체 표현 자료 • 악기 사용 자료 • 음률 활동 자료

출처: 박찬옥 외(2013).

2) 보육교사 평가방법

영유아들이 장시간 생활하는 어린이집에서 발달에 적합한 환경을 지원하기 위해서는 보육교사의 역할이 매우 중요하다. 보육교사는 영유아들과 직접 접촉하는 대표적인 인적 환경이기도 하며, 영유아들에게 제공되는 물리적 환경의 질을 결정하는 역할을 하기 때문이다. 영유아에게 인적 · 물리적으로 질 높은 환경을 제공하기 위해 보육교사의 전문성을 유지 · 향상시켜야 하며, 이를 위해 보육교사의 평가가 필요하다.

교사 평가는 대부분 원장들이 하는데, 원장의 역할은 교사의 활동을 관찰하고 분석하며, 교사의 장점을 격려하고, 단점인 부분을 개선할 수 있는 방법을 찾는 것이다. 또 다른 교사 평가로는 비디오와 녹음기를 사용하여 분석하는 방법이 있으며, 교사가 자기 평가서를 활용하여 스스로 자기평가를 할 수도 있다. 교사 평가를 위한 자료에는 원장의 관찰, 교사의 자기 평가서, 동료 장학, 교사 체크리스트나 점수표가 포함될 수 있다.

교사 평가에서 무엇보다 중요한 것은 평가를 받는 교사가 평가의 목표를 인식하고, 평가가 왜 필요하고 중요한지 동의할 수 있어야 한다. 그래야만 평가를 통해 교수-학습 기술을 증진시킬 수 있고 교사의 발달에 기여할 수 있다. 교사 평가는 평가 대상 교사가 충분히 납득하고 동의하는 상황에서만 교사의 발달에 기여할 수 있다. 표 12-11은 어린이집에서 활용할 수 있는 교사 평가지의 예시다. 이 평가지는 교사 자신, 원장, 동료교사, 장학담당자 등의 다양한 평가자들이 활용할 수 있는 평가지로 유용하게 활용될 수 있을 것이다(박찬옥 외, 2013).

표 12-11 교사 평가지

〈교사 평가지〉

1. 평가일: 2. 교사명:
3. 평가자: (자신, 동료교사, 원장, 원감, 장학담당자)

영역	평가항목	우수 보통 미흡
Ⅰ. 효과적인 의사소통 하기	1. 동료와 효과적으로 의사소통을 하는가?	5 4 3 2 1
	2. 외부전문가와 효과적으로 의사소통을 하는가?	5 4 3 2 1
	3. 학부모와 효과적으로 의사소통을 하는가?	5 4 3 2 1
	4. 아동과 효과적으로 의사소통을 하는가?	5 4 3 2 1
	5. 장학담당자와 효과적으로 의사소통을 하는가?	5 4 3 2 1
	소 계	

II. 자신감 갖기	1. 아동과 활동할 때 편안함을 느끼는가?	5 4 3 2 1
	2. 부모와 대화할 때 편안함을 느끼는가?	5 4 3 2 1
	3. 자신이 아동을 보호할 능력이 있다고 생각하는가?	5 4 3 2 1
	4. 교사회의 시 회의에 활발히 참여하고 있는가?	5 4 3 2 1
	5. 유치원에 갈등이 있다면 이를 해결하고자 노력하는가?	5 4 3 2 1
	6. 쉽게 다른 전문가와 상호작용 하는가?	5 4 3 2 1
	7. 독립성과 적극성을 보이는가?	5 4 3 2 1
	8. 자신의 판단을 존중하는가?	5 4 3 2 1
	9. 변화에 대처할 능력이 있는가?	5 4 3 2 1
	소 계	
III. 아동 이해하기	1. 아동에 대하여 적절한 기대를 하고 있는가?	5 4 3 2 1
	2. 아동의 다양한 발달단계를 이해하는가?	5 4 3 2 1
	3. 아동의 개인적 요구에 민감한가?	5 4 3 2 1
	4. 훌륭한 관찰기술을 가지고 있는가?	5 4 3 2 1
	5. 사회성, 인지, 정서, 신체발달 간의 연관성을 이해하는가?	5 4 3 2 1
	6. 아동의 성장발달에 여러 요인이 영향을 미친다는 것을 이해하는가?	5 4 3 2 1
	소 계	
IV. 자기 자신 이해하기	1. 자신에 대하여 반성적이며 분석적인가?	5 4 3 2 1
	2. 자신이 학습자로서의 입장에도 있음을 이해하는가?	5 4 3 2 1
	3. 개인적인 문제에 스스로 대처하고 해결하려고 노력하는가?	5 4 3 2 1
	4. 아동의 위기에 대처하고 그 위기를 해결할 수 있는가?	5 4 3 2 1
	5. 자아 존중감을 가지고 있으며, 자신을 유치원 운영의 중요한 부분으로 생각하고 있는가?	5 4 3 2 1
	소 계	
V. 다른 사람 존중하기	1. 출신·성장 배경 및 사회적·경제적 배경이 다른 사람(아동, 부모 및 동료)들을 잘 이해하는가?	5 4 3 2 1
	2. 동료의 입장을 잘 이해하고 지지하는가?	5 4 3 2 1
	3. 다른 사람의 의견과 느낌을 존중하는가?	5 4 3 2 1
	소 계	
VI. 전문적	1. 어려운 일을 성취하고 만족감을 느끼는가?	5 4 3 2 1
	2. 전문가 단체와 협의 등에 참석하는가?	5 4 3 2 1

<table>
<tr><td rowspan="4">성장에서의 만족</td><td>3. 동료 간에 협동적인 활동을 하는가?</td><td>5 4 3 2 1</td></tr>
<tr><td>4. 새로운 프로그램을 계획하고 추진하기를 좋아하는가?</td><td>5 4 3 2 1</td></tr>
<tr><td>5. 새로운 역할과 책임을 기꺼이 맡고자 하는가?</td><td>5 4 3 2 1</td></tr>
<tr><td>소 계</td><td></td></tr>
<tr><td rowspan="3">Ⅶ.
학습관 갖기</td><td>1. 장학담당자나 동료와 구별되는 자기 나름의 학습관을 가지고 있는가?</td><td>5 4 3 2 1</td></tr>
<tr><td>2. 확고하고 발전된 교육관을 가지고 있는가?</td><td>5 4 3 2 1</td></tr>
<tr><td>소 계</td><td></td></tr>
<tr><td rowspan="4">Ⅷ.
적절한 장학 평가하기</td><td>1. 적절한 지도 · 조언이 주어지지 않을 때 장학활동에 관련하여 자신의 생각을 표현할 수 있는가?</td><td>5 4 3 2 1</td></tr>
<tr><td>2. 장학담당자가 가져야 하는 자질에 대하여 적절한 의견을 가지고 있는가?</td><td>5 4 3 2 1</td></tr>
<tr><td>3. 장학활동에 대하여 높은 기대를 가지고 있는가?</td><td>5 4 3 2 1</td></tr>
<tr><td>소 계</td><td></td></tr>
<tr><td rowspan="4">Ⅸ.
넓은
관점 갖기</td><td>1. 유아교육의 전반적 프로그램 및 지역사회와의 관계 속에서 자신의 위치와 자신의 하는 일을 파악하고 있는가?</td><td>5 4 3 2 1</td></tr>
<tr><td>2. 자신의 직업에 대하여 충실하며 중요성을 부여하고 있는가?</td><td>5 4 3 2 1</td></tr>
<tr><td>3. 아동, 가족, 지역사회와 유아교육 프로그램을 상호 유기적으로 연관된 것으로 보고 있는가?</td><td>5 4 3 2 1</td></tr>
<tr><td>소 계</td><td></td></tr>
<tr><td colspan="2">총 계</td><td></td></tr>
</table>

출처: 박찬옥 외(2013: 270~271).

3) 보육과정 평가방법

보육과정 평가는 보육과정을 구성하는 요소인 보육목표, 보육내용, 교수 · 학습방법, 보육평가에 대한 평가를 말한다. 보육목표의 평가는 보육목표가 철학적 관점, 사회문화적 요구, 영유아의 발달 및 필요, 보육내용의 관점에서 타당하게 설정되었는지를 평가한다. 보육내용의 평가는 보육목표가 지시하는 바로 그 내용인지를 평가한다. 교수 · 학습방법은 보육목표와 보육내용이 뜻하는 바를 얼마나 실천했는가를 평가한다. 보육평가의 평가는 평가의 내용이나 방법이 타당하고 신뢰되어 객관적으로 보육과정의 효과를 평가했는지를 평가한다.

따라서 보육과정을 평가하기 위해서는 보육의 전 영역이 평가되어야 하며, 평가기준들은 영유아의 발달수준에 적합해야 한다. 보육과정의 질은 여러 가지 요소에 의해 영향을 받기는 하나, 가장 결정적인 요소는 보육과정의 계획, 내용 및 활동, 그리고 평가 등이 영유아의 발달수준에 적합한가에 달려 있다.

스포덱(Spodek)은 보육과정 평가에 사용할 수 있는 평가기준을 다음과 같이 제시하고 있다(김정원 외 2010, 재인용).

- 보육과정의 기본 가정은 무엇인가? 아동관, 교육관, 종교관, 교사관
- 보육과정의 내용은 어떠한가? 보육과정 내용의 범위, 학습경험의 계열
- 보육과정의 목표는 무엇인가? 장기적 목표, 단기적 목표, 양자관계, 목표의 세분화 정도
- 지도 전략은 어떠한가? 영유아와 영유아 간의 상호작용의 성질과 그 정도, 교사와 영유아 간의 상호작용의 성질과 정도, 영유아와 자료 간의 상호작용의 성질과 정도, 지도전략에 대한 서술의 명료성
- 개별화의 정도는 어떠한가?
- 조직은 어떠한가? 시간조직, 공간조직, 유아집단조직, 교사들의 이용
- 효율성은 어떠한가? 목표의 성취, 다른 프로그램과의 비교
- 실용성은 어떠한가? 프로그램의 경비, 교사들의 자격 요건, 자료들의 조건, 유용한 자료구입의 가능 여부

한편, 보육과정의 평가결과는 어린이집 보육교직원의 역할과 교수방법을 점검하게 하여 보육교사의 전문성을 높이고, 자질을 향상시키는 데 사용된다. 또한, 다음 연도의 보육과정 수립에 반영될 수 있어야 한다. 보육과정 평가를 위한 평가지의 예시는 표 12-12와 같다.

표 12-12 **보육과정 평가척도**

〈평가척도〉

① 전혀 그렇지 않다(0~20% 수준) ② 그렇지 않다(21~40%)

③ 보통이다(41~60%) ④ 그렇다(61~80%) ⑤ 매우 그렇다(81~100%)

각각의 문항은 5단계의 수준으로 평가하여 각각의 문항에 대해 해당되는 것의 번호에 V 표 한다.

구분	문항	①	②	③	④	⑤
보육 계획	1. 어린이집 전체(운영계획) 및 각 학급 단위로 보육계획안이 수립되어 시행되고 있는가?					
	2. 보육계획안은 영유아의 발달수준에 적합하며, 지역사회의 특징과 어린이집의 특성을 반영하고 있는가?					
	3. 보육교사 대 영유아의 비율은 영유아의 발달수준이나 연령에 적절한가?					
	4. 보육의 목표는 어린이집의 철학과 일관성 있고 영유아의 연령이나 발달수준에 적합한가?					
	5. 연간, 월간, 주간, 일일 보육계획을 수립하여 시행되고 있는가?					
	6. 보육활동은 각 영유아의 개방적 욕구를 수용하여 다양한 활동들이 반영 · 조직되어 있는가?					
보육 과정 운영	7. 개별 영유아의 신체적 · 정서적 욕구에 언어적으로나 신체적으로 항상 민감하게 반응하고 있는가?					
	8. 구체적인 현장 경험을 위한 견학 및 참관활동이 활발하게 이루어지고 있는가?					
	9. 미소짓기, 안아주기, 토닥거리기와 같은 긍정적인 신체표현을 자주 하는가?					
	10. 영유아 스스로가 다양한 활동과 자료의 선택과 참여과정에서 주도적인 역할을 할 기회를 제공받는가?					
	11. 보육교사는 확산적 사고를 유발하는 구체적이고 개방적인 질문과 대화를 하는가?					
실외 환경	12. 영유아가 안전하게 등하원 할 수 있고 이용하기 편리한 곳에 위치하고 있는가?					
	13. 실내 · 외 공간이 자연스럽게 연계되어 있고 영유아들이 다니기에 적합한 통로가 마련되어 있는가?					
	14. 실외 놀이터가 있으며 놀이시설들은 견고하고 안전한가?					
실내	15. 보육실에는 놀이기구, 그림책 기타 필요한 놀잇감을 갖추고					

구분	문항	①	②	③	④	⑤
환경	있는가?					
	16. 놀잇감이 공간의 크기 및 영유아의 수에 맞게 충분히 준비되어 있는가?					
	17. 전인 발달을 위한 교재 및 교구를 영유아의 발달수준에 맞게 충분히 갖추고 있는가?					
	18. 영유아들이 놀이한 후 놀잇감을 정리할 수 있는 교구정리장이 있는가?					
	19. 보육실의 채광, 조명, 방습, 방충, 방음설비 등이 적합한가?					
	20. 낮잠을 자는 공간은 영유아가 휴식을 취할 수 있도록 조용하고 안락하게 조성되어 있는가?					
	21. 영유아의 소지품을 정리·보관할 수 있는 공간이나 장비가 실내에 설치되어 있는가?					
보육 자료	22. 교재, 교구, 놀잇감이 양적으로 충분하며 다양한가?					
	23. 보육목적, 영유아의 다양한 흥미나 요구를 만족시키기에 충분한 시청각 기자재들을 보유하고 활용하고 있는가?					
	24. 교재, 교구, 놀잇감이 영유아 스스로 사용하기에 매우 편리하고 실용적이며 안전한가?					
	25. 교재, 교구, 놀잇감이 활용하기에 편리하게 정리정돈되어 있으며 활동목표나, 주제, 영유아의 흥미나 발달수준에 따라 변화·교체되고 있는가?					
	26. 실물, 모형, 표본, 그림, 사진, 슬라이드 등의 자료를 구체적이고 실제적인 경험을 제공하는 자료로 많이 사용하는가?					
보육 과정 평가	27. 영유아 개개인의 발달 상태를 정기적으로 평가하고 있는가?					
	28. 평가 목적에 따라 다양한 평가방법과 도구를 보유하고 있으며, 적절하게 사용하고 있는가?					
	29. 각종 평가결과는 체계적이고 누가적으로 기록·보관되고 있으며, 교사의 허락 없이 외부로 유출되지 않도록 철저하게 관리되고 있는가?					
	30. 각종 평가결과로 얻은 자료는 부모에게 제공되고 있으며, 필요시 보육교직원들 간에 공유되고 있는가?					

※ 「서울특별시 교육청(2007)의 교육과정 운영 평가척도」를 어린이집의 보육프로그램 평가척도에 맞추어 수정한 것임.
※ 출처: 한국보육진흥원(2012).

Chapter 13

어린이집 평가제

우리나라는 2005년부터 영유아에게 전문적인 보호와 수준 높은 보육서비스를 제공하기 위하여 국가가 평가하여 인증을 부여하는 어린이집 평가인증제도를 실시해 왔다. 어린이집 평가인증제도는 어린이집이 지향해야 하는 바람직한 보육서비스의 실제를 제시하고 질적 수준을 공정하게 평가할 뿐만 아니라, 수요자인 부모에게 합리적인 어린이집 선택기준을 제공하고 정부의 효율적인 지원 및 관리체계를 위한 질 관리 기제로 작동하여 왔다. 하지만 평가인증제도가 어린이집의 자발적 신청에 의해 운영됨에 따라 미인증 어린이집으로 인한 질 관리 사각지대 문제가 발생하였으며, 최근 아동권리 보호, 아동학대 예방, 안전관리 강화에 대한 사회적 요구 증가로 전체 어린이집 질 관리에 대한 필요성이 제기되었다. 이에 2018년 12월 「영유아보육법」 개정을 통하여 '보육 · 양육에 대한 사회적 책임 강화(국정과제 48-3)' 실현과 영유아의 건강한 성장 및 발달을 위해 모든 어린이집을 대상으로 하는 의무평가제의 법적 근거가 마련되었으며, 2019년 6월 12일부터 어린이집 평가제가 시행되었다.

1. 어린이집 평가제의 이해

어린이집 평가제도는 보육 · 양육에 대한 사회적 책임 강화 실현 및 안심 보육환경 조성을 위해 국가 차원에서 모든 어린이집을 주기적으로 평가하여 상시적인 보육서비스 질을 확보하고자 하는 제도이다. 어린이집 평가제는 전체 어린이집의 질 관리를 위하여 평가 자체에 목적을 두기보다, 정기적인 평가를 통해 어린이집이 지속적으로 보육의 질적 수준을 향상시키고 유지하게 함으로써 영유아의 안전과 건강, 조화로운 성장과 발달을 도모하여 부모가 믿고 맡길 수 있는 안심 보육환경 조성에 기여하고자 한다. 여기에서는 어린이집 평가제의 추진배경에서 추진목적, 주요 내용, 평가지표 등 어린이집 평가제의 전반적인 내용을 살펴보고자 한다(보건복지부, 한국보육진흥원, 2022).

1) 어린이집 평가제 추진배경

평가제 시행은 지금까지 평가인증을 신청한 어린이집에 한해서만 이루어진 어린이집 질 관리가 전국 모든 어린이집으로 확대되었다는 점에서 의미가 크다.

(1) 어린이집 평가인증제도의 시행 경과

2005년부터 시행되어 온 어린이집 평가인증제도는 어린이집이 지향해야 하는 바람직한 보육서비스의 실제를 제시하고 질적 수준을 공정하게 평가할 뿐만 아니라, 수요자인 부모에게 합리적인 어린이집 선택 기준을 제공하고 정부의 효율적인 지원 및 관리체계를 위한 질 관리 기제로 작용하여 왔다. 제1차 평가인증('06~'09), 2차 지표와 3차 시범지표를 적용한 제2차 평가인증('10~'17.10.), 통합지표를 적용한 제3차 평가인증('17.11~'19.6.11.)을 거치면서 제도의 운영과정을 합리적으로 개선해 왔으며, 변화하는 현장의 수준을 반영하여 지표를 개정함으로써 어린이집에서 지향해야 할 보육서비스의 바람직한 실제를 지속적으로 제시해 왔다.

지자체의 지도점검 외에 별도의 보육서비스에 대한 질 관리 기제가 없었던 제도 도입 이전에 비해, 어린이집의 평가인증 참여율이 점차 높아지면서 보육의 질적 수준은 전반적으로 향상되었다. 먼저 어린이집의 물리적 환경이 변하면서 영유아가 생활하기에 청결하고 안전한 환경이 마련되었고, 영유아의 놀이에 필요한 놀잇감이 충분하고 다양하게 갖추어졌다. 또한 인증 준비과정에서 보육환경과 보육과정, 영유아와의 상호작용, 어린이집 운영관리 등에 대해 지표에서 제시하는 바람직한 실제를 이해하고 적용해 나가면서 교직원들의 전문성은 자연스럽게 향상되었다.

2006년 본격 시행 이후 평가인증에 참여하여 인증에 통과한 어린이집은 지속적으로 증가하였다. 또한 2010년부터 인증유효기간이 만료되어 재인증으로 진입한 어린이집의 인증 통과율은 신규인증 어린이집의 인증통과율에 비해 높게 나타났다. 이는 1차 평가인증에 참여하는 과정을 통해 질적 수준이 향상된 것으로 볼 수 있다.

평가인증 이후 인증상태를 유지하는 어린이집의 비율도 지속적으로 상승하였다. 제도 시행 초기인 2006년에는 3.6%에 불과하였던 인증 어린이집이 2009년 46.9%, 2014년 75.6%로 지속적으로 증하였고, 평가인증 종료월 기준으로는 전체 어린이집 중 84.3%가 인증유지 중인 것으로 나타났다.

각 연도별로 평가인증 평균점수는 지속적으로 상상하였으며, 신규인증과 재인증 어린이집을 비교한 결과 재인증 어린이집의 평균점수가 신규인증에 비해 유의하게 높은 것으로 나타났다. 이는 제3차 평가인증 통합지표의 등급 분포에서도 유사하게 나타났다. 이러한 결과는 평가인증 과정이 어린이집의 질 관리에 효과적이며, 인증 통과 이후에도 지속적으로 품질을 관리할 수 있도록 마련된 사후관리 체계의 효과로 볼 수 있다.

표 13-1 **어린이집 평가인증제도의 추진 경과**

- 제1차 어린이집 평가인증 시행(2006~2009)
- 제2차 어린이집 평가인증 시행(2010~2017.10)
- 제3차 어린이집 평가인증 시행(통합지표 적용)(2017.11.~2019.06.)

(2) 어린이집 평가제 전환

평가인증제도가 도입된 2005년 이후 현재까지 저출산 및 양육부담에 대한 사회적 책임 강화로 보육서비스에 투입되는 재정 규모가 크게 증가하였고, 영유아 시기의 중요성 및 아동권리에 대한 부모의 관심과 사회적인 인식이 높아졌다.

보육서비스의 질 관리와 유지를 위해 도입된 평가인증제도는 어린이집의 물리적 환경뿐만 아니라 보육과정 및 상호작용과 같은 과정적 질 관리가 이루어짐에 따라 보육서비스의 전반적인 질적 수준을 향상시켰다. 또한 보육교직원의 역량 강화 및 전반적인 보육현장의 전문성을 제고하는 데 기여하였으며, 부모의 합리적인 선택권 보장과 중앙 및 지방 정부의 효율적 보육재정 집행에도 기여한 것으로 나타났다.

하지만 평가인증제도가 어린이집의 자발적 신청에 의해 운영됨에 따라 미인증 어린이집으로 인한 질 관리 사각지대 문제가 발생하였으며, 최근 아동권리 보호, 아동학대 예방, 안전관리 강화에 대한 사회적 요구 증가로 전체 어린이집 질 관리에 대한 필요성이 제기되었다. 이에 2018년 12월 「영유아보육법」 개정을 통하여 '보육·양육에 대한 사회적 책임 강화(국정과제48-3)' 실현과 영유아의 건강한 성장 및 발달을 위해 모든 어린이집을 대상으로 하는 의무평가제의 법적 근거가 마련되었으며, 2019년 6월 12일부터 어린이집 평가제가 시행되었다.

어린이집 평가제는 전체 어린이집의 질 관리를 위하여 평가 자체에 목적을 두기보다, 정기적인 평가를 통해 어린이집이 지속적으로 보육의 질적 수준을 향상시키고 유지하게 함으로써 영유아의 안전과 건강, 조화로운 성장과 발달을 도모하여 부모가 믿고 맡길 수 있는 안심 보육환경 조성에 기여하고자 한다.

2) 어린이집 평가제 추진경과

2018년 12월 「영유아보육법」 제30조에 법적 근거가 마련된 이후, 본격적인 평가제 시행을 위해 「보육서비스 질 제고를 위한 의무평가제 시행방안」 연구용역을 실시하여 평가제 운영체계와 지표 개발을 추진하였다. 연구를 통해 마련된 운영체계 및 지표(안)에 대해 공청회, 간담회, 온라인 대국민 의견수렴 등 다양한 창구를 통해 의견을 수렴하였다. 이는 보육전문가, 보육교직원, 부모 등이 참여한 협의체를 통해 최종 논의되었으며, 이후 중앙보육정책위원회의 심의를 거쳐 평가제 시행을 위한 운영체계 및 지표가 최종 확정되었다.

평가제가 시행된 2019년 6월 이후 29,210개소의 어린이집이 평가대상으로 선정되어 참여하였으며, 평가 사각지대 조기 해소를 위해 2021년까지 미인증 어린이집을 우선적으로 평가하였다.

3) 추진목적

어린이집 평가제 시행 목적은 다음과 같다.

첫째, 상시적인 보육서비스 질 관리를 위해 주요 핵심지표를 중심으로 질 관리 표준을 제시하고 어린이집 스스로 질적 수준을 제고하도록 한다.

둘째, 전체 어린이집에 대한 주기적 평가를 통하여 보육서비스 품질관리의 사각지대를 해소하고 전반적인 보육서비스 수준을 지속적으로 관리하여 국가의 책무성을 강화하고자 한다.

셋째, 궁극적으로 평가제를 통해 보육서비스의 질 향상을 제고함으로써 영유아의 안전과 건강, 조화로운 성장과 발달을 도모하고자 한다. 이를 위해 영유아의 인권과 놀 권리를 보장하고 영유아가 건강하고 행복하게 성장할 수 있는 안심 보육환경을 조성하며, 보육교직원이 영유아 보육에 집중할 수 있는 여건을 조성한다.

4) 주요 특징

평가제는 전체 어린이집에 대하여 평가를 주기적으로 진행하고 결과 등급에 따라 관리하도록 설계되었다. 어린이집에는 평가의무가 부여되므로 「영유아보육법」 제44조제4의6호에 따라 평가를 거부, 방해 또는 기피하거나 거짓, 그 밖의 부정한 방법으로 평가를 받은 경우 그에 따른 시정명령 및 행정처분을 받을 수 있다.

2. 어린이집 평가 운영체계

어린이집 평가과정은 정해진 주기에 따라 대상을 선정하여 통보함으로써 시작되며, 기본사항 확인, 자체점검보고서 제출, 현장평가, 종합평가 순으로 진행된다.

1) 평상대상 선정 및 통보

한국보육진흥원에서는 평가주기에 따라 평가대상을 선정하여 해당 어린이집 및 지자체에 통보한다.

(1) 평가대상 선정

- 「영유아보육법」에 따라 설치한 모든 어린이집(방과후 전담 어린이집 제외)을 평가대상으로 한다.
- 한국보육진흥원에서는 평가주기에 따라 평가대상을 선정하여 통보하고, 선정 통보일로부터 6개월 경과 시 현장평가를 진행한다.

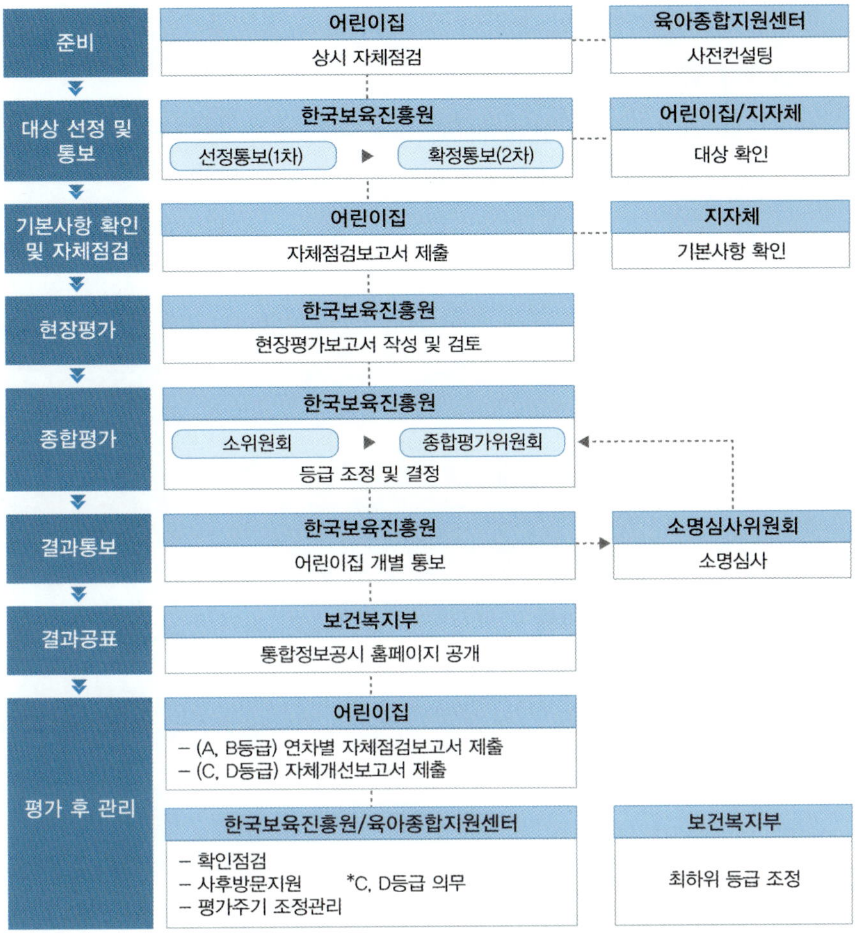

그림 13-1 **어린이집 평가 운영체계**

(2) 평가대상 통보 및 확인

- 한국보육진흥원에서는 평가대상 어린이집을 선정하고, 평가일정을 해당 어린이집 및 지자체에 통보한다.
- 대상 선정통보(1차)는 현장평가월 기준 6개월 전, 확정통보(2차)는 현장평가월 기준 2개월 전 실시한다.
  – 대상 선정통보를 받은 어린이집은 10일 이내 '평가대상 선정통보서'를 확인

한 후 '평가실시에 대한 동의서' 및 '어린이집 정보 확인 및 제공 동의서'를 제출해야 함

- 선정통보(1차)에 의해 '평가실시에 대한 동의서'를 제출한 어린이집에 대하여 어린이집지원시스템을 통해 확정통보(2차)함
- 한국보육진흥원은 평가대상으로 확정된 어린이집 명단을 해당 지자체에 통보함

2) 기본사항 확인 및 자체점검보고서 제출

'기본사항 확인 및 자체점검보고서 제출' 단계에서 지자체(시 · 군 · 구)는 평가대상 확정 통보된 어린이집에 대해 기본사항을 확인하고, 어린이집은 자체점검보고서를 작성하여 제출한다.

(1) 기본사항 확인

- 시 · 군 · 구는 해당 기수의 평가대상 확정 어린이집의 기본사항(사전점검사항 및 위반이력사항)을 확인하여 그 결과를 정해진 기한 내에 시 · 도에 통보함
  - 사전점검사항(5항목): 영유아 및 보육교직원 관련 보험 가입(준수/미준수), 어린이집의 설치기준(준수/미준수), 보육실의 설치기준(준수/미준수), 보육교직원 배치기준(준수/미준수), 비상재해 대비시설 설치(준수/미준수)
  - 위반이력사항(8항목): 운영정지, 과징금 처분, 보조금 반환명령, 원장 자격정지 또는 자격취소, 보육교사 자격정지 또는 자격취소, 금고 이상의 형, 「아동복지법」 등 위반, 식품위생법 위반
- 시 · 도는 시 · 군 · 구로부터 통보받은 결과를 확인한 후, 한국보육진흥원에 최종 통보함

(2) 자체점검보고서 제출

- 평가대상으로 확정통보된 어린이집은 자체점검을 실시하고, 통보된 기한 내에 자체점검보고서를 작성하여 제출한다.
  - 자체점검 시 원장, 보육교사, 원아 부모 각 1인 이상을 포함하여 자체점검위원회(3~7인 이내, 어린이집 운영위원회에서 수행 가능)를 구성하여 평가지표를 기준으로 어린이집의 운영 전반을 점검함

3) 현장평가

'현장평가' 단계에서는 기본사항 확인 및 자체점검보고서 제출을 완료한 어린이집을 대상으로 평가지표에 따라 어린이집의 질적 수준에 대한 현장평가 및 보고가 이루어진다.

(1) 현장평가 주간 통보

- 한국보육진흥원은 기본사항 확인 및 자체점검보고서 제출을 완료한 어린이집에 현장평가 직전 월말에 1주간의 현장평가 주간을 지정하여 통보하며, 해당 평가 주간 중 현장평가일을 정하여 사전 고지 없이 현장평가자를 어린이집에 파견한다.

(2) 현장평가 실시

- 현장평가는 어린이집 1개소 당 2인(정원 99인 이하 어린이집) 또는 3인(정원 100인 이상 어린이집)의 현장평가자가 방문하여 1일간 실시한다.
- 현장평가는 하루일과 전반에 걸쳐 관찰, 기록(문서) 검토, 면담 등의 방법을 통해 진행한다.

- 현장평가 종료 전 어린이집의 원장과 현장평가는 상호확인 항목에 대해 확인한 후 '현장평가 상호확인서'에 서명한다.

(3) 어린이집 운영기준 확인

- 한국보육진흥원은 현장평가 시 어린이집 운영기준 개선필요사항이 확인된 경우 시·도 및 시·군·구에 통보하여 개선 여부를 확인한다.
- 종합평가 전까지 개선 여부가 통보되지 않거나, 미개선된 어린이집에 대해서는 종합평가 단계에서 확인 후 '최하위 등급(D)'을 부여한다.

4) 종합평가

'종합평가' 단계에서는 평가등급 결정(조정)이 필요한 어린이집을 대상으로 기본사항확인서, 자체점검보고서, 현장평가보고서 등을 토대로 종합평가가 진행된다.

(1) 평가위원회 구성

- 위원회는 학계전문가, 현장전문가, 보육담당공무원으로 구성한다.
- 위원의 위촉기간은 1년을 원칙으로 하되, 재위촉이 가능하다.

(2) 종합평가 진행

- 종합평가는 소위원회와 종합평가위원회에서 진행한다.
- 소위원회에서는 기본사항확인서, 자체점검보고서, 현장평가보고서 등을 검토한 후 등급 및 평가결과에 영향을 미치는 사안 등에 심의하여 종합평가위원회에 안건을 상정한다.
- 종합평가위원회에서는 소위원회를 거쳐 상정된 안건을 대해 심의 후 전체 종

합평가 대상 어린이집의 최종등급 및 평가주기를 확정한다.

- 검토한 결과를 토대로 어린이집의 질적 개선 방향을 평가결과서에 제시한다.

(3) 평가과정 중 변동사항 확인

- 평가과정 중인 어린이집에서 선정통보월 이후 법 위반 및 행정처분, 인가변동 사항 등이 발생할 경우, 해당 어린이집 및 시·군·구에서는 보건복지부(한국보육진흥원)에 변동사항 발생 사실을 통보한다.
- 어린이집 또는 시·군·구에서 통보한 상기 변동사항 확인결과를 종합평가 시 반영 및 평가주기를 조정한다.

(4) 등급 결정 및 평가주기

- 평가결과 등급은 현장평가 결과(100%)를 바탕으로 하되, 아래 등급 조정 사유 해당 여부에 따라 이를 반영하여 결정한다.
- 어린이집 평가등급은 4등급(A, B, C, D)으로 구분하며, A, B등급은 3년, C, D등급은 2년의 평가주기를 부여한다.

5) 결과공표

- 어린이집 평가결과는 매월 15일 전·후에 어린이집 지원시스템 등을 통해 통보한다.
- 평가받은 어린이집은 평가결과에 대한 소명신청이 가능하다. 소명결과는 어린이집지원시스템을 통해 개별 통보하고 최종 평가결과를 반영하여 공포한다.
- 평가결과(A~D등급) 등 전체 어린이집에 대한 평가 이력정보를 통합정보공시 홈페이지(www.childinfo.go.kr)를 통해 공개한다.

6) 평가 후 관리

- **연차별 자체점검 및 보고서 제출**: 평가결과 A, B등급 어린이집은 평가주기 동안 자체점검위원회를 구성하고, 연차별 자체점검보고서를 작성하여 결과통보 후 익년도부터 매년 1회 정해진 기간 내에 어린이집지원시스템으로 입력·제출한다.
- **사후방문지원**: 평가결과를 바탕으로 사후방문지원을 실시하여 어린이집 운영 전반에 대한 질 향상을 지원한다. 평가결과 C, D등급을 받은 어린이집은 의무 참여한다. 평가결과 개선이 필요한 지표안내, 개선목표 및 핵심실천행동 도출, 보육과정 운영 등 어린이집 운영 전반에 대한 방문지원, 교육 및 정보 등을 제공한다.
- **확인점검**: 평가받은 어린이집 중 일부를 불시 방문하여 보육서비스의 질적 수준을 확인한다.
- **최하위 등급**(D등급) **조정**: 평가받은 어린이집에서 법 위반 및 행정처분 등이 발생한 경우 기존 평가등급을 최하위 등급(D등급)으로 조정한다.

7) 평가 또는 확인점검 거부(방해 또는 기피) 시 조치

- 정당한 이유 없이 평가 또는 확인점검을 거부, 방해 또는 기피하는 경우, 시정 또는 변경명령 등 행정처분 대상이 된다.

3. 평가지표

1) 평가제 지표의 주요 특징

평가지표는 제3차 평가인증에서 적용하였던 통합지표를 기반으로 하되, 어린이집의 고유한 특성을 반영하였다. 평가제 지표의 주요 특징은 다음과 같다.

첫째, 기존 지표 간 항목 수 차이로 나타났던 등급 산정의 불합리성을 해소하고자, 지표를 21지표에서 18지표로, 79항목에서 59항목으로 축소하였고, 지표별 평가항목 수를 평균 3~4개로 균형 배치하였다.

둘째, '영유아 권리 존중', '놀이', '안전' 가치 강조를 통해 영유아 중심의 안심 보육환경을 조성하고자, 영유아 권리 존중(1-1) 지표를 필수지표로 지정하여 그 의미를 강조하고 놀이 중심의 보육과정 운영을 강화하였다. 또한 급간식 위생 및 안전 항목 중 영유아의 등원부터 하원까지 안전하게 생활하는 데 반드시 필요한 필수요소(8개)를 지정하여, 필수지표 또는 필수요소 충족이 최상위 등급을 받을 수 있는 필수조건이 되도록 하였다.

셋째, 보육교직원의 근무여건 개선과 보육에 집중할 수 있는 보육환경 마련을 위하여 보육교직원의 처우, 스트레스 관리 관련 지표를 강조하고 직무역량 제고를 위한 항목을 강화하였다.

2) 평가지표 세부 평가항목

어린이집평가제의 평가지표는 총 4영역, 18지표, 59평가항목으로 구성되어 있다.

(1) 1영역. 보육과정 및 상호작용

어린이집에서 영유아가 경험하는 보육의 질은 보육과정이 어떻게 운영되느냐에 따라 달라지며, 「영유아보육법」과 표준보육과정에서 보육과정 운영의 공통 기준을 제시하고 있다. 개별어린이집은 「영유아보육법」과 현행 국가수준의 보육과정을 기초로 보육철학을 수립하여 자율적이면서도 질 높은 보육과정을 운영하여야 한다.

어린이집의 보육과정은 영유아가 경험하는 모든 것을 조직하는 행위이며, 영유아의 보육경험은 일상생활, 놀이, 활동을 통해 이루어진다. 교사는 영유아에게 편안한 일상생활을 제공하고, 자유로운 놀이를 위한 놀이 자료와 환경을 마련하며, 의미 있는 활동이 가능하도록 해야 한다. 영유아의 권리 존중을 최우선으로 하기 위하여 영유아의 자발적인 선택과 의사를 존중하여 보육과정을 실행하여야 한다. 이때 영유아의 자유로운 놀이와 일상생활을 우선하고, 이를 지원하는 계획이 수립되어야 한다. 따라서 교사는 보육 실행의 내용을 기록하고 이를 기초로 계획을 수립하여 보육과정을 운영해야 한다. 교사의 보육과정 실행 및 기록은 영유아의 발달특성과 변화를 평가하는 자료로 활용될 수 있으며 동시에 보육과정 평가 자료로 이용될 수 있다.

보육과정 및 상호작용 영역은 영유아의 권리 존중, 어린이집의 보육철학과 표준보육과정에 기초한 보육계획 수립 및 실행, 영유아의 놀이 및 활동에 대한 적절한 지원, 영유아 간 상호작용 지원, 보육과정 운영 평가에 관련된 5지표, 18항목으로 구성되어 있다. 1영역 평가지표의 구체적인 내용을 제시하면 표 13-2와 같다.

표 13-2 1영역. 보육과정 및 상호작용 평가지표 세부 평가항목

평가영역	평가지표	평가항목
1. 보육과정 및 상호작용 (18)	1-1 영유아 권리존중 (2) 필수	1. 교사는 영유아를 존중한다. 2. 교사는 영유아를 차별 없이 대한다.
	지표등급	우수: 'Y'가 2개, 보통: 'Y'가 1개, 개선필요: 'Y'가 0개

평가영역	평가지표	평가항목
	1-2 보육계획 수립 및 실행 (6)	1. 표준보육과정을 바탕으로 어린이집의 철학을 반영한 보육계획을 수립한다. 2. 영유아가 편안한 분위기에서 일상경험을 할 수 있도록 운영한다. 3. 하루일과에서 영유아의 놀이가 충분히 이루어지도록 한다. 4. 바깥놀이 시간을 매일 충분히 배정하여 운영한다. 5. 특별활동은 운영 지침에 따라 운영한다. 6. 장애영유아 장애영유아를 위한 관련 서비스(치료지원 포함)를 일과 중에 통합적으로 제공한다.
	지표등급	(일반) 우수: 'Y'가 5개, 보통: 'Y'가 3~4개, 개선필요: 'Y'가 2개 이하 (장애) 우수: 'Y'가 6개, 보통: 'Y'가 3~5개, 개선필요: 'Y'가 2개 이하
	1-3 놀이 및 활동지원 (3)	1. 교사는 놀이와 활동이 영유아의 자발적 선택에 의해 주도적으로 이루어지도록 격려한다. 2. 교사는 영유아의 놀이 상황을 관찰하면서 놀이와 관련된 상호작용을 한다. 3. 영유아의 다양한 놀이와 활동에 필요한 자료를 제공한다.
	지표등급	우수: 'Y'가 3개, 보통: 'Y'가 2개, 개선필요: 'Y'가 1개 이하
	1-4 영유아 간 상호작용 지원 (4)	1. 교사는 영유아의 감정에 공감하고 스스로의 감정을 다룰 수 있도록 돕는다. 2. 교사는 영유아가 일상에서 자신의 의견, 생각 등을 또래와 나눌 수 있도록 격려한다. 3. 교사는 영유아가 적절한 약속과 규칙을 지키도록 격려한다. 4. 교사는 영유아 간 다툼이나 문제가 발생할 경우 다양한 해결방식을 사용한다.
	지표등급	우수: 'Y'가 4개, 보통: 'Y'가 2~3개, 개선필요: 'Y'가 1개 이하
	1-5 보육과정 평가 (3)	1. 반별 보육일지에 하루일과 및 놀이실행에 대한 기록이 있고, 필요한 경우 그 내용을 다음 놀이 지원 및 활동 계획에 반영한다. 2. 영유아의 일상생활, 실내외 놀이에 대한 관찰 내용을 기록하고, 영유아의 발달특성과 변화를 평가한다. 3. 원장은 각 반별 보육과정 운영에 대한 평가를 통해 어린이집 전체 보육과정 운영을 파악하고 있다.
	지표등급	우수: 'Y'가 3개, 보통: 'Y'가 2개, 개선필요: 'Y'가 1개 이하
1영역 등급		(우수) '우수' 등급 지표가 4개 이상(필수 포함) (보통) '우수' 및 '개선필요' 등급에 해당하지 않는 경우 (개선필요) '개선필요' 등급 지표가 1개 이상

(2) 2영역. 보육환경 및 운영관리

영유아는 환경과의 상호작용을 통해 성장한다. 이러한 이유로 어린이집 실내외 놀이공간, 시설 및 설비를 영유아의 연령 및 발달수준, 흥미와 요구에 적합하게 구성하는 것은 매우 중요한다. 아울러 어린이집 환경은 어린이집에서 실시하고 있는 보육프로그램과 서로 유기적인 관계를 맺어야 한다. 즉, 어린이집 환경은 어린이집에서 실시하는 보육프로그램이 잘 운영될 수 있도록 구성되어야 한다. 영유아의 다양한 요구를 수용하기 위해서는 보육실뿐 아니라 그 이외의 공간도 필요하며, 이러한 공간은 영유아의 놀이 및 활동과 일상생활을 지원하도록 구성되어야 한다.

한편, 같은 조건의 물리적 환경이라도 영유아가 어린이집에서 경험하는 놀이나 활동, 일상생활의 내용은 다를 수 있다. 즉, 단순히 물리적 환경을 갖추었는지뿐만 아니라 그 환경에서 영유아가 의미 있는 경험을 하고 있는지에 대한 평가도 함께 이루어져야 할 것이다. 이러한 취지에 따라 2영역에서는 어린이집의 실내외 환경구성과 바깥놀이 운영에 대해 평가한다.

어린이집 운영관리는 어린이집 운영방침 수립, 가정 및 지역사회와의 연계에 이르기까지 어린이집 운영에 대한 효율적인 관리방안을 의미한다. 어린이집은 운영계획 수립, 원아관리 등과 관련하여 정해진 규정이나 지침에 따라 체계적으로 운영되어야 한다. 더불어 가족을 위한 다양한 프로그램을 실시하고 지역사회와 협력적인 관계를 맺음으로써 영유아가 자신을 둘러싼 환경을 긍정적으로 인식하고 생활할 수 있도록 지원하여야 한다.

보육과정 및 운영관리 영역은 실내 공간 구성 및 운영, 실외 공간 구성 및 운영, 기관 운영, 가정 및 지역사회와의 연계에 관련된 4지표, 14항목으로 구성되어 있다. 2영역 평가지표의 구체적인 내용을 제시하면 표 13-3과 같다.

표 13-3 **2영역. 보육환경 및 운영관리 평가지표 세부 평가항목**

평가영역	평가지표	평가항목
2 보육 환경 및 운영 관리 (14)	2-1 실내공간 구성 및 운영 (4)	1. 보육실 내 놀이영역은 영유아의 연령, 발달특성 및 놀이를 반영하여 구성한다. 2. 실내 시설 및 설비가 영유아의 발달수준에 적합하다. 3. 영유아의 요구를 충족하는 보육실 이외의 별도의 공간을 마련하고 있다. 4. 비품과 활동자료를 보관하는 별도의 공간이 있고 체계적으로 정리하고 있다.
	지표등급	우수: 'Y'가 4개, 보통: 'Y'가 2~3개, 개선필요: 'Y'가 1개 이하
	2-2 실외공간 구성 및 운영 (3)	1. 옥외놀이터 등을 구비하고 있다. 2. 영유아의 발달을 지원하는 다양한 놀이 및 활동자료가 준비되어 있다. 3. 영유아의 발달에 적합한 다양한 바깥놀이 및 활동이 이루어진다.
	지표등급	우수: 'Y'가 3개, 보통 'Y'가 2개, 개선필요: 'Y'가 1개 이하
	2-3 기관운영 (4)	1. 모든 반을 편성 규정에 맞게 운영하고 있다. 2. 어린이집 운영계획을 수립하여 부모에게 안내한다. 3. 신규 보육교직원에게 오리엔테이션을 실시하고 있다. 4. 신입 영유아 적응을 위한 지원을 하고 있다.
	지표등급	우수: 'Y'가 4개, 보통: 'Y'가 2~3개, 개선필요: 'Y'가 1개 이하
	2-4 가정 및 지역 사회와의 연계 (3)	1. 어린이집을 개방하여 다양한 부모참여와 교육이 이루어진다. 2. 평소 가정과 다양한 방법으로 소통하고 정기적인 개별면담을 통해 가족을 지원한다. 3. 지역사회와 연계한 다양한 활동을 실시하고 있다.
	지표등급	우수: 'Y'가 3개, 보통: 'Y'가 2개, 개선필요: 'Y'가 1개 이하
2영역 등급		(우수) '우수' 등급 지표가 3개 이상 (보통) '우수' 및 '개선필요' 영역에 해당하지 않는 경우 (개선필요) '개선필요' 등급 지표가 1개 이상

(3) 3영역. 건강·안전

영유아가 어린이집에서 건강하고 안전하게 생활할 수 있도록 지원하는 것은 영유아의 기본적인 권리와 삶의 질을 보장하는 필수 요건이다. 영유아의 건강과 안전은 일차적으로 신체적 상해 없이 건강하게 보호되는 것을 말하지만, 궁극적으로는 방임, 학대 등과 같은 정서적 문제로부터도 안전하게 보호되는 것을 포함한다. 사회와 가족 환경의 변화에 따라 어린이집에서 생활하는 영유아의 연령이 점점 더 어려지고 있고, 어린이집에서 보내는 시간이 더 길어지면서 영유아의 건강 · 안전에 대한 보육교직원의 역할과 중요성은 점점 더 커지고 있으며 그 책임 역시 막중해졌다.

영유아의 건강 · 안전을 위해 우선적으로 보육교직원은 실내외 공간을 청결하게 유지하고 사고나 위험으로부터 영유아를 보호할 수 있는 안전한 보육환경을 제공해 주어야 한다. 또한 영유아의 보육교직원은 위생적인 생활습관을 가져야 하며, 질병의 예방관리를 통해 건강한 생활을 할 수 있도록 해야 한다. 영유아에게 안전하고 풍부한 식재료로 영양적 균형을 고려하여 청결하게 조리한 음식을 제공함으로써 영유아가 건강하게 성장할 있도록 지원한다.

보육교직원은 영유아가 어린이집에 등원할 때부터 귀가할 때까지 항상 주의 깊게 보호하여야 한다. 이와 함께 영유아 및 보육교직원은 안전교육 및 안전사고에 대한 대처능력을 길러 어린이집의 일과 중에 위험이 생기거나 사고가 나지 않도록 지속적으로 관리해야 한다.

건강 · 안전 영역은 실내외 공간의 청결 및 안전, 급 · 간식, 건강증진을 위한 교육 및 관리, 등 · 하원의 안전, 안전교육과 사고예방에 관련된 5개 지표, 15개 항목으로 구성되어 있다. 3영역 평가지표의 구체적인 내용을 제시하면 표 13-4와 같다.

표 13-4 3영역. 건강 · 안전 평가지표 세부 평가항목

평가영역	평가지표	평가항목
3. 건강 · 안전 (15)	3-1 실내외 공간의 청결 및 안전 (3)	1. 실내외 공간을 청결하고 쾌적하게 관리한다. 2. 실내외 공간과 설비를 위험요인 없이 안전하게 관리한다. 3. 실내외 공간의 놀잇감 및 활동자료와 위험한 물건을 안전하게 관리한다.
	지표등급	우수: 'Y'가 3개, 보통: 'Y'가 2개, 개선필요: 'Y'가 1개 이하
	3-2 급·간식 (3)	1. 영양의 균형을 고려한 급 · 간식을 제공하고 있다. 2. 식자재의 구입 · 보관 및 조리공간을 위생적으로 관리하고 있다. 3. 조리 및 배식과정을 청결하고 위생적으로 관리하고 있다.
	지표등급	우수: 'Y'가 3개, 보통: 'Y'가 2개, 개선필요: 'Y'가 1개 이하

	3-3 건강증진을 위한 교육 및 관리 (3)	1. 손 씻기, 양치질 등 청결한 위생습관을 실천한다. 2. 교사는 영유아의 건강상태를 살펴보고 적절하게 지원한다. 3. 영유아와 보육교직원의 건강증진을 위한 예방관리와 교육을 실시한다.
	지표등급	우수: 'Y'가 3개, 보통: 'Y'가 2개, 개선필요: 'Y'가 1개 이하
	3-4 등·하원의 안전 (3)	1. 교사는 영유아의 출석을 확인하며 인계규정에 따라 귀가지도를 한다. 2. 영유아는 원부터 원까지 성인의 보호하에 있다. 3. 등하원용 차량을 운행할 경우 안전요건을 갖추어 관리한다.
	지표등급	우수: 'Y'가 3개, 보통: 'Y'가 2개, 개선필요: 'Y'가 1개 이하
	3-5 안전교육과 사고예방 (3)	1. 영유아를 대상으로 안전교육을 지속적으로 실시하고 있다. 2. 보육교직원은 안전교육을 받고 영유아 학대 예방 지침을 준수한다. 3. 안전설비를 비상시 효율적으로 사용할 수 있도록 관리하고 있다.
	지표등급	우수: 'Y'가 3개, 보통: 'Y'가 2개, 개선필요: 'Y'가 1개 이하
3영역 등급		(우수) '우수' 등급 지표가 4개 이상(필수 포함) (보통) '우수' 및 '개선필요' 영역에 해당하지 않는 경우 (개선필요) '개선필요' 등급 지표가 1개 이상

(4) 4영역. 교직원

보육교직원은 어린이집에서 영유아가 직접적으로 접하는 대표적인 인적 환경으로, 영유아가 일상생활을 원활하게 할 수 있도록 돕고, 일과 중의 놀이와 활동을 통해 영유아의 전인적인 성장과 발달을 지원한다. 이처럼 보육교직원의 역량은 보육서비스 질에 큰 영향을 미치는 요인이므로, 원장은 자신과 보육교사의 전문성을 향상하고 보육교직원이 안정적으로 근무할 수 있는 환경을 마련해 주어야 한다.

보육교직원의 전문성 향상을 위해 어린이집은 개인의 직무, 경력과 역량 등을 고려하여 체계적인 교육을 계획하고 실시하여야 한다. 또한 성인용 공간 및 설비의 마련과 스트레스 경감을 위한 기회 제공을 통해 보육교직원을 배려하는 근무환경을 조성하고, 적절한 처우 및 복지를 제공하여 직무만족도를 고취시킬 수 있도록 지원해야 한다. 이러한 근로조건이 충족될 때 보육교직원은 자신의 능력을 최대한 발휘하여 영유아에게 보다 우수한 수준의 보육서비스를 제공할 수 있게 된다.

교직원 영역은 원장의 리더십, 보육교직원의 근무환경, 보육교직원의 처우와 복지, 보육교직원의 전문성 제고에 관련된 4개 지표, 12개 평가항목으로 구성되어 있다. 4영역 평가지표의 구체적인 내용을 제시하면 표 13-5와 같다.

표 13-5 4영역. 교직원 평가지표 세부 평가항목

평가영역	평가지표	평가항목
4. 교직원 (12)	4-1 원장의 리더십 (3)	1. 원장은 자신의 전문성 향상을 통해 어린이집 발전에 기여한다. 2. 원장은 보육교직원을 존중한다. 3. 원장은 건전한 조직문화 조성을 위해 노력한다.
	지표등급	우수: 'Y'가 3개, 보통: 'Y'가 2개, 개선필요: 'Y'가 1개 이하
	4-2 보육교직원의 근무환경 (3)	1. 교사를 위한 별도 공간을 마련하고 있다. 2. 교사를 위한 개인사물함과 업무지원 설비를 마련하고 있다. 3. 성인용 화장실을 영유아용과 별도로 설치하여 사용하고 있다.
	지표등급	우수: 'Y'가 3개, 보통: 'Y'가 2개, 개선필요: 'Y'가 1개 이하
	4-3 보육교직원의 처우와 복지 (3)	1. 보육교직원의 복무와 보수에 관한 규정이 있으며, 이를 준수하고 있다. 2. 교사의 직무스트레스를 예방하고 관리할 수 있는 서비스를 안내 및 제공한다. 3. 보육교직원을 위한 복지제도를 운영하고 있다.
	지표등급	우수: 'Y'가 3개, 보통: 'Y'가 2개, 개선필요: 'Y'가 1개 이하
	4-4 보육교직원의 전문성 제고 (3)	1. 보육교직원의 전문성 제고를 위한 다양한 교육 기회를 부여하고 있다. 2. 교사의 상호작용에 대한 관찰과 지원을 실시하고 있다. 3. 교사에 대한 근무평가를 실시하고 있다.
	지표등급	우수: 'Y'가 3개, 보통: 'Y'가 2개, 개선필요: 'Y'가 1개 이하
4영역 등급		(우수) '우수' 등급 지표가 3개 이상 (보통) '우수' 및 '개선필요' 등급에 해당하지 않는 경우 (개선필요) '개선필요' 등급 지표가 1개 이상

3) 필수지표 및 필수요소

해당영역이 '우수' 등급으로 평정되기 위해서는 필수지표 및 필수요소를 반드시 충족하여야 한다. 평가제에서 필수지표 및 필수요소는 표 13-6과 같다.

표 13-6 필수지표 및 필수요소

필수지표	1-1. 영유아 권리 존중	
필수요소	3-2-2-1	식자재는 신선한 것을 구입하고 이를 위생적으로 보관함
	3-2-2-2	유통기한(소비기한) 경과 식품(식자재 등)이 없음
	3-2-3-3	1회 조리된 음식은 당일 소모하고 재배하지 않음
	3-4-1-4	영유아의 인계과정이 규정에 따라 안전하게 이루어짐
	3-4-2-4	영유아를 두고 자리를 비울 때에는 책임 있는 성인에게 인계함
	3-4-3-4	운전자와 함께 차량에 동승한 성인은 영유아를 안전하게 보호함
	3-5-2-1	보육교직원을 대상으로 기본적인 안전교육을 정기적으로 실시함 (영유아 학대 예방교육 포함)
	3-5-2-4	영유아 학대 예방 지침(체벌 금지 포함)을 준수함

4) 평가인증 등급 평정방식

평가지표는 항목별 평가 기준에 따라 우수, 보통, 개선필요 등의 3단계 기술 평정 척도로 이루어진다.

- **우수**: 1영역과 3영역은 '우수' 지표 4개 이상(필수 포함), 2영역과 4영역은 우수 지표 3개 이상
- **보통**: 우수 및 개선필요 등급에 해당하지 않는 경우
- **개선필요**: '개선필요' 지표 1개 이상

표 13-7 어린이집 등급평정(지표 및 영역)

영역	내용	지표평정			
		항목수	우수	보통	개선필요
1. 보육과정 및 상호작용	1-1 영유아 권리존중	2	2	1	0개 이하
	1-2 보육계획 수립 및 실행	5	5	3~4	2개 이하
	1-3. 놀이 및 활동 지원	3	3	2	1개 이하
	1-4. 영유아 간 상호작용 지원	4	4	2~3	1개 이하
	1-5. 보육과정 평가	3	3	2	1개 이하
2. 보육환경 및 운영관리	2-1. 실내공간 구성 및 운영	4	4	2~3	1개 이하
	2-2. 실외공간 구성 및 운영	3	3	2	1개 이하
	2-3. 기관운영	4	4	2~3	1개 이하
	2-4. 가정 및 지역사회와의 연계	3	3	2	1개 이하
3. 건강·안전	3-1. 실내외 공간의 청결 및 안전	3	3	2	1개 이하
	3-2. 급·간식	3	3	2	1개 이하
	3-3. 건강증진을 위한 교육 및 관리	3	3	2	1개 이하
	3-4. 등하원의 안전	3	3	2	1개 이하
	3-5. 안전교육과 사고예방	3	3	2	1개 이하
4. 교직원	4-1. 원장의 리더십	3	3	2	1개 이하
	4-2. 보육교직원의 근무환경	3	3	2	1개 이하
	4-3. 보육교직원의 처우와 복지	3	3	2	1개 이하
	4-4. 보육교직원의 전문성 제고	3	3	2	1개 이하

5) 어린이집 평가등급

4개 평가영역 중 '우수', '개선필요' 등급 개수에 따라 어린이집 등급(A, B, C, D) 중 1개를 부여한다. 평가등급 A, B를 받은 어린이집은 3년, C, D를 받은 어린이집은 2년의 평가주기를 부여한다.

표 13-8 **평가등급 기준 및 평가주기**

등급구분	등급 부여기준	평가주기
A	4개 영역 모두 '우수'인 경우(※ 필수지표 및 요소 모두 충족)	3년
B	'우수' 영역이 3개 이하이며, '개선필요' 영역이 없는 경우	
C	'개선필요' 영역이 1개 있는 경우	2년
D	'개선필요' 영역이 2개 이상인 경우	

참고문헌

강경희, 이대균(2011). 어린이집 만 1~3세 영유아의 점심시간 경험의 특성. **어린이미디어연구, 10**(1), 141-164.

강경희, 전홍주(2012). 어린이집 교사의 식사지도 방법과 지도과정에서의 어려움. **유아교육학논집, 16**(1), 275-303.

강옥환, 이기현(2000). 보육기관의 시설 · 설비 수준에 관한 연구. **아동학회지, 21**(1), 179-199.

경기도육아종합지원센터(2021). 제4차 표준보육과정에 기초한 영아 프로그램, 아이들 놀이를 따라가볼까?

곽노의(1999). **자유 발도르프 유아교육**. 서울: 밝은누리.

교육부, 보건복지부(2019). 2019 개정 누리과정 놀이실행자료.

김경배, 김재건, 이홍숙(2005). **교육과정과 교육평가**. 서울: 학지사.

김규수, 박승순, 김선혜(2014). **보육학개론**. 경기: 공동체.

김지영, 우민정, 이선영(2020). **놀이지도**. 서울: 창지사.

나정, 장영숙, 문무경(2000). **OECD 국가들의 유아교육과 보호정책 및 제도 분석**. 서울: 한국교육개발원.

남궁수진, 최영희(2008). 보육경험 및 보육의 질과 5세 유아의 사회정서발달과의 관계. **한국지역사회생활과학회지, 19**(1), 45-54.

대한민국정부(2021). 제4차 저출산고령사회 기본계획.

문무경(2012). OECD 국가들의 유아교육과 보육의 질 향상을 위한 정책 전략과 과제. **육아정책포럼, 30**, 39-47.

문무경, Peter Moss, John Bennett, 하민경(2013). **선진육아정책 동향분석 및 활용방안 연구**. 서울: 육아정책연구소.

문무경, 양미선, 송기창, 김문정(2021). **유아교육 · 보육 중장기 발전방안 연구(2022-2027)**. 서울: 육아정책연구소

문은미(2011). 보육경험, 보육시설의 질에 따른 영아의 사회 · 정서적 행동. 이화여자대학교 석사학위논문.

문정욱, 서영숙(2008). 어린이집 점심시간의 의미와 운영에 관한 연구. **한국보육지원학회지, 4**(1), 51-66.

박윤자, 이대균(2011). 영아반의 낮잠시간이 갖는 의미. **유아교육학논집, 16**(2), 187-214

박은혜, 김명순, 신동주, 정미라(2000). **세계의 유아교육 제도**. 서울: 양서원.

박찬옥, 구수연, 이옥임(2010). **영아-교사 상호작용의 이론과 실제**. 경기: 정민사

박찬옥, 구수연, 이옥임, 안은정(2020). **제4차 어린이집 표준보육과정을 반영한 보육과정**. 경기: 정민사.

박찬옥, 김낙흥, 구수연, 이옥임, 노희연, 이선영(2011). **영유아 프로그램 개발과 평가**. 경기: 정민사.

박찬옥, 김낙흥, 구수연, 이옥임, 노희연, 이선영(2013). **영유아 프로그램 개발과 평가**(개정판). 경기: 정민사.

박찬옥, 김낙흥, 구수연, 이옥임, 노희연, 이선영, 이예숙(2015). **보육과정**. 경기: 정민사.

박찬옥, 김지영, 권덕수, 우민정, 안지영, 이예숙(2023). **유아교육개론**. 경기: 정민사.

박찬옥, 전경화, 구수연, 곽현주, 정연희, 서의정, 백영숙 이옥임, 이예숙(2013). **보육학개론**. 경기: 정민사.

박찬옥, 정남미, 곽현주(2007). **놀이지도**. 서울: 정민사.

방인옥(1983). **독일의 유아교육제도와 상황주임 교육**. 서울: 한국유아교육협회.

백선정(2016). 스웨덴의 보육정책과 우리나라의 시사점. 경기도가족여성연구원, **이슈분석, 61**, 16-28.

보건복지부(1997). 보육사업지침.

보건복지부(2011). 표준보육과정의 구체적 보육내용 및 교사지침 워크북.

보건복지부(2013). 어린이집 표준보육과정 4세 보육프로그램.

보건복지부(2013). 어린이집 표준보육과정에 기초한 영아보육프로그램 운영의 이해.

보건복지부(2017). 제3차 어린이집 평가인증 안내(통합지표).

보건복지부(2018). 2018 보육사업안내.

보건복지부(2019a) 공공형 업무매뉴얼.

보건복지부(2019b) 열린어린이집 가이드라인.

보건복지부(2020). 제4차 어린이집 표준보육과정 해설서.

보건복지부(2020). 제4차 어린이집 표준보육과정.

보건복지부(2020a). 보도자료(2020.12.12.).

보건복지부(2020b). 보건복지부 고시 제2020-75호 제4차 표준보육과정 고시문.

보건복지부(2022). 2022년 보육사업안내.

보건복지부(2023). 2023년 보육사업안내.

보건복지부, 중앙육아종합지원센터(2020). 「2019 개정 누리과정」 보육일지 개선방향 및 일지 양식 예시.

보건복지부, 한국보육진흥원(2020). 2020 어린이집 평가 매뉴얼(어린이집용).

보건복지부, 한국보육진흥원(2023). 2023 어린이집 평가 매뉴얼(어린이집용).

서울시(1997). 영아보육프로그램(1): 영아보육과정, 영아보육시설기관의 평가척도.

서향희(2002). DAP 유아교사 신념이 유아의 감정지능에 미치는 영향. 성균관대학교 대학원 석사학위논문.

석은조(2005). 통일 독일의 유아교육에 대한 일고찰. **대구보건대학 논문집, 24**, 485-496.

성미영, 김진경, 서주현, 민미희, 김유미(2015). **보육교사론**. 서울: 학지사.

신귀순(2006). 보육의 질이 영유아발달에 미치는 영향에 대한 메타분석, 경희대학교 대학원 박사학위논문.

신동로(2003). **교육과정 · 교육평가 탐구**. 서울: 교육과학사.

신윤정(2012). 프랑스 영유아보육정책 현황과 시사점. **보건 · 복지 Issue & Focus, 151**, 1-8

심성경, 류경희(2013). 어린이집 만 2세 학급의 어린이집 일과에 대한 연구. **육아지원연구, 8**(1), 211-240.

어린이집안전공제회(2019). **어린이집 안전관리백과. part 1, 실내 · 외 보육환경**. 서울: 어린이집안전공제회.

어린이집안전공제회(2019). **어린이집 안전관리백과. part 4, 건강 · 환경 · 위생 · 급식**. 서울: 어린이집안전공제회.

염지숙, 김혜선, 김희태, 김경희, 이명순(2015). **영유아교수방법론**. 경기 정민사.

이경희, 이순옥, 이옥임, 이태영, 임미혜, 정정옥(2006). **최신 유아교육개론**. 서울: 교육아카데미.

이기숙(2001). 창의적이고 전인적인 인적지원 양성을 위한 유아교육 혁신. 유아교육정책과제 2001-24. 교육인적자원부.

이기숙, 강민정(2007). 일본의 유보일원화와 인정어린이집의 발전과정에 대한 고찰. **유아교육연구, 27**(5), 63-85.

이기숙, 장영희, 정미라, 엄정애(2006). **유아교육개론**. 서울: 양서원.

이명순, 염지숙, 조형숙, 김현주(2016). **보육교사론**. 경기: 정민사.

이미화, 민정원, 엄지원, 윤지원(2013). 영아보육의 실태 및 질 제고방안. **육아정책포럼, 41**, 6-19.

이미화, 여종일, 엄지원(2012). **2013-2017 보육 중장기 발전방향**. 서울: 육아정책연구소,

이소희, 강경자, 마미정(2009). **현장중심 보육과정**. 서울: 신정.

이옥경, 홍선영, 김희영(2012). **부산광역시 보육서비스 질적 향상 방안 연구**. 부산: 부산여성가

족개발원.

이은주, 박정언, 조은미, 최윤정(2016). **보육학개론.** 경기: 공동체.

이정림(2022). 빈곤가정 유형별 영유아 양육지원 방안. **육아정책포럼,** 73, 6-18.

이정미(2007). 발달에 적합한 실제에 대한 보육교사의 신념과 교사-영아 상호작용간의 관계. 덕성여자대학교 교육대학원 석사학위논문.

이정수(2005). 발달에 적합한 실제(DAP)에 대한 보육교사의 신념과 교수활동 및 교수효능감의 관계. 경희대학교 교육대학원 석사학위논문.

이정욱(2017). 영유아교육 및 보육정책의 방향: 유보통합과 유아 공교육 실현. **교육비평**, 39, 444-464.

이화도(2007). 프랑스 유아교육 및 보육 행정체계 연구. **유아교육연구,** 27(5), 5-31.

장명림(2011). 유아교육 선진화 정책의 추진현황과 과제. 한국교육개발원 수시연구보고서.

장혜순, 김명자(2005). 일본의 유보통합의 방안. 한국유아교육학회 2005년 창립 30주년 기념식 및 정기 학술 대회 논문.

전경화, 조희순, 이순이, 이완희, 유경숙, 안은정(2019). **영유아교육기관 운영관리.** 경기: 정민사.

정현주(2019). 보육의 질 제고를 위한 미래의 보육교사 정책. 사회보장정보원 웹진 아이사랑, vol.5.

조선일보(2016). Video C. '어린 앨버트 실험'과 실험 윤리.

조형숙, 박경난, 김명하, 이지혜(2020). **보육학개론.** 경기: 정민사.

지성애, 백선희, 채영란(2007). 영국의 영유아 지원 제도. **유아교육연구,** 27(5), 135-155.

최목화, 변혜령(2011). 보육시설의 보육실 환경 특성 및 교사인식에 관한 연구. **한국생활과학회,** 20(1), 257-271.

최석란, 서원경, 이슬기(2016). **어린이집 운영관리.** 서울: 파워북.

최윤경, 김윤환, 이혜민(2015). **스웨덴의 육아정책(II): 교사정책을 중심으로.** 서울: 육아정책연구소.

최윤경, 박창현, 하연섭, 김희수(2016). **유보통합 정착을 위한 실행방안 연구.** 서울: 육아정책연구소.

최은영, 문무경, 김은영, 최윤경, 양미선, 강은진, 김동훈, 김아름, 김문정(2022). **유아교육 · 보육 통합을 위한 단계적 추진방안.** 서울: 육아정책연구소.

최준열(1991). 미국의 유아교육제도. **사회교육연구,** 8, 109-119.

한국보육진흥원(2012). 영유아 관찰과 평가. 2012년 공공형 어린이집 자율공부모임 자료.

한국보육진흥원(2019). 제3차 어린이집 평가인증 안내.

한국보육진흥원(2020). 2020 공공형어린이집 원장연수 기본과정 특강 자료집.

한국보육진흥원(2022). 2022 공공형어린이집 원장연수 심화과정 특강 자료집.

한지혜(2002). 프랑스 유아교육제도의 이해: 영아보육에서 유아학교까지. **교육이론과 실천, 12**(2), 121-145.

황해익, 서정현, 송연숙, 이경화, 최혜진, 정혜영, 김남희, 이혜은, 손유진, 박순호, 손원경, 남미경, 김인순, 고은미, 유수경(2016). **유아교육개론**. 경기: 공동체

황해익, 최혜진, 정혜영, 권유선(2016). **아동관찰 및 행동연구**. 경기: 공동체.

Albrecht, K. & Miller. L. G. (2000). *Infant & Toddler Development.* MD: Gryphon House, Inc.

Black, J. K., Puckett, M. B., & Bell, M. J. (1992). *The Young Child.* New York: Macmillan Publishing Company.

Bredekamp, S. (E.d.)(1996). *Developmentally appropriate practice in early childhood program serving children from birth through age 8.* Washington, D. C.: NAEYC.

Burtt, K. F., & Kallkstein, K. (1981). *Smart toys for babies from birth to two.* New York: Harper & Row.

Charner, K., Murphy, M., & Clark, C. (2010). *The encyclopedia of infant and toddler activities.* MD: Gryphone House

Clouder, C. & Nicole, J. (2008). *Creative play for your toddler.* New York: Sterling Publishing Co.

Eisenberg, A., Murkoff, H. E., & Hathaway, S. E. (1996). *What to expect the toddler years.* New York: Workman Publishing.

Frost, J. L. (1992). *Play and PlayScapes.* Albany, NY: Delmar.

Gestwicki, C. (1994). *Developmentally Appropriate Practice.* New York: Delmar Publishers Inc.

Masi, W. S., & Leiderman, R. C. (2001). *Baby play.* San Francisco, CA: Creative Publishing international.

Masi, W. S., & Leiderman, R. C. (2001). *Toddler play.* San Francisco, CA:Creative Publishing international.

Miller, K. (2005). *Simple Transitions for Infants and Toddlers.* MD: Gryphone House.

Moore, R C. (1986). *Childhood' domain: Play and place in child development.* London, U.K: Croom Helm.

NAEYC(1991). Guidelines for appropriate curriculum content and assessment in programs serving children ages 3 through 8. *Young Children, 30,* 21-38.

Ritchie, S. & Willer, B. (2008). *Leadership and Management: A Guide to the NAEYC Early*

Childhood Program Standard and Related Accreditation Criteria. Washington, DC: National Association for the Education of Young Children (NAEYC).

Silberg, J. (2001). *Games to play with Babies.* MD: Gryphone House.

Silberg, J. (2001). *Games to play with Toddlers.* MD: Gryphone House.

Tyler, R. W. (1949). *Basic principles of curriculum and instruction.* Chicago: University of Chicago press.

e-나라지표(https://www.index.go.kr).

국가법령정보센터(http://www.law.go.kr).

국가통계포털(https://kosis.kr).

보건복지부(http://www.mohw.go.kr).

사회보장정보원(http://www.ssis.or.kr/lay1/S1T753C773/contents.do).

저출산고령사회 위원회(www.betterfuture.go.kr).

중앙육아종합지원센터(https://central.childcare.go.kr).

한국보육진흥원(www.kcpi.or.kr).

한국사회보장정보원(http://www.ssis.or.kr/lay1/S1T753C773/contents.do).

찾아보기

ㅈ

ㅌ

ㅍ

ㅎ

기타

저 / 자 / 소 / 개

■ **이옥임**
부천대학교 아동보육과 교수

■ **권덕수**
서정대학교 유아교육과 교수

■ **노희연**
부천대학교 유아교육과 겸임교수

■ **이선영**
부천대학교 유아교육과 교수

보육학개론

1판 1쇄 인쇄 — 2023년 9월 1일
1판 1쇄 발행 — 2023년 9월 6일

저　　자 - 이옥임 권덕수 노희연 이선영
발 행 인 - 강철원
발 행 처 - 양성원
주　　소 - 경기도 파주시 검산로 173번길 29-12
전　　화 - 031-946-3861(代)
팩　　스 - 031-946-3864
이 메 일 - tnwpub@naver.com
홈페이지 - tnwpub.co.kr
출판등록 - 2015년 8월 31일 제 2015-000211 호

ISBN 979-11-6126-545-2

정가 22,000원